D1697500

Liebe Werner!
Zur Erinnerung an Deinen
fünfzigsten Geburtstag.

Erika und Wilhelm

Eberhard Trumler · Mensch und Hund

Eberhard Trumler

Mensch und Hund

Mit
25 Originalfarbfotos
des Autors

KYNOS VERLAG
Dr. Dieter Fleig GmbH
Mürlenbach

Eberhard Trumler – „MENSCH UND HUND"
25 Original-Farbfotos Eberhard Trumler
Wir danken der Firma EFFEM GmbH für die Überlassung der Fotos für die Titelbilder des Buches.

© KYNOS VERLAG
Dr. Dieter Fleig GmbH
Am Remelsbach 30, D-54570 Mürlenbach/Eifel
Telefon 06594/653, Telefax 06594/452
2. Auflage 1994
Gesamtherstellung: Tagblatt-Druckerei KG, 97437 Haßfurt
ISBN Nr.: 3-924008-44-2

Vorwort

Hundehaltung ist in unserer Zeit derart problematisch geworden, daß bereits weite Kreise der Bevölkerung den Hundebesitzern das Leben erschweren. Dies nicht zum geringen Teil deswegen, weil auch viele Hundehalter ihrerseits wieder durch die Art ihres Umganges mit Hunden berechtigten Anlaß zu Klagen geben. Hinzu kommt, daß der Hund, vom Gesetzgeber immer noch als „Sache" eingestuft, einen rechtlosen Status besitzt und beliebig vermehrt und gehandelt werden kann.

Aus dieser Situation Auswege zu suchen, soll dieses Buch helfend beitragen. So muß zuerst die Frage bedacht werden, wie es überhaupt möglich geworden war, daß die Vorfahren der zivilisierten Menschheit vor 15- oder 20-tausend Jahren wildlebende Wölfe dazu bewegen konnten, mit ihnen ein gemeinschaftliches Leben zu führen, – was erste Voraussetzung zur Haustierwerdung, zur Entstehung der vielgestaltigen Hunderassen war. Hierfür wird die Mentalität von Naturvölkern untersucht und in Vergleich mit der Mentalität verschiedener hundehaltender Interessensgruppen der Gegenwart gebracht. Sinn einer solchen Untersuchung soll es sein, unterschiedliche Befähigungen des heutigen Menschen hinsichtlich der Hundehaltung nachzuweisen und zu begründen.

Diese Untersuchung ist, dem Sinn des Buches entsprechend, naturgemäß auf die seelischen Bedürfnisse des Hundes abgestimmt. Hierbei steht nicht der erwachsene Hund im Vordergrund, sondern dessen seelische Entwicklung im frühen Jugendalter. So steht im Mittelpunkt der Arbeit vor allem der Welpe und dessen nach und nach heranreifende Lernbefähigungen.

Einer der gravierendsten Fehler in der Hundehaltung besteht darin, daß eben diese Lernbefähigungen vielzusehr, wenn nicht ganz, vernachlässigt werden. Dabei sind gerade sie es, die jeden heranwachsenden Hund in die Lage versetzen, sich nicht nur in die heute gegebenen Umweltverhältnisse einzupassen, sondern auch an die individuelle Mentalität seines Besitzers und an die jeweilig vorgegebene Familienstruktur anzupassen. Wird dem heranwachsenden Welpen diese Möglichkeit von vornherein durch die hierfür notwendige Sachkenntnis geboten, dann ergibt sich ganz selbstverständlich ein harmonisches Zusammenleben mit dem Hund und eine so disziplinierte Einpassung in unsere Umweltstruktur, daß selbst der schärfste Hundegegner keinen Anlaß zur Kritik finden kann.

Das Buch steht aus alledem unter dem Motto:

Erziehung ist alles – Dressur ist nichts.
Eberhard Trumler

„Denn Tiere sollen nicht mit menschlichem Maß gemessen werden. In einer Welt, die älter und vollständiger ist als die unsrige, bewegen sie sich vollkommen und vollendet, begabt mit Verfeinerungen der Sinne, die wir verloren oder niemals erworben haben, und sie leben mit Stimmen, die wir niemals hören werden. Sie sind nicht Brüder, sie sind nicht Untergebene – sie sind andere Nationen: wie wir selbst gefangen im Netz von Leben und Zeit, Mithäftlinge in Glanz und Mühsal der Erde."

Henry Beston, The Outermost House

Einleitung

Die mit Hilfe von Freunden 1979 in Angriff genommene und ein Jahr später eröffnete „Haustierbiologische Station Wolfswinkel" am Rande der Gemeinde Birken-Honigsessen im Westerwald wird von Tierfreunden erhalten, die größtenteils Mitglieder der „Gesellschaft für Haustierforschung e. V." sind, einem Verein, der 1969 in meiner einstigen Forschungsstation „Grubmühle" (Oberbayern) gegründet worden ist. Im Rahmen der gemeinnützigen Aufgabenstellung ist es jedem Tierfreund möglich, sich an Ort und Stelle selbst ein Bild von dieser Station und ihren Bewohnern zu verschaffen. Sie steht ebenso Schulklassen und Studierenden offen, Hundevereinen und wer sich immer auch dafür interessieren mag. Nicht erwünscht allerdings sind Menschen, die lebendige Tiere zu Geld machen.

Seit den Tagen der Eröffnung der Wolfswinkler Station waren schon sehr viele Menschen hier – das kann man in den Gästebüchern nachsehen. Nicht nur so aus der Umgebung – von viel weiter her, wie etwa die Präsidentin eines Dingo-Clubs in Australien oder Indios aus den bolivianischen Hochanden. Fast jeden Nachmittag verbringe ich mit Besuchern und sitze dann mit ihnen in der Bibliothek oftmals viele Stunden zusammen. Es sind dies die wertvollsten Stunden meines Lebens, denn es ist immer ein großer Gewinn, zu erfahren, was andere Menschen denken, wie sie sich zu den tausendfachen Fragen des Lebens stellen, welche Probleme sie sehen und wie sie es anstellen, mit ihnen fertig zu werden. Ohne diese Gespräche würde ich mich nur als halber Mensch fühlen!

Natürlich sind unsere Besucher hier allesamt Tierfreunde, insbesondere Hundefreunde. Viele kommen, um Rat zu suchen, viele aber sind auch dabei, von denen ich lerne. Aber worum es auch jeweils geht: es fängt immer mit dem Hund an und führt am Ende unweigerlich zu den Menschen. Immer steht klar im Raum: nicht unsere Hunde sind das Problem, nein: wir selber sind es, wir und unsere Mitmenschen, die das Problem darstellen. Gäbe es keine problematischen Menschen, gäbe es keine Probleme mit Hunden!

Als mir der Verlag den Titel „Mensch und Hund" vorschlug, standen alle diese vielen tausend Gespräche lebendig vor mir und begleiteten mich an der Schreibmaschine. So schnell konnte ich gar nicht schreiben, wie diese in meinem Gehirn gespeicherten Anregungen, Erfahrungen, Gedanken und Ideen meiner Besucher aufs Papier wollten. So ist es auch kein Wunder, wenn dieses Buch genauso von mir niedergeschrieben wurde wie solche Gespräche verlaufen. Man fängt an einem Punkt an, und ehe man es sich versieht, kommt man vom Einten zum Zehnten, vom Zehnten zum Hundertsten, zum Tausendsten . . . Manchmal kommt man im Gespräch geradlinig voran, dann geht man im Kreis, kehrt zum Ausgangspunkt zurück, wie eben so ein Wort das andere, ein Gedanke den anderen gibt.

Das Buch als Spiegel dieser Gespräche konnte ich nicht in Kapitel teilen. Schubladen trennen und verlocken dazu, im Einzelnen zu verharren, es aus dem Zusammenhang zu reißen, die Übersicht zu verlieren. Es gibt keine Einzelbestandteile im Bereich des lebendigen, es gibt nur Ganzheiten, die in höhere Ganzheiten eingeschlossen sind, die selbst wieder nur Teil noch größerer Ganzheiten sind.

Mensch und Hund sind nur als eine solche Ganzheit zu verstehen, verbunden durch ein Flechtwerk unterschiedlichster Gegensätze und Gemeinsamkeiten, historischen Werdens und Zerfallens.

Damit mir mein Hund zärtlich die Hand lecken kann, mußte erst das Weltall entstehen!

In diesem Sinne möchte ich dieses Buch aufgefaßt sehen, das ein Produkt der in Wolfswinkel geführten Gespräche ist. Selbstverständlich kann es nicht ausbleiben, daß hier auch Aussagen enthalten sind, die nicht von allen meinen Besuchern inhaltlich geteilt wurden. Aber hier bin ich gut demokratisch vom Mehrheitsprinzip ausgegangen, soweit ich das jeweils mit meinem eigenen Erkenntnisstand vereinbaren konnte. Ebenso schrieb ich das Buch nicht als Vertreter der „Gesellschaft für Haustierforschung", sondern als Vertreter aller Hundefreunde, die mir durch Gespräche grundlegend geholfen haben, mich einmal frei und rückhaltlos zu artikulieren.

Ihnen vor allem gilt mein Dank genauso wie allen Hunden, deren Sprache ich zu verstehen beginne.

Wolfswinkel, August 1988

Eberhard Trumler

Der Steinzeitmensch, so wie man sich ihn ganz allgemein vorstellt, ist mit Sicherheit kein Feind der Wölfe gewesen. Es wäre aber durchaus denkbar, daß er ihnen gelegentlich ihr Jagdglück neidete. Ebenso könnte man sich gut vorstellen, daß so eine Horde steinzeitlicher Jäger die Wölfe von ihrer Beute vertrieben, um sie sich anzueignen. Wer Wölfe für blutrünstige, gefährliche Tiere hält, wird das vermutlich nicht glauben können. In Wahrheit meiden Wölfe den Menschen und fliehen ihn. Es muß für die Leute damals ein Leichtes gewesen sein, so ein Wolfsrudel durch Geschrei und Steinwürfe zu vertreiben und sich seiner Beute zu bemächtigen, um sich zuhause vor den Frauen als erfolgreiche Jäger groß zu machen.

Mag das auch nur so eine spekulative Vorstellung sein — Tatsache ist, daß der Wolf uns Heutigen in einem völlig falschen Licht erscheint. Es ist daher für manche Menschen schwer zu verstehen, wie aus so wilden, rohen Bestien unsere liebenswerten und gutmütigen Haushunde entstehen konnten. Haben doch die weithin bekannten sadistischen Märchen seit vielen Generationen unsere Vorstellungswelt bezüglich der Wolfsnatur außerordentlich pervertiert.

Dafür gibt es eine Erklärung. Zunächst sei gesagt, daß es bei Urvölkern bis zu den letzten noch auf steinzeitlicher Stufe stehenden Naturvölkern der Gegenwart kein Anhäufen privaten Besitzes gibt. Auf diese Mentalität wird noch zurückzukommen sein. Für Bürger einer Leistungsgesellschaft ist das sicherlich unvorstellbar, — vielleicht bezeichnet man diese Naturvölker schon deswegen als „primitiv". Ist es doch ein Merkmal jeder Form von Zivilisation, daß Vereinzelte bestrebt sind, durch mehr Besitz innerhalb der jeweiligen Volksgruppe eine Sonderstellung zu erhalten. Meist

wird auch der reichste Bauer Bürgermeister eines Dorfes.

Aber auch unsere hochentwickelte Egozentrik hat einmal irgendwo angefangen. Wahrscheinlich zu jener Zeit, in der Menschen begannen, aus Wildschafen Hausschafe zu machen. Das liegt auch schon so an die 8 000 Jahre zurück. Diese Hausschafe vermehrten sich und die Leute entdeckten, daß sie umsoweniger die Strapazen einer Jagd zur Fleischbeschaffung auf sich nehmen mußten, je mehr Schafe sie zum Schlachten erübrigen konnten. Weiter kamen sie dann dahinter, daß sie sogar Schaffleisch abgeben konnten, weil sich die Tiere so gut vermehrten. Dafür bekamen sie von ihren Mitmenschen andere Dinge, die sie brauchen konnten, besonders in jener Folgezeit, in der sich einige Stämme darauf verstanden, auf großflächigen Feldern Getreide zu ziehen. So also entstand wohl der Gedanke, daß man, je mehr man produziert, umso mehr von den Anderen erhalten kann.

Folgerichtig war man dann darauf bedacht, daß man das, was man produziert, auch entsprechend verwahren muß. Uns ist das heute völlig selbstverständlich, und wir haben auch Gesetze, die den Mitbürger für böse und strafwürdig erklären, der sich am Eigentum eines anderen vergreift. Das allerdings konnten die Wölfe nicht wissen. Sie hielten die Schafherden für jagdbares Wild, das viel leichter zu erbeuten war als deren nur in kleineren Trupps lebenden wilden Vorfahren.

Damit aber zogen die Wölfe sich den Haß der Schafhirten zu. Hirten waren zu allen Zeiten und sind bis heute gute Geschichtenerzähler. Sie haben auch viel Zeit, sich solche zu ersinnen, und dieses Hirtengarn spann dann die vielen Märchen. Wenn sie unterwegs einem Jäger begegneten und man so gemeinsam am Lagerfeuer saß, gesellte sich das Jägerlatein dazu. Klagten die Hirten über die bösen Wölfe, die ihnen solche Verluste brachten, revanchierten sich die Jäger für die Lammkeule mit Berichten, die wieder den Hirten klarmachen sollten, welch gefährliches Unterfangen es doch sei, das Waidwerk auf Wölfe auszuüben. Man darf ihnen dabei sogar zugestehen, daß da schon so manches wahre Wort daran gewesen sein kann, denn auch der friedlichste Wolf weiß sich sehr wohl seiner Haut zu wehren, wenn es ihm an den Kragen geht. Ein Jäger, der seinen letzten Pfeil verschossen hat, ist einem verwundeten, aufs höchste gereizten Wolf gegenüber naturgemäß unterlegen.

Es gibt übrigens heutigentags sogenannte „Sportler", die mit Pfeil und Bogen auf Wolfsjagd gehen. Sie vergessen dabei nur, daß Bögen moderner Machart sich nur schlecht mit jenen vergleichen lassen, mit denen Jäger vergangener Jahrtausende umzugehen pflegten. Das ist wie Repetiergewehr mit Zielfernrohr gegen Vorderlader; eine Heldentat ganz bestimmt nicht.
Das soll nur begründen, warum bis in unsere Gegenwart hinein der Wolf als wildes, gefährliches Tier angesehen wird, das sich darin gefällt, blutrünstig allen vorbeikommenden Menschen aufzulauern, um sie in Stücke zu reißen. Diese Vorstellung hat sich so fest in die Gehirne der Menschen hineingefressen, daß gewisse Mitbürger von dem Gedanken nicht loskommen, daß es doch entgegen aller Erfahrungen möglich sein müsse, durch Einkreuzung von Wolfsblut „schärfere" Hunde zu bekommen. Hunde also, die man auf Menschen hetzen könne – natürlich nur zur Selbstverteidigung, wie sie sagen.

Von alledem wußten natürlich unsere Steinzeitahnen vor bald 20 000 Jahren noch nichts. Sonst wären sie nämlich niemals auf die Idee gekommen, sich mit Wölfen anzufreunden. Sie mußten gewußt haben, daß Wölfe einige sehr positive Eigenschaften haben. Zunächst die eine, daß sie vor Aufrechtgehenden einen unbezweifelbaren Respekt haben und ihnen ausweichen.

Hierzu muß man folgendes wissen: angeborenermaßen, also ohne es lernen zu müssen, können bereits ganz junge Wölfe (und die meisten unserer Hunde) Mäuse als Beute erkennen, und es braucht ihnen auch niemand vorzumachen, wie man sie erjagt. Anfänglich klappt es noch nicht so, aber sehr bald bringt körperliche Übung und dazu gemachte Erfahrung den gewünschten Erfolg. Das geht natürlich weiter im Bereich all jener Tiere, die deutlich kleiner sind als man selber. Also je nach dem Wohngebiet Präriehunde (wie man murmeltierähnliche Nager in Nordamerika nennt), Erdhörnchen oder Kaninchen, und was es sonst noch alles in diesen Größenbereichen gibt. In geeigneten Klimazonen, wo es jahraus, jahrein warm genug ist, kann man sich mit diesem Kleingetier schon ganz gut durchs Leben schlagen.

Weiter im Norden wurde das dann allerdings problematisch, weil diese Jagdbeute im Winter nicht auffindbar war. Also mußten die Wölfe irgendwie versuchen, an jene größeren Tiere heranzukommen, die keinen Winterschlaf halten. Allein wagt sich kaum ein Wolf an ein Tier, das größer ist als er selber. Zu zweit hat man da bessere Erfolgschancen, und als mehrköpfiges Rudel schafft man noch mehr. Aber als die Wölfe auf diesen Dreh gekommen waren, mußten sie noch etwas dazu erfinden, um das Überleben ihrer Nachkommen zu sichern. Da es nämlich keine Vererbung neu gemachter Erfahrungen gibt, mußte der vor möglicherweise einer runden Million von Jahren entdeckte Trick, mit einem oder mehreren Partnern größeres Wild zu erjagen, auf anderem Wege den Nachkommen übermittelt werden.

Hierzu war die Fähigkeit, etwas zu lernen, hervorragend geeignet. Die Alttiere lehrten die Jungen, wie man größere Tiere erbeutet. Das hat sich bis heute nicht geändert. Denn nur jene Jungwölfe konnten überleben, die lernbegabt waren – die weniger begabten hatten keine Chance, selbst Junge in die Welt zu setzen und großzuziehen. So entwickelte sich bei den Wölfen also eine besonders große Lernfähigkeit, die zur Zeit gerade mein Freund Dirk Neumann bei seinen handaufgezogenen Wölfen genauer erforscht, und von der unsere Hunde heute noch profitieren. Durch sie können sie sich den Vorstellungen und Wünschen des Menschen und den Verhältnissen seines Lebensraumes anpassen.

Aber was damals die Wolfseltern ihre Nachkommen lehren konnten, war nur und ohne Ausnahme das, was sie selbst gelernt hatten. Nur das konnten sie weitergeben. Da in den einzelnen Gebieten zwischen Indien und Grönland sehr unterschiedliche als Beute geeignete Tierarten leben, lernen die Jungwölfe eben in diesen unterschiedlichen Klimazonen nur jene Beutetiere kennen, die es dort gibt.

Nicht gegeben aber hatte es zu jener Zeit, als diese traditionsmäßige Weitergabe eigener Erfahrungen begann, den Menschen! An diesem An-

fang stand er nämlich nicht, zumindest noch nicht dort, wo es bereits Wölfe gab, die größere Beute zum Überleben benötigten. Als er aber dorthin kam, gab es die Traditionen schon, und kein Wolf wußte mit diesem senkrechten Geschöpf etwas anzufangen. Beute – und das mochte vielleicht schon in den Wolfsgehirnen erbfest geworden sein, – Beute also ist immer etwas, das rechteckig über dem Boden steht, und zwar, soweit es keine Federn trägt, auf vier ganzen Beinen.

Folgerichtig konnte der Mensch niemals als Beute erkannt werden. Er paßt nicht ins Beuteschema, und Tradition ist nun einmal Tradition. Wer schon einmal in einem kleinen Dorf längere Zeit gelebt hat, weiß, was ich meine. Und da ist das Erbgut neuen Bedingungen gegenüber tausendmal anpassungsfähiger!

Weil also der Steinzeitler genau wußte, daß er die Wölfe nicht zu fürchten brauchte, konnten sie ihm nicht unsympathisch erscheinen. Das war die erste Feststellung. Außerdem war es ganz sicher so, daß er die Wölfe ursprünglich ganz weit unten in südlichen Gebieten kennengelernt hatte, wo sie ohnehin wohl nur ausnahmsweise auf größere Tiere Jagd machten.

Jene Südwölfe sind übrigens weitaus kleiner als ihre nordischen Vettern. Aber das spielte wohl keine Rolle, denn die Menschen waren zu jener Zeit auch nicht gerade groß, – vermutlich war das Größenverhältnis Wolf/Mensch dasselbe wie etwa zwischen einem hochgewachsenem Mitteleuropäer und einem Wolf aus Sibirien heute.

Eine Rolle spielte hingegen die Beobachtung, daß

Wölfe mit einem geradezu rührenden Eifer bestrebt sind, ihre Welpen zu ernähren, sie zu hüten und zu pflegen. Die Menschen jener Zeit waren gewohnt, die Natur und ihre Geschöpfe sorgfältig zu beobachten und sich ihr Verhalten einzuprägen. Damals nannte man das noch nicht Verhaltensforschung, – es gehörte nur so zum Alltag wie das Essen und Trinken. Man hatte keine Städte, keine Dörfer, nicht einmal Häuser. Man lebte einfach so zwischen und neben den Tieren. Sie waren Nachbarn, und man machte sich bestimmt auch keine Gedanken darüber, warum sie auf vier und nicht auch auf zwei Beinen gingen. Ob man deswegen in ihnen gleich „Brüder" sah, wie man das heute so gerne tut, wage ich zu bezweifeln. Wahrscheinlich teilte man sie mehr in wohlschmeckende und weniger wohlschmeckende Umwohner ein.

Selbst wenn wir eine derart realistische Betrachtungsweise ins Kalkül ziehen, muß es doch so gewesen sein, daß man vom so menschenähnlichen Familienleben der Wölfe nicht unbeeindruckt geblieben war. Innerhalb einer Wolfsfamilie gibt es so gut wie keinen ernsthaften Streit, sieht man von kleinen Meinungsverschiedenheiten ab, wie sie in den besten Familien vorkommen. Die Beobachtung des wölfischen Familienlebens erinnerte unsere steinzeitlichen Vorfahren wohl an ihr eigenes Familienleben. Zu jener Zeit lebte noch jede Familie für sich, wobei man wohl gute Nachbarschaft zu anderen Familien hielt, mit denen man mehr oder weniger verwandt war. Auch das gibt es bei Wölfen, wie wir Berichten von Forschern entnehmen, die das Glück hatten, Wölfe auf freier Wildbahn über längere Zeit hin beobachten zu können.

Wie aber waren wohl die Menschen selbst, die es dann fertig gebracht haben, aus Wölfen Hunde zu machen?

Mir scheint diese Frage sehr wichtig zu sein, weil uns ihre Beantwortung ein Prüfstein für unsere eigene Einstellung zum Hund sein könnte. Wie viele Forscher glaubte auch ich zunächst mehr an ein Nutzdenken der Steinzeitler. So wissen wir, daß Hunde in weiten Teilen der Welt auch heute noch gegessen werden. In Peking zum Beispiel dürfen Hunde überhaupt nur ausschließlich zu Schlachtzwecken gehalten und gezüchtet werden; jede andere Art von Hundehaltung ist in dieser modernen Großstadt verboten.

Dann gibt es die anderen Theorien, etwa die, daß man sich des gezähmten Wolfes als einer Art Jagdhund bediente, oder die, daß man seine Fähigkeit schätzte, die Annäherung einer Gefahr Dank seiner hochentwickelten Sinne eher zu bemerken als der Mensch.

Je mehr ich in den letzten Jahren aber über diese zunächst durchaus einleuchtenden Theorien nachdachte, umso weniger wahrscheinlich erschienen sie mir.

Ganz gewiß hatten schon die Menschen der älteren Steinzeit ein notwendiges Nutzdenken. Sie brauchten bestimmte Holzarten als Speerschäfte und andere, um ausreichend elastische Bögen herstellen zu können. Sie kannten den Nutzen des Feuersteins und auch den Nutzen einer weichgekauten Tierhaut. Aber daß sie gerade beim Wolf erstmals auf den Einfall kamen, sich ein Tier nutzbar zu machen, leuchtet mir nicht ein.

Das kann nicht der Beginn seiner Hundewerdung sein.

Es muß sie ganz etwas anderes dazu getrieben haben, Wölfe in ihre Familie mit aufzunehmen. Das ist nämlich gar nicht so leicht, wie das viele Menschen glauben. In der heutigen Zeit spürt man allenthalben einen an sich sehr erfreulichen Trend zur Natur. So werden auch viele Menschen von gewissen Zerrbildern der Wolfsnachfahren derart abgestoßen, daß sie ganz radikal umschwenken und meinen, Wölfe seien doch die besten Hunde. Leider viel zu spät bemerken sie dann, daß dies ein schwerwiegender Irrtum ist. Wölfe sind nun einmal keine Hunde, und schon gar nicht jene, die uns der Tierhandel anbietet, da sie niemals aus den südlichen Verbreitungsgebieten der Wölfe stammen.

Solche aus Unwissenheit erworbenen Wölfe haben dann stets ein sehr trauriges Schicksal. Sie werden von keinem Tierpark angenommen, weil sie sich nicht in vorhandene Wolfsgruppen eingliedern lassen. Zusammengehörige Wolfsfamilien lehnen Fremdwölfe grundsätzlich ab; sperrt man sie dazu, werden sie totgebissen. – So einen im Hause aufgezogenen Wolf in ein Tierheim zu geben, bringt auch nichts, da man dort ebenfalls nichts mit ihm anfangen kann – er muß eingeschläfert werden.

Es hat auch schon Fälle gegeben, in denen sechs- bis achtmonatige Wölfe einfach irgendwo im Wald ausgesetzt wurden. Das ist das Kriminellste, was man tun kann. Diese unerfahrenen Jungwölfe sind in der ihnen fremden Natur, auf sich plötzlich alleingestellt, von unvorstellbarer Angst befallen, die sie daran hindert, sich mit den neuen Gegebenheiten vertraut zu machen. Es besteht die Gefahr, daß sie sich einem streunenden Hund anschließen. Dies kann dann wieder Menschen, vor allem Kindern, den Tod bringen. Man darf nicht übersehen, daß handaufgezogenen Wölfe vor dem Menschen kaum noch jenen Respekt haben wie solche aus freier Wildbahn.

Es ist nun einmal so, daß wie Hunde gehaltene Wolfswelpen sobald sie Jungwölfe geworden sind – also in der Regel ab dem sechsten Lebensmonat – zunehmend schwieriger werden, was eben dieses Aussetzen, Abgeben oder Einschläfern zur Folge hat. Für ein freies Wildleben aber sind diese Wölfe noch zu jung, selbst noch mit einem Jahr.

Das bringt uns wieder in die Steinzeit zurück. Wie konnte es möglich sein, daß damals, vor 20 000 Jahren, Wölfe dennoch über dieses Alter hinaus von den Menschen gehalten worden sind, ja daß sie sogar beim Menschen die volle Geschlechtsreife erlangten und ihre Jungen bei ihm bekommen und aufgezogen haben? Denn das war ja wohl die Voraussetzung dafür, durch fortlaufende Weiterzucht unter Ausnutzung erblicher Veränderungen aus den Wölfen Hunde zu machen.

Wir wissen, daß die Ureinwohner Australiens vor Ankunft der Europäer keine Hundehaltung oder gar Hundezucht kannten – ganz im Gegensatz zu ihren Nachbarn auf Neu-Guinea, den Papuas, von denen viele Stämme geborene Hundezüchter sind.

Erst als die Aboriginals sahen, daß die Weißen Hunde hatten, die ihnen bei der Jagd sehr nützlich waren, da begannen sie, Dingowelpen einzusammeln und sie zu eben jenem Zweck aufzuziehen. Wer meine früheren Bücher kennt, wird sich erinnern, daß ich mich mit jenen verwilderten Hunden Australiens ziemlich eingehend beschäftigt habe. Aus heutiger Sicht kann ich sagen, daß deren Haltung nur um drei bis fünf Prozent einfacher ist als die Haltung von Wölfen. Was also den Dingo ebenso als Haushund ungeeignet macht!

Diese Erfahrung machten dann auch die Uraustralier. Die Dingos blieben höchstens bis zum Alter von eineinhalb Jahren bei ihnen. Dann aber verließen sie stets ihre schwarzen Pflegeeltern und kehrten in den Busch zurück. Denn jetzt waren sie voll erwachsen und bestrebt, einen andersgeschlechtlichen Partner zu finden, um eine eigene Familie zu gründen. Mit der Natur vertraut waren sie ja durch die Jagdzüge und die Wanderungen der Sippe – sie konnten sich nun selbst durchs weitere Leben schlagen, vor allem mit einem Partner, der selbst in freier Wildbahn aufgewachsen war, erzogen und zur Jagd ausgebildet von den artgemäß lebenden Eltern.

Wenn wir das vor Augen haben, wird die Frage, wie jene Menschen damals wohl gewesen sein müssen, damit die Wölfe zeitlebens bei ihnen blieben, noch problematischer. So wie die Uraustralier, konnten sie wirklich nicht gewesen sein, obgleich manche Forscher diese als „dunkle Seitenlinie" der europiden Urstämme betrachten. Es kommt noch hinzu, daß sie es sehr wahrscheinlich selber gewesen sind, die den Dingo vor vermutlich schon 10 000 Jahren auf den fünften Kontinent gebracht haben. Hätten sie diese Dingos als selbstgezüchtete Hunde mitgebracht, so hätten sie diese doch bestimmt weitergezüchtet und

nicht nur verwildern lassen. Dieser Umstand kann wohl in diesem Falle nur durch eine Theorie erklärt werden, derzufolge sie die Dingos von den Papuas hatten und sie in ihren Kanus sozusagen als lebenden Fleischvorrat nach Australien brachten. Wo sie ihnen davonliefen und seither das Leben ihrer südlichen Wolfsahnen führen. Dadurch haben wir auch eine Vorstellung davon, wie die ersten Steinzeithunde wohl ausgesehen haben.

⌘ ⌘ ⌘

In meinen Augen müssen jene ersten Wolfshalter Menschen ganz besonderer Natur gewesen sein. Ich will versuchen, sie aus vielerlei Überlegungen heraus zu rekonstruieren. Erhebt sich zunächst die Frage, wo sie herkamen und wo sie gelebt haben. Zu jener Zeit herrschte in Europa noch die Eiszeit, jene letzte große Vereisung, die sich erst vor 10 000 bis 15 000 Jahren soweit zurückzog, daß eine Besiedlung möglich wurde. Wir müssen also weiter im Süden suchen, und dorthin führen uns auch die ältesten Funde, die man von Haushunden gemacht hat. Damals breitete sich der Cro-Magnon-Mensch aus, auf den alle heute die Erde bevölkernden Menschengruppen zurückgehen. Er ist irgendwo im afro-asiatischen Raum entstanden und drang von hier aus immer weiter nach allen Himmelsrichtungen vor, so auch nach dem Norden.

Auf diesem Wege mag er zunächst bis zur südlichsten Verbreitungsgrenze des Wolfsgeschlechtes vorgedrungen sein. Möglich, daß sie damals noch weiter südlich lag als heute, wo der Wolf in

Zentralindien und in Südarabien die südlichsten Wohngebiete hat – oder zumindest in jüngster Vergangenheit noch hatte. Bleiben wir also bei Indien, wo bekanntlich auch die ersten bedeutenden Hochkulturen der Menschheit entstanden sind.

Es können keine kriegerischen Menschen gewesen sein, denn bei ihrer ersten Ausbreitung trafen sie auf keine anderen Völkerstämme. Solche begegneten ihnen in Form der Neandertaler erst in anderen, meist weit nördlicheren Gebieten. Dort, der zurückweichenden Vereisung folgend, nahmen die einzelnen Völker auch wieder umweltbedingt andere Lebensformen an, wie wir sie aus den zahlreichen Ausgrabungen kennen. Das waren Lebensweisen, in denen irgendeine Form von Tierzucht völlig unbekannt war. Es ist so gut wie sicher, daß die frühesten tierzüchtenden Völker im orientalischen Raum zuhause waren, und daß die Tierzucht von anderen Völkerschaften von dorther übernommen wurde. Tiere zu züchten ist keine europäische Eigenschaft, kein angeborenes Können, sondern nur eine mehr oder minder erfolgreich erworbene Eigenschaft. Gerade, wenn man sich die europäische Hundezucht so ansieht, wird man das sehr deutlich bemerken.

Nein – es müssen ganz andere Mentalitäten gewesen sein, die jene Voraussetzungen boten, die zur engsten Verbindung führten, die je zwischen einer Tierart und dem Menschen zustande kam. Eine Mentalität, in die wir Menschen aus dem zwanzigsten Jahrhundert uns kaum wirklich hineinversetzen können – die wir bestenfalls in Umrissen erahnen, aber kaum noch nachvollziehen können. Trotzdem soll der Versuch gemacht werden, so nahe als nur möglich an sie heranzukommen. Auch auf die Gefahr hin, daß das Folgende auch manchen Leser lächerlich oder versponnen erscheint. In dem Falle würde ich aber dann auch von einer Hundehaltung abraten.

Es gibt Menschen, die mit Tieren überhaupt nichts anfangen können, und die nicht einmal dazu zu bewegen sind, sich wenigstens einmal, wenigstens versuchsweise, Tiere näher zu betrachten. Sie lehnen das rundweg ab. Ich meine nicht jene Menschen, die durch negative Erfahrungen oder Beeinflussung ganz bestimmte Tiere ablehnen. Spinnen oder Schlangen zum Beispiel werden von sehr vielen Menschen oftmals geradezu hysterisch gefürchtet. Ich meine jene Menschen, die es einfach unter ihrem intellektuellen Niveau finden, sich mit etwas derart widrigem und primitivem wie Tiere abzugeben. Da solche Leute dieses Buch ohnehin niemals in die Hand nehmen werden, kann ich hier ruhig meiner Meinung Ausdruck geben, daß es sich bei ihnen um eine in den Bereich der Psychiatrie gehörende Erscheinung handelt. Lassen wir diesen Personenkreis beiseite.

Ein weitaus größerer Personenkreis aber ist bereit, sich über Tiere zu informieren. Bei manchen Menschen geht das so weit, daß sie sogar Zoologie studieren. Andere, die diese Möglichkeit nicht hatten oder ursprünglich auch gar nicht suchten, ersetzen das später im Leben und suchen die ihnen notwendig erscheinenden Informationen in Tierbüchern. Die mag ich aus sicherlich gut verständlichen Gründen besonders. Jedenfalls strebt dieser weitaus größte Teil der Menschheit mehr oder weniger danach, selbst Tiere zu halten.

Hier gibt es allerdings soviel unterschiedliche Gründe, daß man ein eigenes Buch darüber schreiben müßte, um sie alle ausreichend zu diskutieren. Es gehören ja auch jene Menschen dazu, die Tiere so handeln wie andere Teppiche oder Lederwaren, oder Hunde miteinander kämpfen lassen, teils aus einem pervertierten Vergnügen, teils aus Gewinnsucht. Auch die wollen wir hier vergessen.

Ich will mich hier auf jene Menschen beschränken, die sich zu Tieren aus rein ideellen Gründen hingezogen fühlen, die sie gern ansehen und beobachten, ihre Nähe suchen. Das bedeutet aber noch lange nicht – und das ist das Dumme an der Sache – daß sie wirklich geborene Tierhalter sind. Es fehlt ihnen hierzu, wie Konrad Lorenz sagen würde, der „grüne Finger". Ob sie es nun glauben, oder nicht – ich gehöre selbst dazu. Ich muß, wenn ich eine mir neue Tierart halten will, mich erst einmal bei Fachleuten oder aus Büchern informieren, damit ich nichts falsch mache. Obgleich ich von früher Kindheit stets und ununterbrochen mit allen möglichen Tieren, vom Einzeller bis hinauf zu Affen, zu tun hatte, bin ich gezwungen, mir das zur Haltung Notwendige von den Erfahrungen anderer zu holen; wo ich das aus irgendwelchen Gründen versäumt hatte, ging es in der Regel schief. „Totpflegen" nennt man eine solche mißlungene Tierhaltung.

So bewundere ich jene Leute, die diesen „grünen Finger" haben. Denen braucht man nur irgend ein beliebiges Tier zu geben – und schon haben sie mit einer geradezu unheimlichen Einfühlungsgabe herausgefunden, was das Tier alles braucht, um sich wohl zu fühlen und gesund zu bleiben. Diese

Art von Menschen ist allerdings sehr selten. Man braucht sich nur umzusehen, wie die meisten Hundehalter mit ihren Vierbeinern umgehen, und man wird mir das bestätigen.

Aber es gibt noch erstaunenswertere Zeitgenossen. Ausnahmemenschen ganz besonderer Prägung! Unter Schäfern kann man sie finden, aber auch anderswo, in Berufsgruppen, wo man am wenigsten daran denken würde. Ich meine Personen, vor denen scheue Wildtiere keine Angst haben, die sie vertrauensvoll an sich herankommen lassen.

Mir erzählte einmal ein Fabrikant, er sei in der Lage, zwischen den Rehen im Revier umherzugehen, ohne daß sie flüchteten – was sie bei jedem Versuch einer Annäherung anderer Personen stets zu tun pflegten. Er besitze nämlich die Fähigkeit, sich selbst seelisch auf die Psyche eines Rehes einzustellen, selbst gewissermaßen zum Reh zu werden, um so diesen scheuen Wildtieren nicht mehr als Mensch zu erscheinen.

Da der Mann auch Gedichte schrieb, dachte ich längere Zeit nicht mehr an diese Erzählung. Erst durch ein eigenes Erlebnis kam sie mir wieder in den Sinn. Ich war damals Gast bei Georg von Opel, bald nachdem er begonnen hatte, sein „Freigehege für Tierforschung" in Kronberg/Taunus aufzubauen, um Verhaltensstudien an den dort vorhandenen beiden Zebras zu machen. Nach fast 14 Tagen waren die Tiere meine ganztägige Anwesenheit so gewohnt, daß sich ihr Ausweichabstand von 20 auf etwa acht Meter verringert hatte. Allerdings nur dann kamen sie so nahe, wenn ich völlig regungslos am Boden kauerte. Die warmen und hellen Sommernächte damals brachten mich auf den Gedanken, die Tiere auch des nachts zu beobachten. Erstaunt stellte ich fest, daß sie mir da sehr nahe kamen, und mit Hilfe des Blitzgerätes konnte ich sogar aus kürzester Entfernung Fotos von ihren Schlafgewohnheiten machen. Am nächsten Tag kam ich nicht viel zum Schlafen, wollte aber die folgende Nacht wieder dabei sein. Ich hatte mir eine Decke mitgebracht, und als sich die Zebras zum Schlafen legten, breitete ich sie zwei Meter neben ihnen aus – und schlief auch.

Am zeitigen Morgen aber stieß mich die Stute unsanft mit der Schnauze an. Erschrocken fuhr ich hoch, und da ich wußte, daß sie ihren Hengst, wenn er nicht aufstehen wollte, notfalls auch per Hufschlag zum Aufstehen bewog, zog ich es vor, mich gleich auf die Beine zu stellen und einen Schritt zurückzutreten. Aber die Stute war mit meinem so gezeigten Gehorsam zufrieden, und so ging ich mit den beiden Zebras zur morgendlichen Weide. Ich ging direkt zwischen ihnen, konnte ihnen meine Hände auf den Rücken legen – ich war in die Herde aufgenommen! Als gegen acht Uhr der zuständige Tierpfleger kam, glaubte er, seinen Augen nicht trauen zu können. Zufällig kam am selben Tag noch der bekannte Tierfotograph Gerhard Gronefeld vorbei, der diese Situation im Bild festhielt.

Es ist schon mehrfach beobachtet worden, daß man das Vertrauen von Tieren gewinnen kann, wenn man bei ihnen schläft. Im Schlaf sind Tier und Mensch völlig auf einer Ebene. Es sind dieselben Gehirnzentren, dieselben Gehirnströme, die hier in Aktion sind. Ob Zebra, Hund oder Mensch – während des Schlafes laufen in allen diesen Lebewesen dieselben physiologischen Vorgänge ab.

Man könnte daraus schließen, daß es unser Intellekt ist, der Tiere hindert, uns voll und ganz zu akzeptieren – so, als würde er den Tieren Furcht einflößen. Sind im Schlafe die höheren Zentren unseres Gehirnes abgeschaltet, spürt das Tier diese es distanzierende Kraft nicht mehr. Das wäre eine Erklärung. Wie ich später einmal feststellte, kann auch eine bestimmte, nicht zu große Menge Alkohol eine gleichartige Wirkung erzielen. Möglicherweise sogar bestimmte Drogen.

Aber solche Versuche lösen nicht wirklich das Problem, um das es hier geht. Viel interessanter ist da ein anderer Fall, der mich hier bewegt.

Eines Tages tauchte im Max-Planck-Institut für Verhaltensphysiologie zu Seewiesen ein Mann auf, ein Kaufmann aus Berlin, der in seinem alljährlichen Urlaub Bergwanderungen im Zugspitzgebiet zu machen pflegte. Er führte dabei eine ganz einfache 8-mm-Kamera mit sich, ohne Teleobjektiv, und damit hatte der gute Mann Steinböcke und Gemsen aus ein bis zwei Meter Entfernung gefilmt. Er hat uns solche Filmaufnahmen vorgeführt. Die Viecher taten auf den Bildern tatsächlich so, als wäre da gar keiner!

Schade, daß Konrad Lorenz damals nicht dabei war – ich hätte gern gewußt, was er dazu gesagt haben würde. Ich aber fing nun an, die Sache mit den Rehen, von denen ich zuvor berichtete, auch zu glauben. Es scheint wirklich Menschen zu geben, die trotz eines voll entwickelten Verstandes von Wildtieren akzeptiert werden. Erwähnt sei hier der bekannte DDR-Forscher Heinz Meynhardt, der in Burg bei Magdeburg von mehreren wildlebenden Wildschweinrotten als Rottenmitglied anerkannt wurde.

Deswegen glaube ich auch die Geschichte von dem indianischen Geologiestudenten, der sich in der Bergwelt von Britisch-Kolumbien mit einer alten Wölfin angefreundet hatte, die die Anführerin eines vielköpfigen Rudels war, und die so vertraut wurde, daß sie zu ihm ans Lagerfeuer kam, ihm die Pfoten auf die Schultern legte und das Gesicht ableckte.

Und so komme ich schließlich und endlich zu dem Schluß, daß jene Menschen, die vor zwanzigtausend Jahren den Wölfen begegneten, dieses gewisse Etwas gehabt haben mußten, das allen Tieren Vertrauen einflößte. Etwas, das es ihnen ermöglichte, bei den Tieren, unter den Tieren zu leben und sich mit einzelnen Individuen anzufreunden. Kann sein, daß der Mythos vom Paradies eine Rückerinnerung an diese Zeit ist.

⌘ ⌘ ⌘

Solche Überlegungen führten mich auch dazu, ein wenig nachzulesen, wieweit uns die Völkerkunde in dieser Richtung Aufschlüsse bringen könnte. Dazu angeregt haben mich vor allem Beobachtungen des Zoologen Erik Ziemen, die er anläßlich einer Reise durch einige afrikanische Länder gemacht hat. Sie führten ihn zu dem Schluß, daß es die Frauen gewesen sein müßten, denen wir die

Hunde verdanken. Er sah und filmte bei den Turkanas, wie Hunde die Exkremente der Kleinkinder beseitigten und wie sie sogar von den Frauen dazu angeregt wurden. Hunde also als Windelersatz – sehr zweckmäßig, aber auch nicht ungefährlich; hatten doch die Hunde dort alle auch für den Menschen lebensbedrohende Würmer!

So sehr mir einleuchtet, daß Hunde zu Frauen und Kindern – vor allem zu letzteren – einen besonders engen Kontakt bekommen können, so sehr ich mir vorstellen kann, wie Steinzeitkinder mit Wolfswelpen spielten, – so wenig beantwortet das aber die Frage, was heranwachsende Wölfe veranlassen könnte, sich so fest an Menschen zu binden, daß sie zeitlebens bei ihnen bleiben. Daß sie nicht, wie die Dingos bei den Ur-Australiern, mit eineinhalb Jahren davonlaufen, um artgemäße Partner zu finden. Man könnte da fast zu dem Schluß kommen, daß sie gar nicht erst davonlaufen mußten, da irgendwann und irgendwo einmal Wölfe ganz unmittelbar mit Menschen zusammengelebt hatten. Etwa in der Form, daß die einen die anderen nicht fürchteten, daß man sozusagen Höhle an Höhle wohnte oder möglicherweise sogar ein- und dieselbe Höhle gemeinsam nutzte.

Das klingt unvorstellbar – aber wohl nur für uns Europäer. Nicht so für andere Völker. Um das zu verdeutlichen, möchte ich zwei Beispiele anführen, die uns zu denken geben sollten.

Knapp vor Beginn des letzten Weltkrieges hatte der österreichische Völkerkundler Hugo Adolf Bernatzik zusammen mit seiner Frau Emmy in Hinterindien die letzten damals noch lebenden Reste einer primitiven Urbevölkerung angetroffen, die prämongoliden Ursprungs und wahrscheinlich in der Mittelsteinzeit weithin in Südostasien verbreitet gewesen waren. Ihre Nachbarn nannten sie Phi Ton Luang, was soviel wie „Geister der gelben Blätter" bedeutet. Dieser Name bezieht sich auf die, von den unstet durch die Waldgebiete des nordöstlichen, an Laos grenzenden Thailands streifenden Horden zurückgelassenen, aus Palmblättern gefertigten Windschirme, die naturgemäß nach kurzer Zeit vergilben. Sie selbst nannten sich „Yumbri", was soviel wie „Dschungelmenschen" bedeutet. Bernatzik kam damals zu der vorsichtigen Schätzung, daß es nur noch „einige Hundert" von ihnen gäbe, die in kleinsten Familiengruppen weit verstreut lebten. Die größte Gruppe, die er fand, bestand aus vier Männern, vier Frauen und drei Kindern, die kleinste Gruppe setzte sich nur aus zwei Männern und einer Frau zusammen.

Die Lebenserwartung dieser Menschen war überaus gering; so war unter den 45 Yumbris, die der Forscher insgesamt kennenlernte, nur einer dabei, der an die 50 Jahre zählen mochte, und vier, die höchstens 40 Jahre alt waren – alle anderen waren wesentlich jünger. Sieht man davon ab, daß viele von ihnen durch andere Völkerschaften aus irgendwelchen Anlässen getötet wurden – was wohl vor allem dazugeführt haben mag, daß es sie heute nicht mehr gibt! – so wurden sie auch häufig Opfer von Tigern, Bären oder Giftschlangen; eine hohe Kindersterblichkeit (etwa 80%) kam hinzu.

Das hat natürlich mit einem Paradies wenig gemein, aber es zeigt uns, auch wenn wir von den Tötungen durch „höherstehende" Nachbarn absehen, wie gefahrvoll das Leben der steinzeitlichen Ahnen gewesen sein muß. Wäre das nicht ein triftiger Grund für jene gewesen, sich dort, wo es Wölfe gab, mit diesen zu verbünden? Was für ein Schutz mußten Wölfe doch für diese wehrlosen Menschen gewesen sein!

Natürlich ergibt sich sofort wieder die Frage, welche Mentalität, welche Fähigkeiten Menschen haben müssen, wie sie bei einem Zusammenleben mit derart starken Tieren doch wohl Voraussetzung sind.

Auch hier haben die Forschungen der Bernatziks interessante Eigenschaften der Yumbris aufgedeckt. Zunächst will ich hier zitieren, was über das Verhältnis zu Hunden gesagt wird: „Die einzigen Haustiere der Phi Tong Luang sind kleine schwarze Hunde, die den chinesischen Tschau ähneln und ihre ständigen Begleiter und treuen Wächter sind. Sie werden liebevoll behandelt und helfen ihnen beim Aufsuchen und sogar beim Ausgraben von eßbaren Wurzeln. Sie spielen hierbei eine ähnliche Rolle wie die Schweine unserer Bauern beim Trüffelsuchen. Manche Hunde sind auch zum Fang von Schildkröten und Eidechsen abgerichtet."

Man muß beim Lesen dieser Zeilen zunächst daran denken, daß das ‚was Bernatzik zur damaligen Zeit unter jener Hunderasse verstand, nur noch wenig gemein hat mit dem, was heute unter der Rassenbezeichnung Chow-Chow auf den Ausstellungen zu sehen ist. Wie dem auch sei – es ist aus verschiedenen Gründen kaum anzunehmen, daß jene Hunde der Yumbris deren eigene Wolfsumzüchtungen waren, sondern sicher irgendwann einmal aus den Dörfern der Nachbarvölker zu ihnen übergelaufen waren. Ist doch in Asien jener mittelsteinzeitliche Spitztyp mit Stehohren und aufgerollter Rute, wie er vielleicht am ursprünglichsten noch im japanischen Shiba-Inu erhalten ist, heute noch weit verbreitet.

Was aber wirklich erstaunlich ist begründet sich darin, daß diese Menschen es verstehen, mit diesen Hunden so gut umzugehen, daß sie ihnen beim Sammeln tatkräftige Helfer sind. Denn wenn man liest, wie unbeholfen die Yumbris sich bei vielen anderen Tätigkeiten erweisen und wie wenig Ausdauer sie hierbei an den Tag legen, so liegt der Schluß nahe, daß ihnen der Umgang mit einfachen Naturgegebenheiten – also auch mit Tieren – leichter fällt als mit dem, was wir Zivilisation im Sinne von technischen Fertigkeiten und planvoller Arbeit nennen. Das beweist unter anderem auch der Umstand, daß sie nicht jagen, da sie selbst keine Jagdwaffen anfertigen und da, wo sie im Tauschhandel Speere erworben haben, diese überhaupt nicht zu werfen verstehen. Aber sie können offenbar mit Hunden umgehen!

Nun muß ich aber zum Verständnis der Yumbris noch etwas zitieren. Bernatzik schreibt: „Wenn die Phi Tong Luang von sich sprachen, sagten sie nicht ‚ich' oder ‚wir', sondern: ‚Der Sohn geht, der Vater möchte dies oder jenes', oder ‚Die Yumbri haben Angst, die Yumbri möchten fort . . .' So drücken sich unsere Kinder aus, bevor ihr Bewußtsein des persönlichen Eigenlebens erwacht ist, bevor sie sich selbst aus der Gemeinschaft, in die sie sich gesetzt sehen, herauszuheben imstande sind. In dem Augenblick aber, in dem unsere Kinder zum erstenmal ‚ich' sagen, folgt bald darauf das ‚ich will'. Gleichzeitig mit der Erkenntnis des Ichbegriffes erwacht der Wille. Die

Form der sozialen Organisation, die Einstellung der Phi Tong Luang zum Lebenskampf und noch viele andere Erscheinungen deuten darauf hin, daß der Individualitätsbegriff ebenso wie die Willensfähigkeit bei ihnen nur in ganz geringem Maße entwickelt ist."

Hier liegt in meinen Augen der Schlüssel zu der Frage, welcher Art wohl die Mentalität jener Menschen gewesen sein muß, die sich mit Wölfen vergesellschaftet haben könnten. Unser Ichbewußtsein stellt uns in Gegensatz zu unserer Umwelt. Tiere haben kein solches, Kleinkinder kennen es noch nicht – und ganz sicher war es wohl auch beim frühen Steinzeitmenschen noch nicht vorhanden.

Der große Naturforscher Ernst Haeckel hat seinerzeit das „Biogenetische Grundgesetz" entdeckt, das heute mehr als „Regel" anerkannt wird. Er wies als erster nach, daß alle Wirbeltiere in einem frühembryonalen Stadium einander vollkommen gleichen. Selbst der Mensch durchläuft hierbei ein Stadium, das weitgehend der Organisation eines Knorpelfisches – also eines Haies – gleicht. Aus solchen und ähnlichen Beobachtungen können wir schließen, daß jedes Individuum in seiner Frühentwicklung sozusagen in abgekürzter Form alle Evolutionsstufen der Wirbeltiere durchläuft. Wenn also unsere Kinder zunächst noch kein Ichbewußtsein haben, sondern von sich in der dritten Person sprechen, läßt dies entsprechend der Biogenetischen Grundregel den Schluß zu, daß dieses auf einer frühen Evolutionsstufe des Menschen auch noch nicht vorhanden war – wie das die aus vorgeschichtlicher Zeit stammenden Yumbris ebenfalls mehr als wahrscheinlich machen. Dazu paßt auch die Angabe Bernatziks: „Im ganzen genommen machen die Phi Tong Luang den Eindruck einer überraschenden Kindlichkeit in noch viel stärkerem Maße, als es aus der Aufzählung der einzelnen anthropologischen Elemente ersichtlich ist. Diese Kindlichkeit ist ungleich stärker ausgeprägt als bei anderen Völkern der palaeomongoliden Rassen und geht Hand in Hand mit einer starken Einheitlichkeit des Typus."

Nun finden sich bei den Schilderungen Bernatziks zahlreiche Hinweise darauf, daß die Yumbris überaus ängstlich und entsprechend scheu sind – Eigenschaften, die wir bei Kindern nicht kennen. Das ist ein gewisser Gegensatz zu der geschilderten Kindlichkeit. Aber er ist wohl leicht daraus zu erklären, daß diese Steinzeitmenschen nicht nur die gefährlichen Tiere des Dschungels – Tiger, Bär, Wildschwein, Schlangen – zu fürchten haben, sondern in erster Linie wohl die anderen, zivilisatorisch weit über ihnen stehenden Nachbarvölker. Es ist ja so, daß in einen Lebensraum einwandernde, technisch überlegene Völker die ansässigen weniger entwickelten Völker auszurotten pflegen – dafür gibt es zahlreiche Beispiele bis in die Neuzeit. Diese erworbene Furchtsamkeit kann also nicht als stammesgeschichtliches Merkmal angesehen werden. Auch Heimkinder, die als Säuglinge bereits ohne mütterliche Betreuung aufgewachsen sind und dadurch jene seelische Störung zeigen, die man Hospitalismus nennt, entwickeln vorzeitig Furcht, im Gegensatz zu Kindern, die wohlbehütet in einem völlig intakten Elternhaus aufwachsen. Auf dieses Thema – wie überhaupt auf manche Aspekte der menschlichen Kindheit – wird später, bei der Welpenentwicklung, noch ausführlich zurückzukommen sein!

Hier soll nur nochmals das Bild, das wir durch die eingehenden Untersuchungen Bernatziks von den Yumbris erhalten haben, etwas ergänzt zusammengefaßt werden:

Wir sehen hier Menschen vor uns, die in kleinsten Familientrupps als Sammler, kaum noch als Jäger zum notwendigen Nahrungserwerb ein unstetes Wanderleben führen, ursprünglich keine Kleidung und kaum nennenswerte Holzwerkzeuge besaßen, keine medizinischen Kenntnisse, keine eigenständige Religion, keinen Schutz vor gefährlichen Tieren. Sie kannten keine Bestattung der Toten, ursprünglich auch keine Genußmittel. Sie spielten keine Spiele und hatten keine Mythen, keine auch noch so kurzfristige Vorstellung von der Vergangenheit ihrer Familien. Aber sie waren gutmütig, wahrheitsliebend, familiär und unkriegerisch, und sie waren vor allem eins mit der Natur, da sie mangels eines Ichbewußtseins sich nicht gegen sie stellen konnten. Kurz gesagt: sie hatten ein kindliches Gemüt.

So und kaum anders aber müssen für mich jene Menschen gewesen sein, die es fertigbrachten, die Freundschaft der Wölfe zu erwerben, deren Vertrauen zu erringen und im besten Einvernehmen unter ihnen zu leben. Ich denke, wenn man sich die Mentalität dieser „Kinder der Menschheit" vor Augen hält, dann bedarf es nicht mehr großer Fantasie, um sich ein einträchtiges Zusammenleben mit den in ihrem Naturell eigentlich gar nicht so verschiedenen Vierbeinern vorzustellen. Man vergesse dabei nicht: Wölfe sind ihrer eigentlichen Natur nach überaus friedliche, freundliche Tiere, die kein anderes Lebewesen, das ihr Familienleben nicht stört, angreifen oder verjagen.

Stellen wir uns also Menschen dieses Zuschnitts vor, auf einer derartigen Evolutionsstufe, die im asiatischen Raum die Bekanntschaft mit den Wölfen gemacht hatten, Menschen, die in Kleinstfamilien als Sammler lebten und noch keine Jagd kannten. Wie groß muß deren Staunen gewesen sein, als sie sahen, wie fein abgestimmt das Sozialverhalten der Wölfe und wie erfolgreich ihre auf Zusammenarbeit beruhende Jagd war!

Auch das ist wahrscheinlich keine Fantasterei. Vor mir liegt ein Buch mit dem Titel „Die Wölfe des Himmels – Welterfahrung der Cheyenne (Tsistsistas)", erschienen 1985 und verfaßt von dem Völkerkundler Karl H. Schlesier, der lange Jahre unter jenen Indianern gelebt hat. Er studierte deren Geschichte, Kultur, Weltauffassung und Ursprünge. Da die Vorfahren der nordamerikanischen Indianer aus Asien über Nordost-Sibirien gekommen waren, befaßte er sich auch mit der Kultur der dort lebenden Volksstämme. Hier fand ich eine Stelle, die ich in diesem Zusammenhang zitieren möchte:

„Unter den damaligen harten Existenzbedingungen in Nordsibirien war es erforderlich, daß jede Person eine für sich sorgfältig abgestimmte Einheit bildete. Die Zusammenarbeit mit anderen war gleichermaßen wichtig, folgte aber an zweiter Stelle. Die entsprechenden Regeln lehrte sie ein Tier, das die Völker Nordsibiriens und die Tsistsistas als den Meisterjäger par excellence ansahen: der Wolf."

Als die Vorfahren der Tsistsistas, von Norden her kommend, die Prärien erreichten, befahl der oberste Geist (Artgeist) der Wölfe diesen, „die Neulinge in die Jagdregeln der Grasländer einzuweihen. So wurden die Wölfe – wenn sie es nicht schon vorher gewesen waren – die Förderer der Tsistsistas; jagende Tiere, denen jagende Menschen nacheiferten. So wie der ‚Einladungsgesang' der Wölfe die Raben, Kojoten und Füchse rief, um die Beute mit ihnen zu teilen, so riefen auch die Jäger der Tsistsistas die Wölfe zu ihrer Beute oder legten Fleisch für sie beiseite."

Können solche Mythen entstehen, wenn nicht ein seit längst vergangenen Urzeiten überliefertes Wissen um die erste Begegnung des Menschen mit den Wölfen lebendig geblieben wäre? Mythen, die genau das wiederspiegeln, was man rein theoretisch annehmen könnte, wenn man von der Mentalität einer Völkerschaft ausgeht, die der Mentalität der Phi Tong Luangs entspricht!

Es ließen sich noch viele völkerkundliche Zeugnisse von Wolfskulten anführen, etwa aus Indien, aber hier geht es nur darum, einmal klarzustellen, wie alles angefangen haben könnte.

Nachzutragen wäre hier nur, daß sowohl die nordsibirischen Volksstämme als auch die Prärieindianer alle Tiere als beseelte Lebewesen betrachteten, deren Geist nach dem physischen Tod weiterlebt, ja daß man durch bestimmte Zeremonien den Geist des getöteten Tieres befreien müsse. Hierbei verbleibt ein Teil dieses Geistes in den Knochen und Krallen erhalten, insbesondere im Schädel; daher müssen diese gesondert aufbewahrt werden, bis auch dieser Teil der Seele frei wird, um sich mit dem erstentwichenen Teil zu vereinen. Erst dann könne diese Seele in das Reich der Tierseelen einziehen oder wieder zu einem lebendigen Tier aus Fleisch und Blut werden. Wie ökologisch und waidmännisch jene „Primitiven" dabei denken, zeigen folgende Regeln der Evenk, eines Volksstammes aus Nordsibirien, die Schlesier anführt:

„1. Kein Tier darf getötet werden, wenn der Jäger die Beute nicht tragen kann.
2. Tiere, die der Jäger nicht braucht, darf er nicht töten.
3. Tiere (besonders Schalenwild) von bestimmtem Alter und Geschlecht dürfen zu besonderen Zeiten nicht getötet werden, und
4. ein verwundetes Tier muß der Jäger so lange verfolgen, bis er es erlegt hat."

Auch dies zeigt die tiefverwurzelte Naturverbundenheit des auf der Stufe des Sammlers und Jägers stehenden Menschen. Sie kann so weit gehen, daß er meint, die Beutetiere lassen sich sogar nur durch von ihnen selbst ausgewählte Jäger töten. Also etwa durch Jäger, von denen sie gewiß sind, daß sie für eine ordnungsgemäße Befreiung ihrer beiden Seelenteile sorgen werden.

So haben wir also schon eine bessere Vorstellung davon, wie jene Menschen gewesen sein könnten, die aus Wölfen Hunde gemacht haben. Wie sie das aber anstellten, ist eine andere Frage, für die vielleicht nicht uninteressant sein mag, daß die Prärieindianer nach den Angaben von Schlesier den Haustieren keine Seele zusprachen. Für deren Tötung gab es keine Rituale, keine Regeln, keine Vorschriften. Man darf allerdings nicht vergessen, daß die Indianer als Sammler und Jäger gar keine Haustiere hatten, sondern diese erst

durch die Europäer kennenlernten. Sie gehörten eben nicht zu der Einheit Mensch-Natur-Lebensraum, sie waren ihnen nicht von dem obersten Weltgeist anvertraut worden.

Dennoch hatten die Indianer Hunde – also doch ein Haustier. Es wäre denkbar, daß sie die Hunde bereits aus Asien mitgebracht hatten; leider finde ich im Schrifttum keine Angaben darüber, und so ausführlich die Schilderungen Schlesiers über alle Mythen und Rituale sowie Weltdeutungen der Cheyenne und Nordsibirier auch sind, – der Hund erscheint nicht einmal im Register, obgleich Schlesier in dem genannten Buch in einem anderen Zusammenhang ausführlich von Hunden berichtet. Hätte der Hund bei der West-Ost-Wanderung vor 10 000 Jahren, sowie danach bei der Nord-Südwanderung auf amerikanischem Boden eine Rolle gespielt, so wäre er wohl mit Sicherheit in den Sagenbereich der Indianer mit einbezogen worden. So dürfte es wahrscheinlich sein, daß der Hund erst viel später – möglicherweise über die Eskimos – in die Hände der Indianer gelangt ist.

Die erwähnte Stelle in Schlesiers Buch liest sich so: „Die erstaunliche Beweglichkeit der frühen Tsist-Gruppen ergab sich aus der Verwendung großer, wolfsartiger Hunde zum Transport der Zelt- und Lagerausrüstung. George Bent, der Zeugnisse über die Tsistsistas in der Zeit vor Einführung des Pferdes gesammelt hat, erklärt dazu, daß der Stamm eine Vielzahl großer Hunde besaß und daß man diese Tiere zum Tragen oder Ziehen von Lasten einsetzte. Wenn die Leute in den Bison-Plains umherzogen, transportierten diese Hunde die kleinen Zelte und Zeltstangen, die gesamte Lagerausrüstung und das Gepäck.

Die Hunde wurden genau so verwendet wie später die Pferde. Manche Hunde hatten kleine Packsättel oder Satteltaschen und trugen Lasten auf dem Rücken, andere wurden mit kleinen Travois aus zwei kurzen Stangen ausgerüstet, deren Enden hinter dem Hund auf dem Boden schleiften. Die Lasten wurden dann auf kleinen Querstöcken an die Stangen gebunden. Diese Hunde aus den alten Zeiten waren nicht wie Indianerhunde von heute. Sie waren wie Wölfe; sie bellten nie, sondern heulten wie Wölfe und waren halbwild. Die alten Leute sagen, daß jeden Morgen beim ersten Morgengrauen sich alle Hunde des Lagers, und das waren mehrere hundert, versammelten, zusammen heulten und so das ganze Lager weckten.' Es darf angenommen werden, daß ein Lager von 18 Zelten und einer Bevölkerung von über 100 Menschen etwa die gleiche Anzahl ausgewachsener Hunde benötigte, um Lasten zu transportieren. Mit den Welpen und Jungtieren mag der Gesamtbestand an Hunden in einem Lager dieser Größe leicht 150 bis 180 Tiere erreicht haben, die ständig eine beachtliche Menge Fleisch als Futter benötigten. Die Bewegungsfähigkeit der Besant-Gruppen, wie sie durch die weite Verteilung ihrer Fundplätze bewiesen ist, gründete sich also auf einen sehr effektiven Hunde-Transport, der wiederum von ständigem Jagderfolg abhängig war."

Soweit also Schlesier beziehungsweise sein zitierter Gewährsmann. Leider ist die Beschreibung der Hunde mehr als dürftig, wir finden nicht einmal eine Farbangabe. Aber wenn wir an Eskimohunde aus Grönland denken, in die bekanntlich Wölfe eingekreuzt wurden und die ebenfalls nicht bellen konnten, so ist meine obige Annahme über die Herkunft solcher „Schlittenhunde" naheliegend.

Damit ist aber wohl auch der asiatische Ursprung dieser Hunde gewiß, denn bei der großen Verehrung des Wolfes kann man kaum annehmen, daß die frühen Cheyenne ihn zähmten und umzüchteten. Auch die Eskimos, die viel später als die frühen Indianer Nordamerika erreicht haben, kann man wohl kaum als Schöpfer ihrer Hunde betrachten. So müssen wir wieder in südlicheren Gebieten Asiens nach dem Ursprung unserer Hunde suchen, so wie ich das auf früheren Seiten schon anschnitt. Dort also, wo die kleinwüchsigeren Wölfe subtropischer Regionen erstmals mit dem Menschen in Berührung kamen.

⌘ ⌘ ⌘

Die frühesten Funde von Hunden sind älter als 15 000 Jahre. Vielfach spricht man davon, daß die Domestikation vor 20 000 Jahren begonnen haben muß. Das glaube ich gern – nur wie war das vor der Domestikation, also der Umwandlung des Wolfes zum Hund? Da muß es eine Zeit gegeben haben, in der sich Menschen mit dem Wolf so vertraut gemacht haben, daß dann, sozusagen als Folgerung, die Haushundwerdung des Wolfes beginnen konnte. Diese Zeit also möchte ich hier als „Übergangszeit" bezeichnen.

Gehen wir doch von so einer Kleinfamilie aus, wie sie uns von dem Völkerkundler Bernatzik anhand seiner Studien an den Yumbris, den „Geistern der gelben Blätter", vor Augen geführt worden ist. In jenem Entwicklungsstadium der Menschheit, ihrem „Kindheitsalter", waren größere Familienverbände noch nicht denkbar. Man konnte in einem

4

bestenfalls subtropischen Klima – also dort, wo man die südlichsten Wölfe erstmals kennenlernte – nicht in Großfamilien leben. Die „Dreizehnmann-Horde", wie sie Konrad Lorenz postulierte, wäre schon in der frühen Frühsteinzeit zu groß gewesen; war doch das Nahrungsangebot hier im Wechsel der Jahreszeiten so beschränkt, daß sich gerade zwei oder drei Erwachsene mit zwei oder drei Kindern ernähren konnten. Was war denn schon im Umkreis einiger hundert Meter zu finden? Pilze, Beeren, Wildgemüse; ferner einige Fische in den Bächen, Krebse, dann Frösche, Reptilien und genießbare Insekten wie Heuschrecken, Käfer, Raupen, – aber alles nicht in größeren Mengen. Man mußte es suchen, finden und fangen. Da hatten die Eltern genug zu tun, um ihre Kinder und sich zu ernähren. Jagd auf größere, flüchtige Tiere gab es nicht – das war unbekannt. Auch wenn man noch die Eier und noch nicht flüggen Vögel dazurechnet, hätte es eine mehrköpfige Menschengruppe schwer gehabt, diese Nahrung im näheren Umkreis in ausreichender Menge zu finden. Wenn die Leute damals großes Glück hatten, konnten sie gelegentlich ein neugeborenes oder wenige Tage altes Jungtier der größeren Pflanzenfresser wie Hirsch oder Antilope greifen; oder ein verunglücktes Großtier finden, um den Bedarf an tierischem Eiweiß zu decken. Aber vor der Entwicklung von Jagdwaffen waren die Menschen damals eben nur auf solche Zufälle angewiesen.

Bis zu dem Tag, da sie „die Wölfe des Himmels" trafen. Es mußte sie erstaunen, wie hier zehn- bis fünfzehnköpfige Rudel es verstanden, durch disziplinierte Zusammenarbeit große Tiere zu erbeuten. Und sie fraßen oft genug nicht einmal alles

auf, sondern ließen die Reste liegen, um gesättigt zu ihrem Lagerplatz zurückzukehren. Die Urmenschen fanden dann sogar noch gutes Fleisch vor, denn die Wölfe bevorzugen die Innereien der großen Pflanzenfresser einschließlich der gefüllten Därme, sie fressen die Ohren und Nüstern der Knorpelsubstanzen wegen und die Klauen wegen des Keratins. Da kann eine Menge besten Muskelfleisches übrigbleiben, wenn das Wolfsrudel nicht zu groß ist.

Das mag durchaus ein Anlaß gewesen sein, sich in der Nähe der Wölfe aufzuhalten, um von ihnen zu profitieren. Man mußte nur aufpassen, wann sie den nächsten Jagdzug unternahmen, um dann rechtzeitig an Ort und Stelle zu sein, wenn sie Wild gerissen hatten – schließlich gab es an den Restkadavern noch andere Nahrungskonkurrenten wie Füchse, Dachse, Geier, Raben – denen mußte man zuvorkommen.

So lernten jene Menschen, Wölfe zu beobachten. Dabei entdeckten sie viele interessante Eigenschaften dieser so erfolgreichen Jäger. Sie fanden auch heraus, daß erfolgreiches Jagen auf große Tiere mit Jagdtaktiken verbunden ist. Allerdings solchen, die nicht von zwei kräftigen, erwachsenen Individuen gemeistert werden konnten, sondern für die mehr Individuen notwendig waren.

Eine der auffallendsten Jagdtaktiken der Wölfe ist nämlich die: Haben die erfahrenen Altwölfe ein jagdbares Stück aus der Herde ausfindig gemacht – also eines, das aus irgendwelchen Gründen nicht so fit ist wie die anderen Tiere – wird es von der Herde abgedrängt und von einem Teil der

Wolfsgruppe gehetzt. Ein anderer Teil der Wölfe – die älteren, besonders erfahrenen – bleiben am Ort, aus der Erfahrung heraus, daß das gehetzte Wild in einem Kreisbogen läuft, bestrebt ist, wieder zu seiner Herde zurückzukommen. Die wartenden Wölfe haben dann leichtes Spiel, das müdegehetzte, vielleicht auch schon durch Bisse in die Beine und Flanken geschwächte Tier zu reißen.

Eine solche Jagdtaktik muß jenen Menschen überaus imponiert haben. Aber wie konnte das nachgeahmt werden, wenn es in der Kleinfamilie kaum mehr als zwei Männer gegeben hat, etwa Vater und sein erwachsener Sohn, oder ein Bruder, der noch keine Frau gefunden hat. So entstand vielleicht der Gedanke, die Männer einer zufällig gerade in der Gegend weilenden anderen Familie aufzufordern, so eine „Wolfsjagd" gemeinsam zu versuchen. Etwa so, daß die lauftüchtigen Jungmänner das Wild hetzen und die älteren Männer am Ausgangspunkt warten, um sich dann mit ihren Steinmessern auf das erschöpfte Tier zu stürzen.

So könnten die Wölfe es gewesen sein, die als Vorbild für einen über die Kleinfamilie hinausgehenden Sozialverband des Menschen dienten.

Nein – der Mensch war nicht als soziales Lebewesen evolutioniert. In größeren Gruppen zu leben war ihm ursprünglich ebenso unbekannt wie heute noch dem Orang Utan oder dem Gorilla. Wenn wir das Verhalten von irgendwelchen Affen beobachten, die in größeren Horden leben, entdecken wir weit weniger Gemeinsamkeiten mit dem Sozialverhalten des Menschen, als wenn wir die Rudelordnung der Wölfe zum Vergleich heranziehen. Ich glaube, die Cheyenne-Indianer kommen der Wahrheit ganz nahe, wenn sie glauben, daß es die vom Weltgeist gesandten Wölfe waren, welche die Menschen lehrten.

Das will heißen, die Menschen mußten erst einmal soziale Lebewesen werden, mußten geistig soweit kommen, um zu erkennen, daß über die Kleinfamilie hinausgehende Gruppierungen erlauben, den Daseinskampf erfolgreicher zu gestalten.

Hier muß ich klarstellen, um nicht mißverstanden zu werden, daß ich natürlich den Begriff „Sozialverhalten" hier unorthodox nur auf über die Kleinfamilie hinausgehende Gruppierungen anwende. – Das ist zwar nicht erlaubt, denn schließlich ist bereits das Pflegeverhalten einer Mutter gegenüber ihrem Kind echtes Sozialverhalten. Aber mir fällt kein anderer Begriff ein, mit dem man das familiäre Sozialverhalten und das größere Gruppen zusammenhaltende Sozialverhalten unterschiedlich benennen könnte, obgleich es da ganz bedeutsame Unterschiede gibt. Das Sozialverhalten der Konstellation Vater-Mutter-Kind ist nun einmal etwas anderes, intimeres, als der Zusammenhalt zweier oder mehrerer solcher Dreisamkeiten.

In der damaligen Zeit – genau wie bis in die jüngste Vergangenheit bei den Phi Tong Luang – gab es keine Mehrgenerationen-Familien. Die Kinder erlebten höchst selten noch ihre Großeltern und wenn, dann eben nur in ihrer frühen Kindheit. Entsprechend der hohen Kindersterblichkeit hatte jeder, der das Glück hatte, bis zur eigenen Familiengründung heranzuwachsen, nur sehr wenige, wenn überhaupt Geschwister. Es gab also kaum verwandtschaftliche Beziehungen. Sich einer anderen, zufällig getroffenen und meist nicht verwandten Kleinfamilie anzuschließen, war mit Sicherheit ein nur sehr schwer zu vollziehender Schritt zum Sozialverhalten, völlig anders als das mehr „instinktmäßige" Sozialverhalten der Kleinstfamilie.

Für mich begann damit der erste Schritt zur wirklichen Menschwerdung: man begann, in den „Anderen" nicht mehr unangenehme Nahrungskonkurrenten zu sehen, sondern Artgenossen, mit denen man gemeinsam einiges unternehmen konnte, um mit den Anforderungen des Lebens besser fertig zu werden. So mag – vielleicht wirklich nach dem Vorbild der Wölfe – ein Verständnis in den Gehirnen der Menschen dafür entstanden sein, daß gemeinsames Tun erfolgreicher ist. Die Lorenz'sche Dreizehnmann-Horde mag so entstanden sein, als ein großer Schritt nach vorne.

Allerdings brachte dies auch den großen Sündenfall für die Menschheit. Erinnern wir uns: die Yumbris sprachen von sich in der dritten Person, und sie kannten keine Eigennamen. Der Mann nannte sich „Vater", wenn er das war, oder „Sohn", je nachdem. Aber wenn nun nur zwei solcher Kleinfamilien sich zusammenschließen, wird es notwendig, daß man unterscheiden kann, wer welcher Vater und wer welcher Sohn ist. Außerdem muß man ausdrücken können, welche Frau zu dem einen und welche zu dem anderen Mann gehört.

Nur am Rande: jene pervertierten Vorstellungen, wie sie seinerzeit unter dem Einfluß der Freud'schen Psychoanalyse entstanden, daß die Urmenschen so eine Art von Pascha hatten, dem alle Frauen gehörten, weswegen die anderen Männer Kastrationskomplexe entwickelten, halte ich für puren Unsinn. Es gibt zwar derartiges bei Pavianen, aber diese hochspezialisierte Seitenlinie der Primaten ist für das Verständnis der Menschheitsentwicklung völlig uninteressant, wenn auch einige Primatenforscher hier anderer Meinung sein mögen. Wenn wir Modelle für die psychische Evolution der Menschheit suchen, dann sollten wir uns wirklich besser an Schakale, Kojoten und vor allem Wölfe halten, – von denen erfahren wir mehr – viel mehr!

Und eben, weil hier so enorme Parallelen zu finden sind, wurde es möglich, daß es zu einem engsten Zusammenleben von Mensch und Hund kam. Zu einem Zusammenleben zwischen zwei Arten, das es in dieser Form nirgendwo anders im Reich der Lebewesen gibt!

Man verzeihe mir diese Abweichung vom Thema, aber sie erschien mir gerade an diesr Stelle notwendig. Denn der erwähnte Zusammenschluß zweier oder mehrerer Kleinfamilien erforderte nun ganz andere Umgangsformen zwischen durchaus gleichrangigen Artgenossen, die erst entwickelt werden mußten. Früher war man darauf angewiesen, möglichst weit von der nächsten Familie zu leben, damit keine Nahrungskonkurrenz entstand, – brauchte jede einzelne Kleinfamilie ein entsprechend großes Territorium oder Revier, um den Nahrungsbedarf abzusichern. Das machte außerdem notwendig, immer wieder weiterzuwandern, wenn das bislang besetzte Revier zu unergiebig wurde. Dies war jetzt nicht mehr notwendig, da man ja nach Art der Wölfe gemeinsam jagte, Erfolg damit hatte und die eiweißarmen Naturalien nicht mehr in so großen Mengen benötigte. Es gab mehr Fleisch. Man brauchte nicht mehr so oft die Lager abzubrechen, konnte längere Zeit an einem Ort verweilen.

Aber die anfänglichen Schwierigkeiten, sich in diese neue Form eines Zusammenlebens einzufügen, gipfelten ohne Zweifel darin, daß man erkannte: die Frau des anderen hatte die Kinder des anderen und es war eine andere Frau und andere Kinder als die eigenen. Es tauchte ein erster Besitzbegriff auf, den man vorher nicht kannte, und das war wohl untrennbar mit dem verbunden, was ich zuvor den Sündenfall nannte. Nämlich das Erwachen des Ich-Bewußtseins. Man war als Mensch nicht nur der Vater, sondern man war ein anderer Vater als jener, der sich auch Vater nannte.

War man bis jetzt identisch mit allem Geschehen in der Natur, so war man plötzlich als Ich zu etwas anderem geworden. Man stellte sich aus allem, was einen umgab, heraus – und fühlte sich durch diese Erkenntnis aus dem Paradies vertrieben.

Gleichzeitig entdeckte man die Angst. Nicht jene einfach protektive Vermeidung vor Gefahren, denen man sich notfalls durch Flucht entziehen suchte – nein, ich meine jene Angst, die aus der Isolation entsteht. Isoliert einen doch das Ich-Bewußtsein, schneidet jeden Menschen heraus aus der ihn umgebenden Welt, die ihm nun nicht mehr so selbstverständlich ist, sondern der er als etwas Unbegreifliches, Unfaßbares gegenüber-

steht. Hier liegt wohl die Geburtsstunde der Geister und Dämonen.

Sicher war das aber auch der erste Schritt, um über sich und die Wölfe nachzudenken, von denen man soviel gelernt hat, die den Menschen unterwiesen, wie man zusammenlebt und wie man jagt. Allerdings gab es da zunächst noch einen wichtigen Unterschied. Dank ihrer Jagderfolge waren die Wölfe zunächst den Menschen hinsichtlich des Rudellebens überlegen – und sind es bis heute geblieben. Wölfe nämlich bilden keine Rudel, indem sie sich mit fremden Wölfen zusammentun. Sie können einen Sozialverband entwickeln, der nur aus engsten Familienangehörigen besteht – also einen Intimverband. Wölfe sind nämlich von Natur aus besser ausgerüstet als Menschen. Ihr spezialisierter Körperbau ermöglicht ihnen, schneller – bis zu 60 Stundenkilometer – zu laufen als der Mensch. Ihre Sinnesorgane sind leistungsfähiger, vor allem der hoch entwickelte Geruchssinn. Sie haben ein wasserabstoßendes Fell, eine an wichtigen Körperstellen dickere und daher weniger verletzliche Haut und vieles andere mehr. Wir Menschen sind im Vergleich zu ihnen zweibeinige urtümliche Salamander, allerdings mit einem mächtigeren Gehirn ausgestattet, das eine weitaus höhere Lernfähigkeit mit sich bringt als das Gehirn der Wölfe. Aber diesen Vorteil zu nutzen, dies mußte die Menschheit erst einmal lernen. Das Thema wird uns später noch beschäftigen.

Hier geht es darum, daß mit der körperlichen Ausstattung, die bei Wölfen nun einmal gegeben ist, eine Wölfin zum Beispiel durchaus in der Lage ist, wenn es nicht anders geht, ihre Welpen ganz alleine mit Nahrung zu versorgen. So, wie das auch eine Fuchsfähe kann. Sicher – man kann annehmen, daß der Wölfin das nicht immer wirklich hundertprozentig gelingt. Den einen oder anderen Wurf wird sie verlieren, von einem anderen Wurf nur ein oder zwei Junge hochbekommen. Wölfe sind zu groß, um nur von Mäusen und noch kleinerem Getier zu leben wie der Fuchs. Also ist der Erfolg, die Jungen aufzuziehen, größer, wenn die Wölfin von einem Rüden unterstützt wird. Noch größer wird der Erfolg, wenn von ihrem ersten Wurf nicht alle Jungtiere abwandern, sobald sie sich stark genug fühlen, sondern wenn ein oder zwei bei den Eltern bleiben.

Je mehr Nachkommen bei den Eltern bleiben, umso größer wird der Jagderfolg – vorausgesetzt, es werden nicht zu viele. In nördlicheren Breiten scheint sich so eine Kopfzahl von etwa 15 Stück bewährt zu haben; in südlicheren Gebieten braucht ein Rudel vermutlich nicht so viele, da gibt es mehr Kleintiere. Jedenfalls ist so ein Wolfsrudel ein Familienverband, in dem nur zwei alle Verantwortung tragen – die Eltern. Wobei die Rolle des männlichen Parts nur beim flüchtigen Hinsehen als die eines „Rudelführers" erscheint. Bei genauerem Hinsehen erkennt man, daß das wirkliche Oberhaupt der Familie die Mutter ist – nur, sie macht nicht soviel Aufhebens von ihrer Rangstellung, wie der Rüde. Das soll es anderswo auch geben.

Aber so wahrscheinlich es ist, daß man sich mit anderen Kleinfamilien als früher Steinzeitmensch zusammengetan hat, so wenig wahrscheinlich erscheint mir, daß man erst dann oder noch später begonnen hat, Wölfe in die menschliche Gemein-

schaft aufzunehmen. Ich bin vielmehr der Ansicht, daß zu dieser Zeit das Band mit den Wölfen schon eng geflochten war, und daß gerade dieser Umstand einander fremde Menschen zusammenführte. Ähnlich, wie das heute unsere Hunde tun – eine ihrer großen sozialen Leistungen, die meistens nicht ausreichend gewürdigt wird.

So würde ich gern folgende Hypothese aufstellen: die Kleinfamilie hatte, wie schon erwähnt, nicht nur Schwierigkeiten bei der Nahrungsbeschaffung, sondern auch Angst vor Tieren, die ihr gefährlich werden konnten. Sie lagerte nicht einfach irgendwo, sondern suchte sicherlich Plätze auf, von denen sie ausreichend freie Sicht hatte, um das Nahen von Feinden rechtzeitig zu bemerken.

Das machen Wölfe genau so. Sie ruhen vorzugsweise auf erhöhten, vegetationsfreien Geländepunkten, von denen aus sie einen ausreichenden Sichtbereich haben. Nur für die Geburt und für die Aufzucht der Jungen werden geeignete Verstecke gewählt, doch auch wieder solche, von denen aus so eine Bergkuppe oder ähnliches erreicht werden kann.

Solche Geländegegebenheiten sind nicht allerorten häufig, und so mag es durchaus denkbar sein, daß es tatsächlich zu einer engsten Nachbarschaft zwischen einer Wolfs- und einer Menschenfamilie kam. Zwei Vorteile für die Menschen waren dabei gegeben: einmal fühlten sie sich im Bereich des Wolfsterritoriums sicherer, Gefahren wurden von den Wölfen eher bemerkt. – Die Menschen beobachteten sie ständig, nicht nur aus diesem Grund, sondern auch wegen des zweiten Vorteils; sie konnten auf diese Weise sofort sehen, ob sich die

Wölfe zu einem Jagdzug auf größeres Wild rüsteten.

Daß so ein nachbarliches Zusammenleben zwischen Mensch und Wolf möglich ist, hat in Alaska der Zoologe Forley Mowat festgestellt. Er hatte – unbeabsichtigt – sein Zelt nahe einem Wolfslager an dem Wechsel aufgestellt, auf dem die Wölfe in die Jagdgründe zu ziehen gewohnt waren. Dabei kam es sogar zu einer Art von Kommunikation – der Altrüde markierte nämlich immer eine Stelle, wenn er vorbeikam, und Mowat, der sich durch reichlichen Teegenuß dazu in die Lage versetzte, tat danach ein Gleiches. Da die Wölfe Junge hatten und deswegen besonders oft vorbeikamen, war das für den Forscher eine nicht unerhebliche Leistung!

Durch die Nachbarschaft der Wölfe und die genannten Vorteile war es sicher dann auch möglich, länger als sonst an einem Ort zu bleiben. Wie schon viele Tierbeobachter festgestellt haben, kann man sich auch auf freier Wildbahn mit Tieren anfreunden, insbesondere mit weitgehend umweltoffenen, also für uns intelligent wirkenden Tieren. Es muß nicht so sein, wie ich das im vorigen Abschnitt an Einzelbeispielen geschildert habe. – Aber daß Menschen, die noch kein Ich-Bewußtsein haben und die keine Nahrungskonkurrenten für Wölfe darstellen, gute Chancen bekamen, wirklich hautnahen Kontakt mit Wölfen zu finden, erscheint mir geradezu zwangsläufig zu sein.

Es wird immer bei Fragen der Hundeabstammung angeführt, daß Wölfe und Menschen Nahrungskonkurrenten waren. Daher könnten es nur Welpen gewesen sein, die von Menschen aufgezogen wurden, die den ersten Schritt für die Hundwerdung taten. Aber der Mensch war eben zu jener Zeit noch kein Jäger, daran sollte man nicht vorbeisehen! Ein Forscherehepaar lebte einige Zeit in Afrika unter Elefanten, wobei sie sich mit den einzelnen Tieren richtiggehend anfreundeten. Als die Frau ein Baby bekam und nach dem Klinikaufenthalt mit dem Baby wieder zu ihrem Mann und den Elefanten zurückkehrte, kamen die riesigen Dickhäuter an, um das Kind mit ihren Rüsseln zu beschnuppern, was in einem eindrucksvollen Foto festgehalten wurde.

Was Elefanten können, können Wölfe auch. Vor allem deswegen, weil sie genau so neugierig sind wie Kinder. Es fällt mir nicht schwer zu glauben, daß es nur wenige Wochen dauert, bis so eine Urfamilie mit einem kleineren Wolfsrudel sozusagen „per-Du" wird, und ich sehe förmlich, wie die Kinder mit den Wolfswelpen spielen.

Wenn aber Wolfswelpen unter Menschenkindern, überhaupt unter Menschen und Wölfen gleichermaßen aufwachsen, so kommt es zweifelsfrei zu einer traditionellen Bindung an die Menschen. Was Welpen erfahren, hält ein Leben lang an. Aber das allein ist es nicht – erwachsen geworden, selber Welpen aufziehend, übernehmen diese nun alles das, was ihre Eltern gelernt hatten, als sie selber noch Welpen waren. Ich sprach schon von der Bedeutung der Traditionen, die bei den beiden Lerntieren Wolf und Mensch wichtiger sind als angeborene Verhaltensweisen. So ist es denkbar, daß es nicht nur zu sporadischen Bindungen zwischen einer Menschen- und einer Wolfsfamilie gekommen ist, sondern daß sich dieses freundschaftliche Band über Generationen hin erstreckte, stets von den artverschiedenen Eltern an ihre jeweiligen Kinder weitergereicht.

Dies war wohl eine Vorstufe, ehe es zur Bildung von über die eigene Familie hinausgehende Menschengruppierungen kam. Denkbar schon deswegen, weil die Menschen durch das Zusammenleben mit Wölfen, ihr Eingehen auf deren Andersartigkeit, gelernt hatten, daß es mehr gibt als das Personenband Vater-Mutter-Kinder. So wäre also die Beobachtung, daß Wölfe mehr Erfolg haben, weil sie größere Gruppen bilden, dabei einen gewisse Toleranz gegenüber den anderen Individuen üben, daß es gewisse Spielregeln im Zusammenleben gibt, eine wichtige Vorbildung der Menschen gewesen. Sie ermöglichte es ihnen, auch eine oder zwei andere Menschenfamilien zu tolerieren, Familien, die ebenfalls die Vorteile des Zusammenlebens von den Wölfen gelernt hatten.

Sicher klebte so ein Wolfsrudel nicht an der befreundeten Menschenfamilie. Irgendwann trennte man sich, traf sich zu anderen Zeiten wieder, lebte erneut einige Zeit zusammen – wohl meist in der Zeit, in der die Hauptwölfin ihre Welpen aufzieht. Und später, wenn die Welpen über sechs Monate waren, zogen die Wölfe jahreszeitlich bedingt wieder in andere Jagdgründe. Aber so wie nicht alle Jungwölfe das Elternrudel verlassen, blieben vielleicht ab und an einzelne der Jungwölfe bei den Menschen.

Wer schon einmal Geschwisterwölfe von Klein an beobachtet hat, wie etwa mein Freund Dirk Neumann, hat die Erfahrung gemacht, daß jedes Individuum anders auf seine Umwelt reagiert. So, wie Wölfe anhand ihrer unterschiedlichen Färbungen und Zeichnungen leicht zu unterscheiden sind, so unterschiedlich sind auch ihre Charaktere. Manche Welpen sind von allem Anfang an gegenüber ihrem menschlichen Betreuer sehr zurückhaltend, andere werden dies später, und ab und zu gibt es auch einen, der sich beim Menschen wohler fühlt als unter seinesgleichen.

Viele tausend Jahre mögen so vergangen sein, in denen sich kaum etwas änderte. Man war mit einzelnen Wolfsfamilien befreundet, und manche Wölfe, die sich ganz dem Menschen angeschlossen hatten, bekamen auch bei ihm ihre Jungen, zogen sie inmitten der Menschengruppe auf. Inzwischen hatten die Menschen einiges dazugelernt, ihre Faustkeile wurden technisch vollkommener, die ersten weitertragenden Jagdwaffen wie der Speer wurden entwickelt, der Umgang mit ihnen geübt. So begannen die Menschen allmählich auch Jäger zu werden, wie sie die Wölfe das gelehrt hatten.

Sie waren nicht mehr von den Mahlzeitresten der Wölfe abhängig, sie lernten, selber größeres Wild zu erlegen, bauten Zäune, in die sie das Wild trieben und ersannen andere, immer wirkungsvollere Jagdtechniken, um ihren Fleischbedarf zu decken. Sie konnten die bei ihnen lebenden Wölfe erhalten, aber sie begannen wohl auch, ihnen fremde Wolfsrudel zunächst mit weniger Wohlgefallen zu betrachten – das Ich-Bewußtsein war ja erwacht, das Besitzstreben, das Konkurrenzdenken. Man begann, sich von den Wölfen wieder zu distanzieren.

Der Mensch entdeckte, daß er mehr und mehr den Tieren überlegen geworden war – auch wenn er das Gesetz der Natur befolgte, nicht mehr Tiere zu töten, als er unbedingt brauchte, auch wenn er Rituale entwickelte, die dazu dienen sollten, die Seele der getöteten Tiere zu befreien, damit sie zu einem neuen physischen Leben zurückkehren konnte. In dieser Zeit kam es dann nicht mehr zu einem Blutsaustausch zwischen den bei den Menschen lebenden und den in der Wildbahn lebenden Wölfen. Der jagende Mensch vertrieb die Wölfe aus seinen eigenen Jagdgründen.

⌘ ⌘ ⌘

Charles Darwin war nicht nur der Begründer der modernen Abstammungslehre, er hat sich auch eingehend mit der Frage beschäftigt, wie aus Wildtieren Haustiere und vor allem deren mannigfaltige Schläge und Rassen werden. Hierfür prägte er den Begriff der „künstlichen Zuchtwahl", im Gegensatz zur „natürlichen Auslese". So wie in der Natur nur die bestangepaßten Individuen einer Art die Chance bekommen, sich fortzupflanzen, so greift bei den Haustieren der Mensch entscheidend ein, indem er aus den Nachzuchten zur Weiterzucht stets diejenigen Individuen bevorzugt, die seinen Vorstellungen entsprechen. Man nennt das Züchten, und heute ist das längst eine Wissenschaft geworden, vertreten durch eigene Universitätsinstitute und die entsprechenden Lehrstühle. Diese auf genetischer Grundlage aufbauende Wissenschaft unterscheidet sich freilich drastisch von dem, was heute in der sogenannten Hundezucht geschieht, die nur in den seltensten Fällen wirklich als ein fundiertes Züchten bezeichnet werden kann, in der überwiegenden Mehrzahl aber nur ein Hundevermehren auf gut Glück ist.

Aber dieses heikle Kapitel soll uns später beschäftigen. Es geht hier um die Frage, wie der Mensch überhaupt auf den Einfall gekommen sein mag, irgendein Zuchtziel anzustreben. Ganz sicher haben die Steinzeitler nicht eines Tages beschlossen: „Auf, lasset uns Hunde züchten!" Als sie vertrauten Umgang mit Wölfen bekommen, sich sogar einzelne Wölfe ihnen auf Lebenszeit angeschlossen hatten, ahnten sie mit Sicherheit nicht, daß diese Tiere sich verändern, in kommenden Generationen andere Farben, andere Körpergestalten, andere Verhaltensweisen annehmen würden. Die Menschen hatten damals noch keine Haustiere, sie wußten nichts von der Wandelbarkeit des Erbgutes, sie wußten nichts davon, daß man aus Wildtieren Haustiere machen könne.

Man bedenke: selbst im 18. Jahrhundert glaubte der Naturforscher Karl von Linné noch daran, daß nicht nur alle Wildtiere, sondern auch die Haustiere von Gott geschaffen wurden, und folglich hielt er zum Beispiel den Hund für eine eigene Tierart, die nichts mit dem Wolf gemein hat. Der Hund hieß bei ihm „Canis familiaris" und der Wolf „Canis lupus" – beides für ihn also eigenständige Arten einer Gattung. Heute wissen wir, daß auch alle unsere Hunde ausnahmslos Angehörige der Art „Canis lupus" sind – eben weil sie, beziehungsweise ihre Ahnen, von Wölfen abstammen.

Wir können also nicht davon ausgehen, daß der Urmensch eine planvolle, auf künftige Veränderungen ausgerichtete Zucht im Auge gehabt hat. Es müssen vielmehr tausend Zufallsbeobachtungen in langen Zeiträumen gewesen sein, die unsere Vorväter dazu führten, das Auftreten unterschiedlicher Eigenschaften planvoll zu nutzen udn zu fördern. Wir müssen sozusagen mit einer langen Anlaufzeit rechnen, ehe man mit Darwin von einer „künstlichen Zuchtwahl" sprechen konnte.

Was aber geschah in dieser Vorzeit, das schließlich und endlich zu der eigentlichen Domestikation des Wolfes, zu seiner Haustierwerdung und damit zum Hund führte? Nun, die erste Voraussetzung war wohl, daß der Mensch lernte, mit Wolfswelpen so geschickt umzugehen, daß zumindest der eine oder andere es vorzug, zeitlebens bei seiner Menschengruppe zu bleiben – sicherlich in erster Linie seelisch an eine bestimmte Person gebunden. Hier erhebt sich die Frage, ob Wolfswelpen wirklich in der Lage sind, auf das Zusammenleben mit ihresgleichen zu verzichten und sich dafür an ein andersartiges Lebewesen anzuschließen.

Man könnte dabei an die Prägungsphase denken, wie ich sie, angeregt durch amerikanische Forschungen, genauer bei unseren Hunden untersucht und beschrieben habe. Im Alter von zweieinhalb Wochen beginnen bekanntlich unsere Welpen mehr und mehr ihre Umwelt zu erkunden. Wenn sie dabei Hautkontakt mit dem Menschen bekommen, seinen „Artgeruch" erfahren und dies bis zur siebten, achten Woche hindurch sehr häufig der Fall ist, dann werden aus ihnen Hunde, die überaus kontaktfreudig sind. Haben Welpen diese Möglichkeit nur selten oder gar nicht, dann bleiben die Hunde ihr ganzes Leben lang gegenüber dem Menschen zurückhaltend, sie zeigen eine gewisse Kontaktarmut oder bleiben im ungünstigsten Fall völlig scheu. 1971 habe ich das erste Mal auf diese Tatsachen hingewiesen, und in der Zwischenzeit ist diese Prägungsphase vielen Züchtern völlig vertraut.

Nun dachte ich, was bei Hunden geht, muß bei Wölfen oder Schakalen auch gehen. Schakale sind die nächsten Verwandten der Wölfe, ähnlich wie der Kojote. Man hat früher sogar angenommen, daß Schakale als Stammväter unserer Hunde oder zumindest eines Teiles unserer Hunde anzusehen wären. So interessierte ich mich als Zoologe auch für Schakale und hatte auch die Absicht, sie mit Hunden zu verkreuzen, wie das Jahre zuvor schon in dem Institut für Haustierkunde in Kiel gelungen war. Dort hatte man Pudel mit dem Schakal verkreuzt. Ich wollte aber einen solchen Versuch mit einer weniger weit domestizierten Hundeform machen, was mir 1974 auch gelungen ist.

Ich war sehr froh, als ich 1970 aus dem Freiburger Tiergarten zwei fünf Wochen alte männliche Goldschakalwelpen erhalten hatte. Die winzigen Tierchen waren alles andere als zahm. Sie hatten bislang überhaupt keinen Menschenkontakt gehabt, sich im Tiergarten tagsüber in einer selbstgegrabenen röhrenförmigen Höhle, einem unterirdischen Gang von bald fünf Metern, verborgen gehalten. Als ich die beiden Jungtiere im Wohnzimmer in einem geräumigen Käfig untergebracht hatte, zeigten sie nicht die geringste Neigung, mit Menschen zu kontaktieren. Sie drängten sich im Gegenteil ängstlich und verschreckt in die hinterste Ecke und wagten sich nicht zu bewegen. Die Tiere befanden sich in einer Art von Schreckstarre, die mindestens so lange anhielt, solange eine Person im Zimmer war. Nachdem wir uns drei Tage lang vergeblich um diese Welpen bemüht hatten, ließen wir einen mächtigen Schäferhundrüden in das Zimmer. Kaum war er hereingekommen, sprangen die beiden Schakale fiepend aus ihrer Ecke hervor und strebten zu ihm. Wir öffneten den Käfig, und obwohl zwei Personen im Zimmer waren, sprangen sie sofort heraus und stürzten geradezu begeistert auf diesen übergroßen Ersatz-Artgenossen zu.

Das ist verhaltenskundlich recht interessant. So ein großer Schäferhudn hat doch wirklich mit einem weitaus kleineren Goldschakal nur geringe Ähnlichkeit. Was trieb diese vergleichsweise winzigen Goldschakalwelpen dazu, diesen ihnen völlig fremden Hund so überschwänglich zu begrüßen? Es war das unter allen Hundeartigen ziemlich gleichartige Begrüßungszeremoniell: Welpen „begrüßen" die vom Beutefang zurückkommende Mutter oder den Rüden, indem sie mit der Nase gegen die Mundwinkel stoßen. Der Althund öffnet daraufhin den Fang und würgt Nahrung hervor. Es ist also zunächst noch eine Bettelgebärde – erst später, wenn die Alten nicht mehr vorwürgen, wird diese Geste zu einer Art von Gruß ritualisiert.

Der Schäferhund Sascha legte sich hin, öffnete auch das Maul, aber, selbst völlig überrascht, würgte nicht vor. Darauf versuchten die Kleinen, in seinen geöffneten Fang regelrecht hineinzukriechen, was zumindest teilweise wirklich möglich war, denn der Kopf des Hundes war wesentlich größer als so ein Schakalwelpe.

Jedenfalls hatten die Welpen offensichtlich volles Vertrauen zu diesem großen Hund – er mußte in ihren Augen „überoptimal" sein, weil er ja wesentlich größer war als die ihnen bislang allein bekannten Elterntiere. Es konnte nur seine Gestalt sein, die sie so anzog, denn ein Hund riecht nun einmal völlig anders als ein Schakal. Halbwüchsige Schakale können sich kaum noch mit Hunden anfreunden, wie ich es eben erneut in einem meiner Gehege erlebe, in dem ich einen Goldschakal mit einer Dingohündin zusammen zu halten versuche.

Jedenfalls legte mir diese Beobachtung damals den Gedanken nahe, daß es bei Wildhunden so etwas wie ein optisches Artbild geben müßte, das, wie man das von zahlreichen Untersuchungen an den verschiedensten Tierarten kennt, sich nur auf gewisse schematische Grundzüge beschränkt und daher gewisse unterschiedliche Details übersehen läßt. In ihren Umrissen sind Wolf, Schakal und Schäferhund relativ ähnlich (wobei ich an Sascha denke, der noch nicht eine so verbaute Figur hatte, wie man sie heute bei den meisten Schäferhunden mit steil abfallendem Rücken sieht).

Daß die beiden Schakalwelpen damals und späterhin dem Menschen gegenüber völlig scheu blieben, führte ich zunächst darauf zurück, daß bei ihnen die Prägungsphase schon vorüber war. Schakalwelpen entwickeln sich schneller als Wolfs- oder Hundewelpen; sie verlassen ihr Wurflager erstmals mit zwei Wochen, und nicht erst mit drei, wie ihre Verwandten. Also war es leicht möglich, daß fünf Wochen alte Schakale ihre Prägungsphase hinter sich hatten.

Also dachte ich, als ich ein Jahr später fünfwöchige Wolfswelpen aus dem Kölner Zoo erhielt, daß es anders als bei den Schakalen bei diesen noch nicht zu spät sein würde und eine Prägung auf den Menschen noch möglich sein müßte. Der Rüde

Schah – seine Schwester wurde im Alter von vier Monaten totgebissen – wurde auch wirklich sehr zahm, und wir lebten volle sechs Jahre in bestem Einvernehmen mit ihm zusammen. Aber diese Zahmheit ließ sich nicht mit dem Kontaktbestreben eines gut geprägten Hundes vergleichen. Wir lebten nur deswegen mit Schah einvernehmlich so lange Zeit zusammen, weil wir ihn als gleichwertigen Partner respektierten und uns nicht als „Rudelführer" aufspielten.

Unsere Vorfahren aus der Steinzeit mußten das auch gewußt haben, daß nämlich ein Mensch nie und nimmer bei einem Wolf Rudelführer spielen kann. Sicher hatten sie dazu auch gar kein Bedürfnis, denn diesen Begriff gab es damals mit Sicherheit noch gar nicht, auch das nicht, was er inhaltlich ausdrückt. Die Menschen lebten damals noch völlig obrigkeitsfremd, sozusagen „urdemokratisch". Bernatzik hat bei seinen Yumbris auch nichts davon bemerkt, daß irgendeine Person eine Führungsrolle einnimmt und es etwas wie eine Rangfolge gibt. Jeder in der Familie tut einfach das, was getan werden muß, ja selbst die Kinder fügen sich da ein, sobald sie dazu körperlich in der Lage sind, ohne daß es ihnen jemand anschaffen muß. Wie sollte da ein Mensch auf den verrückten Einfall kommen, sich einen Wolf unterordnen zu wollen?

Außerdem hatten unsere Vorfahren eines bemerkt, was manche wolfshaltenden Zeitgenossen übersehen, nämlich, daß es bei Wölfen gar keinen „Leitwolf" oder „Rudelführer" in unserem Sinne gibt! Solche Vorstellungen können nur in patriarchalischen Gesellschaftsordnungen entstehen, sind aber den Wölfen fremd. Wenn man schon unbedingt von der Führungsrolle eines Individuums in der Wolfsfamilie sprechen will, dann kann man diese bestenfalls der Wölfin zuschreiben, die eine gewisse Sonderstellung einnimmt. Sie steht ihr deswegen zu, weil sie schließlich die schwerste Aufgabe in der Gesamtgruppe hat. Sieben Welpen auszutragen und sie dann sieben Wochen zu säugen ist eine Sonderleistung, die sie nur vollbringen kann, wenn die anderen sie unterstützen, sich also den hierdurch bedingten Anforderungen unterwerfen. Nur wenn das Rudel – voran der Altrüde – diese Aufgaben der Wölfin respektiert und sich dementsprechend verhält, ist die Aufzucht des Nachwuchses garantiert. Das ist auch der Grund, warum die Wölfin es ist, die sich einen Rüden sucht, dessen physische und psychische Kraft ihr die Garantie gibt, ein Partner zu sein, mit dem sie erfolgreich die künftigen Jungtiere aufziehen können wird.

Nun bringt eine Wölfin erstmals Junge, wenn sie zwei Jahre alt ist, bei den Südwölfen sicher etwas früher. Südwölfe können es sich im Gegensatz zu den Nordwölfen leisten, nicht nur einmal, sondern zweimal im Jahr Junge zu werfen – wie das auch bei unseren Hunden der Fall ist. Die Wölfin bringt ihren letzten Wurf, wenn sie acht Jahre geworden ist. Wie schon erwähnt wandern nicht alle ihre Nachkommen ab, wenn sie alt genug dazu geworden sind. Es kommt dann zu einem Rudelverband, zu dem sowohl Söhne wie Töchter des Wolfspaares gehören, das die Familie begründet hat. Was geschieht nun, wenn die Töchter geschlechtsreif geworden sind? In unseren Wolfswinkler Freigehegen beobachten wir, daß die Töchter zwar Welpen werfen, daß aber die Althündin diese innerhalb der nächsten 36 Stunden tötet. Dies wird von ihren Töchtern widerspruchslos hingenommen.

Hat die Althündin aber das siebente Lebensjahr erreicht, wählt sie eine ihrer Töchter aus und bestimmt sie zu ihrer Nachfolgerin. Sie wird zwar selbst noch einen Wurf bringen, aber wenn ihre erwählte „Kronprinzessin" zur selben Zeit einen Wurf hat, kann es sein, daß sie alle Welpen in einem gemeinsamen Lager aufziehen.

Es muß hier noch gesagt werden, daß dabei die Anzahl der Welpen, die jetzt gemeinsam aufgezogen werden, davon abhängt, wie viele Köpfe das vorhandene Rudel umfaßt. Es scheint nämlich nach allen Beobachtungen an Wölfen in freier Wildbahn und an den wolfsblütigen Hunden in unseren Gehegen so zu sein, daß eine Kopfzahl von 15 Individuen die übliche Durchschnittsgröße eines Rudels darstellt. Das ist unabhängig vom Futterangebot und der Territoriumsgröße – zumindest in unseren Gehegen. Futter bekommen die Hunde bei uns, soviel sie wollen. Da wir aber feststellten, daß unser Hundebestand nur bis etwa sechzig Exemplare anstieg, dann aber die folgenden Jahre bei dieser Größenordnung stehen blieb, dachte ich zunächst daran, daß dies mit der Geländegröße zusammenhängen könnte.

So machte ich den Versuch, einer meiner Hundefamilien ein Territorium zur Verfügung zu stellen, das mehr als viermal so groß ist wie das, was sie bislang zur Verfügung hatte. Dort war die Gruppe auf sechzehn Köpfe angewachsen und bei dieser Anzahl geblieben. Das war vor zwei Jahren – bis heute sind es trotzdem nicht mehr geworden. Abgänge wurden ersetzt – das war alles an Nachzucht.

Wir wissen aus Untersuchungen über menschliches Gruppenverhalten, daß es derartiges auch beim Menschen gibt. Ich meine nicht diese Art von Familienplanung – die liegt beim Menschen bekanntlich sehr im Argen –, sondern die Tatsache, daß Gruppen bis zu 12 Köpfen gut harmonieren und zusammenarbeiten können; werden es mehr, wird die Harmonie leicht gestört. Der bekannteste Idealfall ist die elfköpfige Fußballmannschaft. Das erinnert wieder an die längst von Konrad Lorenz postulierte „Dreizehnmann-Horde" der Steinzeit. Erinnern wir uns an die Sagen der Cheyenne, die zum Ausdruck bringen, daß der Mensch von den Wölfen belehrt wurde, wie er zu leben hat! Jedenfalls wird hier ersichtlich: von welcher Seite man auch immer vorstößt – wir kommen stets auf gewisse Ausgangspunkte unserer Betrachtung zurück.

Jedenfalls wird klar, daß die geschilderte Familienstruktur unserer Hunde – und auch der Wölfe – bedingt, daß es im Rudelverband eine Mutterlinie gibt, welche die Generationsfolgen bestimmt. Das ist nicht nur hier so, das gibt es bei wohl allen Tieren, die in Gruppen leben, wie gerade neuere Forschungen erwiesen haben.

Hierfür gibt es auch eine einleuchtende Erklärung. Das Muttertier hat für die erfolgreiche Aufzucht der Welpen eine größere Bedeutung als das Vatertier. Man bedenke zunächst, daß die meisten Tiermütter ganz auf sich allein gestellt ihre Jungen aufziehen, sogar bei manchen Hundeartigen, wie üblicherweise unsere Füchse. Nach der Ranzzeit geht der Rüde seiner eigenen Wege, die Fähe zieht ihre Welpen allein auf. Bei Katzen ist das kaum anders, wenn es hier auch Ausnahmen geben kann. Ein weibliches Tier, das dabei ver-

6

sagt, kann sein Erbgut nicht weitergeben, da die Jungen eingehen. Also wird durch die weiblichen Tiere die Gesunderhaltung des Erbgutes gewährleistet!

Natürlich lernen wir in der Schule, daß bei der Befruchtung des Eies gleichviele Eigenschaften vom Vater wie von der Mutter stammen. Aber was hilft das beste Erbgut vom Vater, wenn die Mutter zu wenig gute Anlagen hinsichtlich der Brutpflege besitzt? Und selbst wenn sie diese besitzt, fällt noch etwas ins Gewicht, zu dem der Vater nichts beitragen kann: das ist das Immunitätssystem der Mutter. Ohne ihre höchstmögliche Fähigkeit, Antikörper auszubilden, würden die Welpen einer Hündin bereits im Wurflager oder zumindest bald danach an Würmern, bakteriellen und virologischen Infektionen sterben! Daher ist das Muttertier wichtiger als das Vatertier, wenn es um die Erhaltung der Art geht. Die Beduinen Arabiens wissen das seit den Tagen Mohammeds, auf dessen sieben Stuten sie ihre Stutenlinien zurückführen, die allein für sie Bedeutung haben. Die Hengste sind ihnen weniger wichtig. Darüber – und über vieles mehr – sollten die Hundezüchter auch einmal nachdenken!

Wir wissen also jetzt, daß es die Wölfin ist, die wirklich das Sagen hat, und nicht ein imaginärer „Rudelführer". Sollte sich das herumsprechen, besteht die Hoffnung, daß die Menschheit doch irgendwann einmal ohne „Führer" auskommt . . .

Es ist also die Notwendigkeit, für die Absicherung der Nachzucht zu sorgen, die den Zusammenhalt der Alttiere und gegebenenfalls des mehrköpfigen Rudels bedingt und bestimmend auf die Aktivitäten jedes Einzelnen wirkt. Darin liegt der wirkliche Schlüssel zum Verständnis des Wolfes und seiner zu Haustieren gewordenen Abkömmlinge. Darin liegt aber auch der Schlüssel zum Verständnis der ursprünglich vorgegebenen menschlichen Psyche. Genau so wird daraus begreifbar, wie eine Art von Interessengemeinschaft zwischen Mensch und Wolf entstehen konnte, sobald der Mensch begonnen hatte, den Wölfen ähnlich zu leben.

Nun wird uns von verschiedenen Forschern immer wieder dargestellt, daß innerhalb eines Wolfsrudels eine strenge Rangordnung herrsche, manche von ihnen wollen uns sogar weismachen, daß jedes Individuum das natürliche Bestreben habe, in der Rangordnung höherzusteigen. Gibt es eigentlich eine Rangordnung innerhalb einer Fußballmannschaft? Ist der Linksaußen weniger als ein Mittelstürmer? Oder ist es nicht doch so, daß der Trainer die Fähigkeiten jedes einzelnen Mannes dort einsetzt, wo er sie am besten zum Wohle des Ganzen einsetzen kann?

Eben – und genau so ist das bei den Wölfen. Nur, daß sie keinen Trainer haben, sondern sich jedes Individuum von sich aus an dem Platz stellt, an dem es sein bestes geben kann. Wenn in freier Wildbahn jedes Individuum danach streben würde, in der Rangordnung höherzusteigen, wenn es dabei zu Rangkämpfen kommen würde, müßte das Rudel oder zumindest dessen Welpen glattwegs verhungern. Nein – Rangordnungsstreitigkeiten können nur in der Langeweile der Zoohaltung entstehen, oder wenn einander fremde Tiere, die nicht innerhalb der Familie aufgewachsen sind, zusammengebracht werden.

Was es in einem Wolfsrudel gibt, sind jüngere und ältere Familienmitglieder. Und wie in jeder anständigen Familie respektieren die Jüngeren die Älteren – so jedenfalls wurde man erzogen. Das schließt nicht aus, daß ein Älterer ab und an ganz gern von seinem altersbedingten Vorrecht deutlich Gebrauch macht, zu deutlich vielleicht. Da ist man versucht zu sagen: „Wölfe sind auch nur Menschen!"

Besonders deutlich wird das, wenn die Altwölfin läufig geworden ist. Dann geht der Vaterrüde in Tuchfühlung Schulter an Schulter neben ihr her, man nennt dies das „Hüten", er signalisiert jedem anderen Rüden, der es wagt, hinzusehen, daß er jetzt der große Boß ist und unterstreicht das, indem er aggressive Scheinangriffe auf jeden der jüngeren Rüden und, so vorhanden, sogar gegen seinen eigenen Bruder unternimmt. Das ist ein geradezu kindisches Imponiergehabe, völlig überflüssig, weil sich die Hündin grundsätzlich nur von ihm und keinem anderen decken läßt. Wölfe sind schrecklich monogam.

Abgesehen von solchen Ausnahmen haben Wölfe innerhalb des Rudels mit Rangordnung nichts im Sinn, genausowenig, wie das in alter Zeit die Menschenfamilien hatten. Das ist allerdings unter Geschwistern nicht so von Geburt an klar. Ich sagte schon, Welpen sind reine Egoisten und müssen erst lernen, was es heißt, sich den Gesetzen einer Gruppe unterzuordnen. Deswegen gibt es bei ihnen dann eine Zeit, in der sie lernen müssen, daß der andere auch etwas wert ist. Dazu gibt es zwischen der zwölften und sechzehnten Lebenswoche die Rangordnungsphase, in der teils körperlich, mehr aber noch psychisch erprobt wird, was jeder einzelne von den Geschwistern taugt. In der Zeit, in der man noch unter dem Schutz der Eltern steht, kann man sich derartiges leisten, und wenn alle diese Gerangel ausgefochten sind, dann lebt man für alle Zeiten friedlich zusammen. – Jeder weiß nun seinen Platz und jeder hat sich mit der Individualität des anderen vertraut gemacht und abgefunden. Im übrigen werden in einem Wolfsrudel ohnehin nur selten mehrere gleichaltrige Geschwister vorhanden sein, da die meisten mit etwa eineinhalb Jahren ihrer eigenen Wege gehen. Die scheinbare Rangordnung beruht also auf Altersunterschieden – ein Umstand, der im Zusammenleben der Wölfe wie unserer Hunde eine ganz besondere Rolle spielt. Eines jedenfalls steht für mich fest: ein Streben nach höherer Macht hat der Mensch mit Sicherheit nicht von den Wölfen gelernt; eher von den Affen, wo derartiges tatsächlich unübersehbar ist.

Bei der Bindung an das Elternpaar, wie sie die „zuhausegebliebenen" Nachkommen aufweisen, ist zu bemerken, daß sie sehr viel kindliches Verhalten zeigen. Das bedeutet, daß sie ihren Erzeugern gegenüber damit geradezu unterstreichen, daß sie die Jüngeren sind und erst gar nicht auf Rechte pochen, die den Älteren zukommen. Hierher gehört auch das schon erwähnte Zielen nach den Mundwinkeln als Demonstration der kindlichen Ergebenheit. Ganz besonders interessant dabei ist auch, daß diese jüngeren Tiere auch äußerlich gewissermaßen zurückbleiben, nie so voll erwachsen aussehen wie die Eltern. Es tritt also eine Art von Retardation ein, obwohl, wie bereits erwähnt, es durchaus möglich ist, daß die jüngeren Tiere eines Rudels Junge zeugen und gebären, wenn auch nicht aufziehen dürfen.

Die Nachfolgerin der Altwölfin hingegen sowie auch der von ihr erwählte Rüde – wobei beide bei der Ablösung der Alten bereits zwei oder drei Jahre alt sind – werden hingegen sehr schnell im Verhalten und Aussehen voll erwachsen. Die Alten, die nun gewissermaßen zurücktreten, werden natürlich nicht getötet, wie das in Schauerromanen zu lesen steht, sondern weiterhin vom ganzen Rudel respektiert. Es sind eben diejenigen, die von allen die größte Lebenserfahrung haben und daher als „Autoritäten" geachtet werden.

Dieser Exkurs bezüglich der Rudelordnung erschien mir notwendig, um die mißbräuchliche Verwendung des Begriffes Rangordnung sowie anderer Vorstellungen klarzustellen. Man kann alle diese Dinge in den Wolfswinkler Gehegen selbst beobachten, wenn man Lust und Zeit dazu hat. Wenn auch nicht gerade bei Wölfen, so doch bei wolfsblütigen Hunden und Pariahunden – also jenen einstigen Haushunden des Orients, die zu einem Freileben zurückgekehrt sind und wohl wieder die herkömmlichen Wolfssitten angenommen haben.

⌘ ⌘ ⌘

Damit kommen wir zu der Frage zurück, wie es um die Prägung bei Wolfswelpen stehen mag. Hier haben die Beobachtungen von Dirk Neumann erkennen lassen, daß es offensichtlich so sein dürfte, daß Wolfswelpen bereits angeborenermaßen ein Bild vom Artgenossen – so in ganz schematischen Grundzügen – haben. Neumann hat nämlich auch schon Wolfswelpen aufgezogen,

die bei der Übernahme die Augen noch verschlossen hatten. Er war also der erste Pfleger, den sie sehen und natürlich ebenso riechen konnten. Dennoch kam es zu keiner Prägung, wie wir sie von unseren Hunden her kennen, auch wenn einige von ihnen auch späterhin sehr zahm blieben.

Ein besonders überzeugendes Beispiel bot mir selbst die schwarze Wölfin Blacky. Ich hatte sie zusammen mit ihrer ranghöheren Schwester Tina übernommen, als beide bereits zwei Jahre alt waren. Sie waren von klein an gewohnt, daß sie täglich spazieren geführt wurden, was uns natürlich viel zusätzliche Arbeit brachte. Daher waren wir immer froh, wenn wir die beiden Wölfinnen unseren Besuchern in die Hand drücken konnten, um sie mit diesen spazieren zu schicken. Für unsere Besucher war das natürlich immer sensationell, denn wer hat schon Gelegenheit, zwei Wölfinnen an der Leine zu führen. Stolz ließ man sich dabei fotographieren.

Nun war es aber so, daß die sehr eifersüchtige und herrschsüchtige Tina grundsätzlich verlangte, daß sie zuerst begrüßt und gestreichelt wurde, ehe sie dies bei ihrer Schwester erlaubte. Das widerspricht natürlich dem, was ich zuvor über Wölfe gesagt habe. Aber man darf nicht vergessen, daß sich die wirkliche Natur eines Tieres nur dann und dort zeigt, wo es natürlich leben kann. Zwei vom Saugwelpenalter an aufgezogene Wölfinnen, in einem Hamburger Hinterhof gehalten und von Menschen verhätschelt, zeigen kein natürliches Verhalten, sondern werden zwangsläufig verhaltensgestört. So zeigte auch Blacky sich uns Menschen gegenüber besonders unterwürfig, so, als würde sie vor ihrer tyrannischen Schwester Schutz suchen. Sie war entsprechend noch viel umgänglicher, anschmiegsamer und nahezu hündisch, so hündisch, wie das vernünftige Hundefreunde eigentlich gar nicht mögen.

Als Dirk Neumann seine berühmt gewordene „Wolfsschule" in der „Alten Fasanerie" von Klein-Auheim bei Hanau einrichtete, bot sich die Möglichkeit, jeder der Schwestern ein schönes Freigehege von jeweils 8 000 Quadratmetern zu überlassen, – Naturlandschaft, hohe Bäume, Buschwerk, Wiesenfläche; es war alles da, sogar für jede der beiden Wölfinnen ein prächtiger Wolfsrüde aus dem Zoo von Bochum. Diese Rüden hatte Neumann schon eine Woche früher dort eingesetzt, damit sie Zeit hatten, von den Territorien Besitz zu ergreifen. Eine Vorsichtsmaßnahme, denn es bestand die Gefahr, daß anderenfalls die bislang rüdenlos lebenden, nunmehr über vier Jahre alten Wölfinnen zu stark dominierten.

Tina interessierte sich überhaupt nicht für den Rüden, sondern suchte erstaunlicherweise mehr die Nähe der Menschen – sie hielt sich gern am Zaun beim Besucherweg auf. Blacky hingegen schloß den Rüden nach dem ersten Beschnuppern sofort in ihr Herz, jagte sich mit ihm – und wollte von Stunde an nichts mehr von Menschen wissen! Sie war zu einem völlig scheuen Wolf geworden. Auch mich oder meine Frau, die ja noch weit mehr Kontakt mit ihr gehabt hatte, kannte sie nicht mehr, ebensowenig Dietmar, der sie in Wolfswinkel fast zwei Jahre lang gefüttert und ausgeführt hatte. Als sie im folgenden Frühjahr Junge bekommen hatte, wuchsen diese ebenso scheu auf, man bekam sie fast nie zu Gesicht – sie flüchteten bei Annäherung sofort in den tiefen, geräumigen Bau, den Blacky angelegt hatte. Sie vereitelte so den Grundgedanken von Dirk Neumann, der sich mit den beiden Wölfinnen lange zuvor schon in Wolfswinkel angefreundet hatte, nämlich einen Vergleich zwischen dem Aufwachsen seiner handaufgezogenen Wölfe mit den bei einem Wolfselternpaar aufwachsenden Welpen zu ziehen. Obgleich er täglich viele Stunden in den einzelnen Gehegen verweilte, konnte er über das Aufwachsen der Jungen von Blacky nichts mitbekommen. Da konnten Freilandbeobachter in Alaska mehr Erkenntnisse sammeln – das Buschwerk ist im hohen Norden eben nicht so dicht wie im Wildpark „Alte Fasanerie".

Blacky zog in den Folgejahren noch zwei Würfe auf, einmal sogar einen mit zehn Welpen (eine bislang von Wölfen unbekannte Rekordzahl!), aber es blieb dabei: beobachten konnte man da nichts. Alle ihre Nachkommen wurden so scheu wie sie selbst, und auch ihr so liebevoll im Bochumer Zoo von einer Pflegerin aufgezogene Rüde zeigte sich Menschen gegenüber sehr zurückhaltend und war nur selten auf freier Fläche zu sehen.

Das alles zeigt uns, daß man da wohl kaum von einer Prägung auf den Menschen sprechen kann, sondern nur von einer Zahmheit, die aber sofort abgelegt wird, wenn ein solches Tier wieder die Möglichkeit hat, sich der Hand des Menschen zu entziehen. Derartiges gibt es auch bei gewissen getigerten Hauskatzen, die in der Wohnung so lieb sind, wie Katzen nur sein können – kaum gelangen sie aber ins Freie, werden sie zu richtigen Wildlingen, die den Menschen scheuen und notfalls dann von ihren Krallen und Zähnen Gebrauch machen.

Die Schwierigkeit für uns liegt nun darin zu verstehen, wie das möglich ist, daß es bei unseren Hunden eine experimentell sehr eindrucksvoll nachzuweisende Prägungsphase gibt – und bei Wölfen allem Anschein nach nicht? Hier besteht tatsächlich eine tiefe Kluft zwischen Wölfen und unseren Hunden.

Das braucht uns aber nun nicht gleich an der Wolfsabstammung zweifeln lassen, wenn es auch schwer fällt, diese Kluft zu überbrücken. Was mußte geschehen sein?

Die Antwort auf diese Frage läßt sich theoretisch ganz gut formulieren: es kann nur so gewesen sein, daß die Erbanlage, die für das Erkennen des Artbildes verantwortlich ist, beim Haushund verloren gegangen ist. So ist der Welpe nunmehr gezwungen, auf dem Wege der Prägung oder eines prägungsähnlichen Vorganges, also über eine Gehirnleistung jene Anlage zu ersetzen. Dadurch nimmt er im Normalfall dann zwei unterschiedliche Formen von Lebewesen erworbenermaßen als zum Artbild gehörig in sich auf, auch wenn er dabei erkennt, daß eines der beiden bereits seine früheste Jugend begleitenden Lebewesen ihm vor allem geruchlich weitaus ähnlicher ist. So wird der Mensch nie so ganz wirklich als Artgenosse angesehen, es sei denn, ein Einzelwelpe wird isoliert aufgezogen und bekommt niemals Gelegenheit, andere Hunde kennenzulernen. Der geht dann soweit, daß er den Menschen sogar auch als Geschlechtspartner betrachtet. Es wurde aber auch mehrfach beobachtet, daß selbst im Wurf aufgezogene, normal geprägte Welpen durch besondere Bindung an einen Menschen später die Paarung mit Artgenossen verweigerten.

⌘ ⌘ ⌘

Wir wissen, daß die gesamte Haustierwerdung – die Domestikation – fast ausschließlich auf Genverlusten beruht. Solche kommen sicherlich auch auf freier Wildbahn bei Wildtieren vor, nur bleiben sie dort ohne weitere Auswirkung. Der Genverlust kann durch den Partner wieder ausgeglichen werden, oder er führt von vornherein dazu, daß das Jungtier keine Überlebenschance oder doch späterhin keine Fortpflanzungschance hat. Diese Tiere merzen sich also selbst aus. Tiere, die von Menschen betreut und beschützt werden, unterliegen nicht mehr der natürlichen Auslese – sie können sich also derartige Genverluste eher leisten, soweit sie die Lebensfähigkeit nicht zu stark vermindern.

Weiße Mäuse leben in Laboratorien und Tierhandlungen sehr vergnügt, obgleich sie wegen einer Verlustmutation keine Farbstoffe in Haut und Haarkleid ausbilden können. Sogar ihr Verhalten ist gegenüber ihren wildfarbigen Ahnen verändert: sie sind nicht so scheu wie Wildmäuse und daher sogar ein beliebtes Heimtier für Groß und vor allem Klein.

Albinos gibt es freilich in Wildtierpopulationen immer wieder, besonders häufig aber dort, wo diese Wildtierpopulation verhältnismäßig klein ist und so isoliert, daß es zu keinem Blutaustausch mit

Nachbarpopulationen kommt. Wir können ganz allgemein feststellen, daß es innerhalb kleinster Populationen, die bald auf engste Inzucht angewiesen sind, zu einem Ansteigen der Mutationsrate kommt, das heißt, daß hier vermehrt Ausfälle von Erbanlagen vorkommen. Das allerdings nur, wenn keine natürliche Auslese einwirkt – wie eben bei Tieren in Menschenhand.

Gehen wir nochmals zurück in die Steinzeit. Da und dort blieb ein unter befreundeten Menschen aufgewachsener Wolf gewissermaßen freiwillig bei diesen, und so kann es vorgekommen sein, daß eine befreundete Familie der Menschen auch einen Wolf des anderen Geschlechtes dabeihatte. Was dann dazu führte, daß die „Menschenwölfin" ihre Welpen innerhalb der Menschenfamilie aufgezogen hat. Hier bestand dann die Möglichkeit, daß gleich zwei von den Welpen auch nach Eintritt der Geschlechtsreife dablieben, teils aus Anhänglichkeit zu der Mutterwölfin und auch, weil sie mit den Menschen besonders gut zurechtkamen. Wie schon erwähnt ist die Individualisierung bei Wölfen recht beachtlich.

So ist denkbar, daß es spätestens ab da, wenn nicht schon früher, bei Wolf und Mensch zu Traditionen des Zusammenlebens gekommen ist. Die Welpen wuchsen ja bei der zahmen Wölfin mitten unter den Menschen auf, wo sie ganz sicher engste Kontakte mit den Kindern und sicherlich auch mit den meisten Erwachsenen bekommen haben. Es wäre durchaus im Bereich des Möglichen, daß schon sehr bald das angeborene Artbild verloren gegangen ist, vor allem, wenn dieses keine sehr eng gezogenen Grenzen aufweist. Wir sehen ja bei den Wölfen alle Übergänge zwischen einer

Scheuheit, die sich bereits im frühen Jugendalter manifestiert, bis zu Individuen, die zunächst leicht bereit sind, sich einem Menschen anzuschließen.

Mit der Vererbung ist das zumindest bei höheren Tieren nicht ganz so einfach, wie wir das einst in der Schule gelernt haben. Da hieß es, daß die Verkreuzung weiß- und rotblühender Erbsen rosafarbene Blüten bringt, und wenn man die untereinander verpaart, dann spalten sie in weiße, rote und rosafarbene im Verhältnis 1 : 2 : 1 auf. Es gibt da aber viel kompliziertere Vererbungsvorgänge. Wenn ich einen angeborenermaßen schwanzlosen Hund mit einem langschwänzigen Hund verpaare, erhalte ich Welpen, die von Schwanzlosigkeit über Stummelschwanz bis zum Langschwanz alle Zwischenstufen aufweisen. Man überlege, was dabei herauskommt, wenn von einer absoluten Unprägbarkeit bis zu einer echten Prägbarkeit sich derartige Variationsmöglichkeiten des Erbgutes ergeben würden.

Längst bekannt, aber von den Genetikern kaum noch zur Kenntnis genommen, ist die Tatsache, daß bei fortgesetzter Geschwisterverpaarung von Tieren, deren Eltern aus einem normalen wildfarbigen und einem albinotischen Tier bestanden, zumindest bei Ratten und Mäusen bereits in der zweiten, spätestens dritten Generation Schwärzlinge auftreten. Ein solcher Wurf enthält dann wildfarbene, albinotische und schwarze Individuen! Diese Schwarzen – die in der Regel weiße Abzeichen, zumindest einen weißen Brustfleck haben – kann man reinerbig weiterzüchten.

Nun wird man sagen, daß das mit der zuvor erwähnten Behauptung, Domestikation sei eine Folge von Genverlusten, nicht zusammenpaßt. Vielleicht aber doch, wenn man annimmt, daß bei solchen Färbungs-Inzestzuchten die Fähigkeit verloren gegangen ist, Pigmente zu erzeugen, mit Ausnahme der rein schwarzen. Die nun haben sozusagen freie Hand, sich so stark zu vermehren, daß sie die „Leerstellen" ausfüllen können.

Es kann aber auch so kommen, daß zwar nur die schwarzen Pigmente übrigbleiben, diese aber unter dem Einfluß des Albinofaktors nicht in der Lage sind sich stärker auszubilden, als sie das normalerweise im wildfarbenen („aguti") Haar tun, wodurch das Fell einer solchen Maus dann blaß silbergrau wird. Auch solche Tiere erhält man tatsächlich bei diesen Zuchtexperimenten, und, wohl auf gleicher Ebene liegend, gelbliche und einfarbig braune Individuen, die man alle rein weiterzüchten kann.

Aber auch hier bemerkt man bald ähnliche Erscheinungen wie bei den unterschiedlichen Schwanzlängen nach der Verpaarung von normalschwänzigen und schwanzlosen Hunden. So gibt es zum Beispiel bei den einfarbig gelben Goldhamstern alle Übergänge zwischen Blaßgelb und Dunkelorange. Bei den grauen Mäusen kann man von blaßgrauen bis fast schwarzgrauen alle Übergänge erzielen.

Aber sprechen wir nicht nur von solchen Färbungsvarianten, die sich in der Frühdomestikation bei Auftreten von Albinos in einer geradezu gesetzmäßigen Folge erzielen lassen. Es dauert nämlich gar nicht so lange, dann treten auch andere Veränderungen auf. Bei den Goldhamstern zum Beispiel traten etwa 40 Jahre nach ihrer Entdeckung langhaarige, sogenannte angoristische Exemplare in den Zuchten auf. Man erinnere sich: alle die Millionen von in der ganzen Welt gezüchteten Goldhamstern stammen von einem einzigen Weibchen ab, das 1930 in Syrien ausgegraben worden war und neun Junge hatte – aber von diesen kamen nur drei Individuen zur Fortpflanzung! Bereits in den späten 50er Jahren wurde der erste „mopsköpfige" Goldhamster beschrieben – also eine körperbauliche Veränderung, die wir – genau wie die Langhaarigkeit – auch von unseren Hunden kennen. Bei solchen engen Inzestzuchten bedarf es nicht allzu vieler Generationen, bis neben den Farbvarianten auch weitere Ausfallerscheinungen des Erbgutes auftreten. Ich selbst habe einmal in einer Inzestzuchtlinie, die mit einer eingefangenen norwegischen Ährenmaus und einer albinotischen Labormaus aus einem Krankenhaus in Oslo begann, innerhalb von drei Jahren Mäuse gezüchtet, die an den Hinterpfoten vier anstelle von fünf Zehen hatten.

Das mag manchen Leser jetzt an die sogenannte „Wolfskralle" erinnern, jene mehr oder weniger stark entwickelte fünfte Zehe an der Innenseite der Hinterpfote, die bei den Hunden gelegentlich auftritt. Sie kann sogar doppelt ausgebildet sein, wodurch der Hinterfuß praktisch sechszehig ist. Es gibt Hunderassen, wo so eine verdoppelte, dabei kräftig entwickelte Zehe an den Hinterfüßen zum Standard gehört, als unabdingbare Rasseeigenschaft (etwa beim Pyrenäenhund). Beim Lundehund von den Lofoten ist eine solche fünfte Zehe sogar recht lang entwickelt, mit allen Knochen, Bändern, Sehnen und Muskeln, wie sie das jede übrige der normalerweise vorhandenen Zehen hat, und dementsprechend ist sie auch beweglich. Das kommt diesen hübschen kleinen Hunden zustatten, wenn sie für ihre Besitzer auf den Klippen wie die Affen umherklettern, um die Eier der Lummen und Papageientaucher einzusammeln.

Diese fünfte Zehe – die richtig „Afterzehe" zu heißen hat – gibt es bei Wölfen und anderen Hundeartigen aber nicht! Daher sieht es wieder zunächst so aus, als würde das mit den Erbverlusten nicht stimmen, denn hier ist ja deutlich sichtbar etwas in der Domestikation hinzugekommen, was die Wölfe eben nicht haben.

Dennoch können wir hier von einer Verlustmutation sprechen, wenn wir annehmen, daß jene Gene, die seinerzeit eingebaut worden sind, um die Ausbildung dieser fünften Innenzehe (die eigentlich die erste, unsere Große Zehe ist) zu unterdrücken. Ursprünglich haben nämlich die Ahnen der ganzen Familie der Hundeartigen auch hinten fünf wohlentwickelte Zehen gehabt – so vor etwa vierzig Millionen Jahren. Im Dienste der Fortbewegung aber wurde diese mehr und mehr überflüssig, wurde allmählich rückgebildet und funktionslos – wie die erste Innenzehe am Vorderfuß unserer Hunde – und schließlich ganz aufgegeben. Nicht durch den Verlust der für diese Zehe verantwortlichen Gene, sondern durch die unterdrückende Funktion übergeordneter Gene. So wird es verständlich, daß bei einem domestikativen, durch Inzucht ausgelösten Verlust dieser Depressorgene es zu einer erneuten Ausbildung der im Erscheinungsbild verschwunden gewesenen Zehen kommt.

Wir kennen ähnliches bei Pferden. Man nennt

diese Erscheinung Atavismus, was uns allerdings auch nicht verständlicher macht, wie es zu einer sechsten Zehe kommen kann, denn eine Sechszehigkeit hat es im Bereich der Wirbeltiere niemals gegeben. Man könnte das vielleicht als genetischen Unfall bezeichnen. Wir wissen, daß es gelegentlich zu Chromosomenverdoppelungen kommt, die als solche Unfälle nach der Befruchtung der Eizelle und den darauf folgenden chromosomalen Vorgängen passieren können. Die Zwitterbildung gehört zum Beispiel hierher, und andere solche Unfälle bewirken den Mongolismus beim Menschen.

Jedenfalls steht es fest, daß durch Inzucht bei mangelnder Naturauslese auch Individuen zur Fortpflanzung kommen können, bei denen Genverluste eingetreten sind. Genverluste, die einerseits die Lebens- und Fortpflanzungsfähigkeit nicht einschränken, andererseits dem Menschen – aus welchen Gründen auch immer – gefallen.

Es muß den Menschen gefallen haben, wenn unter den bei ihnen lebenden Wölfen vereinzelt welche geboren wurden, die eine besondere Anhänglichkeit zeigten, und es war naheliegend, daß gerade diese dann vermehrt Welpen brachten, die auch eine solche Kontaktfreudigkeit gegenüber der Menschengruppe aufwiesen.

⌘ ⌘ ⌘

Alle jene und spätere genetischen Änderungen wären aber nie ausgelöst worden, wenn die Menschen der Steinzeit es nicht verstanden hätten, mit Wölfen umzugehen. Damit meine ich etwas mehr als nur mit Wölfen zu leben. In erster Linie denke ich dabei daran, daß die Urmenschen eine besondere Beziehung zu den in ihrem Bereich – vor ihren Augen sogar – geborenen Wolfswelpen entwickelten. Das natürlich schon zu einer Zeit, als die Prägung noch nicht in Erscheinung trat. Da muß es schon vorher etwas gegeben haben, das diese Welpen stärker an die Menschen gebunden hat als jene, die nur in der Nachbarschaft der quasi befreundeten Menschen geboren worden waren.

Um das besser verstehen zu können, müssen wir zunächst an andere Prägungsmöglichkeiten denken. Zumindest, wie schon früher gesagt, an prägungsähnliche Vorgänge; diese etwas vorsichtigere Ausdrucksform soll besagen, daß solche einer Prägung gleichenden Bindungen nicht, wie es die klassische Verhaltensforschung sagt, „irreversibel" sind – also nicht mehr rückgängig gemacht werden können. Bei prägungsähnlichen Vorgängen räumen wir hingegen die Möglichkeit ein, daß es unter bestimmten Umständen dann doch noch zu einer Umkehr kommen kann. Wenn also zum Beispiel ein auf den Menschen geprägter, isoliert aufgezogener Hund zunächst zwar den Menschen auch als Sexualpartner ansieht, bei einer Begegnung mit einem Hund anderen Geschlechts aber doch noch erfahren kann – vor allem geruchlich erkennen kann – daß dies sein wirklicher Geschlechtspartner sein muß.

Ein neugeborener Welpe kommt erfahrungslos zur Welt. Er hat allerdings angeborenermaßen Triebe und angeborene Bewegungsweisen. Die letzteren führen ihn „instinktmäßig" an die Milch-

quellen der Hündin. Das bleibt die ersten vierzehn Tage unverändert so. Dieser Zeitabschnitt im Leben der Welpen nennt man deswegen die „vegetative Phase".

Aber nun setzt die Seh- und Hörfähigkeit ein, auch die Nase wird leistungsfähiger – der Welpe beginnt, seine Umwelt wahrzunehmen. Diese Fähigkeiten des Sehens, Hörens und Witterns entwickeln sich sehr schnell und setzen die Welpen in die Lage, mit 21 Lebenstagen erstmals das sich meist in einer Höhle befindliche Wurflager kurzfristig zu verlassen, um den ersten Quadratmeter vor dem Höhleneingang zu erkunden. Daher nennt man diese dritte Lebenswoche auch die „Übergangsphase", als Übergang vom vegetativen zum umweltbezogenen Leben.

Nun ist es so, daß ein drei Wochen alter Welpe bereits alles andere als ein allein durch angeborene Verhaltensweisen gelenktes Tier ist, wir sehen vielmehr ein überaus ausgeprägtes Neugierverhalten, das sich im Erkunden der Mit- und Umwelt äußert. Unter Mitwelt verstehe ich die ihn umgebenden Artgenossen, also Mutter, Geschwister und natürlich den jetzt auch in Erscheinung tretenden Vaterrüden. Sind ältere Geschwister vorhanden, kommen diese auch noch dazu. Die Frage ist, ob nun auch Menschen dazu dürfen, ob diese nun auch zur Mitwelt gehören. Für mich besteht kein Grund, dies auszuschließen. Eine Wölfin, die unter Menschen ihre Welpen wirft, wird sogar erlauben, daß diese ihre Welpen anfassen, ehe sie 21 Tage alt sind. Ganz sicher durften Kinder die Welpen streicheln, natürlich unter den aufmerksamen Blicken der Wölfin.

Da die Menschen jener Zeit noch nichts von Dressur gehört hatten und noch nicht daran glaubten, daß sich der Mensch die Erde und ihre Geschöpfe „untertan" machen solle, ärgerten sie sich bestimmt nicht, wenn sie die Wölfin mahnend anknurrte – was sie sicher tat, wenn sie der Meinung war, daß es des Guten zuviel sein könnte. Sie betrachteten das einfach als das gute Recht der Wölfin und werden ihre Kinder entsprechend belehrt haben – falls das überhaupt notwendig gewesen sein sollte. Soviel wir nämlich aus der Beobachtung heutiger Naturvölker wissen, gehen die mit ihren Kindern etwas vernünftiger um als das so mancher Pädagoge glauben kann. Bei denen läuft das mit der Kindererziehung noch weit wolfsartiger ab, abgesehen davon, daß sie über die Sprache mehr akustische Einwirkungsmöglichkeiten als Wölfe haben.

Dadurch ergibt sich ein kleiner Unterschied: bei jenen Naturmenschen erübrigt sich das körperliche Züchtigen der Kinder, bei Wölfen nicht. Was allerdings nicht bedeutet, daß Wolfseltern ihre Welpen despotisch erziehen. Es gibt nur so gewisse Momente, wo sich ein Wolf einfach nicht anders helfen kann – zum Wohle des Jungtieres – und den beim Übertreten eines Verbotes ertappten Welpen packt und schüttelt, bisweilen sogar meterweit fortschleudert. Allerdings weiß der Welpe, warum ihm das passierte, und läuft daher, sobald er wieder auf die Beine gekommen ist, auf das betreffende Alttier zu, hebt beschwichtigend die Pfote und versucht, ihm das Maul zu lecken. Er will wieder die Gunst des Großen erwerben, was dieser dann würdevoll zur Kenntnis nimmt. Ein „Böse-sein" gibt es da nicht, und auch der Welpe erleidet keine Frustration. Er wird es sich nur für sein ganzes Leben merken, daß man dieses oder

jenes eben nicht tun darf oder meiden muß. Erwachsen geworden, wird er es dann seinen Kindern ebenfalls klarmachen. Das dient, ganz allgemein gesagt, der Arterhaltung.

Es ist aber nicht so, daß alle Wolfswelpen der Welt in dieselbe Umgebung hineingeboren werden. Die Welt sieht in Grönland ganz anders aus als in Spanien oder Arabien. Überall gibt es aber Dinge, die man als Nahrung verwerten kann und solche, die man meiden muß. So werden in Grönland den Welpen keine Adler gefährlich, wohl aber Eisbären. In den Südländern sind Bären braun, und es gibt Adler. Das kann nicht alles im Instinktinventar eingebaut sein, das muß gelernt werden, und zwar in erster Linie von den Eltern. Es muß so leicht und dauerhaft gelernt werden, daß es nie in Vergessenheit gerät und daß man es dereinst seinen Nachkommen weitergeben kann. Um das zu ermöglichen, entwickeln sich im Gehirn der Welpen geeignete Lernzentren, die für solche Umwelterfahrungen offen sind. Durch sie bekommen die Welpen ganz bestimmte Lerndispositionen. Was da in diese Zellen während der Kindheit reinkommt, wird auf Lebenszeit gespeichert – wie bei der Programmierung eines Computers, aus dem man solche einmal gespeicherten Daten auch nicht mehr so leicht herausbekommt, was gelegentlich recht unangenehme Folgen hat.

Für den Welpen aber hat es unangenehme Folgen, wenn da oder dort keine Einspeicherung erfolgt. Es ist nämlich so, daß diese Lernfähigkeiten nicht alle auf einmal ausgebildet werden. Das Gehirn eines neugeborenen Welpen ist in etwa so groß wie der Kern einer kleinen Walnuß – dabei aber noch nicht so stark gefaltet wie diese. Die

Furchungen und Windungen des Großhirns müssen sich erst entwickeln. Sie sind zwar im Alter von drei Wochen schon fast genau so wie bei einem erwachsenen Hund, aber alles ist noch viel kleiner und muß sich erst auswachsen. Immerhin hat das Gehirn eines erwachsenen Wolfes die Größe einer Glühbirne, sogar etwas mehr an Volumen. Diese Größe erreicht das Gehirn erst nach dem zehnten Lebensmonat.

Die neuere Gehirnforschung zeigt uns aber, daß das Wachstum des Gehirns nicht allein von Erbanlagen festgelegt wird, sondern sehr weitgehend von Umwelteinflüssen abhängig ist. Ganz grob ausgedrückt: je mehr der Welpe erlebt, umso eher erreicht sein Gehirn die artgemäße Maximalgröße. Anders ausgedrückt: je weniger Umweltreize über die Sinnesorgane ins Gehirn gelangen, um so geringer entwickelt sich seine Gehirnkapazität. Das bedeutet geringere Intelligenz, und das wieder verminderte Überlebens- und Fortpflanzungschancen.

Bereits in den späten Fünfzigerjahren hat man auf der Universität Berkeley in Kalifornien einen überaus aufschlußreichen Versuch unternommen. Man hat bei Ratten Wurfgeschwister getrennt und unter verschiedenen Umweltbedingungen aufwachsen lassen. Der eine Teil durfte in einer ganz normalen Rattenumwelt aufwachsen, der andere aber mußte in einer Art Dunkelkammer, in der es außer Wasser und Futter nichts gab, groß werden. Die erwachsen gewordenen Ratten wurden nummeriert und einem Gehirnforschungs-Institut übergeben. Dort stellte man fest, daß ein Teil der Ratten deutlich kleinere Gehirne aufwies. Es waren genau die, die in der reizlosen Umwelt auf

Dieses Ergebnis scheint sich weder bei gewissen Haustierforschern, am wenigsten jedoch bei gewissen Hundehaltern herumgesprochen zu haben. Die einen reden davon, daß kleinere Gehirne eine „Domestikationserscheinung" sind, und die anderen sind der Meinung, daß ein Welpe in einem Zwinger aufwachsen müsse, um rechtzeitig daran gewöhnt zu werden. Wenn er dann erwachsen genug ist, nimmt man ihn am Wochenende auf den Übungsplatz, wo er dann auf Unterordnung und Schutzdienst getrimmt wird. Mag sein, daß der Trick für Dumme ganz praktisch ist, denn mit einem dummen Hund kann auch der Dümmste ganz gut.

Neue Untersuchungen über das Wachstum des Gehirns haben nun gezeigt, daß bei heranwachsenden Tieren in unterschiedlichen Altersstufen Zellgruppen auftreten, Lernanlagen, die nun auf bestimmte Umweltreize warten. Das Interessante dabei ist, daß sie aber nicht allzulange warten. Treffen nämlich jene Umweltreize, für die sie vorgesehen sind, nicht ein, dann vermehren sich diese Zellen nicht mehr; im Gegenteil, sie bilden sich wieder zurück, da sie ja offensichtlich nicht gebraucht werden. Das ist der gehirnphysiologische Schlüssel zum Phänomen der Prägung oder doch dieser ähnlicher Lernvorgänge.

So kann man also klarstellen, daß jeder Hundehalter, der sich mit seinem Welpen zu wenig beschäftigt, ihn der Langeweile aussetzt, damit rechnen muß, daß der Hund einmal erwachsen, kaum noch irgendwelche Lernfähigkeiten zeigen wird. Daran ist dann aber ausnahmsweise einmal nicht der Züchter schuld!

Versetzen wir uns in eine Zeit, in der es die Steinzeitmenschen nicht mehr so oft notwendig hatten, weiterzuwandern. Vielleicht, weil sie in einem Gebiet lebten, wo mehr Nahrung zu finden war, vielleicht auch, weil sie inzwischen bessere Jagdwaffen und bessere Jagdmethoden entwickelt hatten. Sie konnten sich jetzt auch eine bessere und dauerhaftere Unterkunft bauen. In dieser Umgebung wuchsen also die Wolfswelpen auf, stets von einigen Menschen umgeben, mit den Kindern spielend. Was besonders wichtig war: wenn ihre Mutter oder ihre Eltern auf die Jagd gingen, um Nahrung herbeizuschaffen, dann standen sie unter dem Schutz der Menschen!

Auf freier Wildbahn kommt es vor, daß sie allein bleiben müssen, was leicht dazu führen kann, daß der eine oder andere Welpe, der zu unvorsichtig ist, von einem Beutegreifer getötet wird. Selbst dann, wenn, wie das bei Wolfsrudeln der Fall ist, einer der Jüngeren oder ein ganz alter Wolf die Wache bei den Welpen übernimmt, ist es einem Welpenräuber unter Umständen immer noch möglich, ein Jungtier zu entführen.

Innerhalb einer Menschengruppe aber tritt diese Auslese wohl nicht ein, denn Feinde der Wolfswelpen sind auch Feinde der Menschen, die sich ja nun gegen solche wirkungsvoll schützen können. Das bedeutet zunächst also, daß auch Welpen, deren Protektivverhalten nicht besonders entwickelt ist, im Schutze der Menschen überleben und mit diesem genetischen Webfehler sogar einmal selber Junge bekommen können. Mindestens einige von ihnen werden diesen Webfehler dann weitervererben, falls sie bei den Menschen bleiben. Damit verliert sich wahrscheinlich in wenigen Generationen das für Wölfe so typische Scheuverhalten. Es ist keine Übertreibung, wenn ich sage, daß Wölfe so scheu sind wie Kaninchen.

Ehe ich näher auf gewisse Erfahrungen mit der Scheuheit der Wölfe eingehe, möchte ich noch ganz grundsätzlich etwas zum Scheuverhalten sagen. Es ist gekennzeichnet durch eine stetige Beobachtung der Umwelt, gekoppelt mit einer triebhaften Fluchtbereitschaft. Tierarten, die in offenen Geländeformen zahlreichen und unterschiedlichen Freßfeinden ausgesetzt sind, gelten im Jargon der Verhaltensforschung als „Fluchttiere". Der hier vorliegende Trieb kann so stark entwickelt sein, daß schon ein minimaler, völlig harmloser Anlaß genügt, um eine Flucht auszulösen. Von in Tiergärten gehaltenen Gazellen etwa weiß man, daß bei ihnen die Gefahr, sich am Gitter das Genick zu brechen, sehr groß ist. Das kommt daher, weil der Mangel an Fluchtauslösern, wie er in einem Zoo natürlich herrscht, den in der Natur regelmäßig und ausreichend oft abreagierten Trieb derart ansteigen läßt, daß er gleichsam wie ein gestauter Fluß über seine Ufer tritt; dann genügt ein vom Baum fallendes Blatt, und die Tiere rasen blindlings los, so kopflos, daß sie die Zäune nicht mehr wahrnehmen können.

Auch Wölfe können einem solchen Triebstau unterliegen, was ihre Haltung besonders erschwert. – Wie sich das bei der Forschungsarbeit von Dirk Neumann auswirkt, soll später noch erwähnt werden.

Uns beschäftigt hier nun die Frage, wieso unsere Hunde diese Fluchtbereitschaft unter normalen Umständen nicht aufweisen. Natürlich spielt da

8

die bei ihnen so auffallende Prägungsphase eine wichtige Rolle – aber bei ihr geht es doch zunächst nur um den Menschen, der nicht mehr gefürchtet wird. Bei den Wölfen, die mit Steinzeitmenschen zusammengelebt haben, mußte aber noch etwas anderes hinzukommen – nämlich wieder ein Instinktverlust. Sicher wurde unter dem Schutz der Menschengruppe das Scheuverhalten abgebaut – sonst wäre es dann später gar nicht möglich geworden, mutige Hirtenhunde zu züchten.

Die Entwicklung eines Scheuverhaltens, einer steten Fluchtbereitschaft, ist wohl so alt wie das erste Auftreten von Tieren auf dieser Erde. Dennoch kann es Wildtiere geben, die keine Angst, keine Scheu, kein Fliehen kennen – nicht einmal ein Ausweichen. Das sind alle Tierarten, die keine Feinde haben. Wenn sie zum ersten Mal Menschen treffen, fliehen sie nicht, sondern beäugen sie neugierig. Erst dann, wenn sie den Menschen von seiner wirklichen Mentalität her kennengelernt haben, beginnen sie ihn zu fürchten – aber das ist dann traditionsgemäßes Verhalten.

So wurde zum Beispiel nachgewiesen, daß Eisbären dort, wo sie noch nie von Menschen gejagt wurden, durchaus friedliche Gesellen sind, und von diesen gibt es sogar Filmaufnahmen, die zeigen, wie sie sich füttern lassen und mit Tauchern im Eismeer umhertollen. Der Eisbär gehört zu jenen Tieren, die keine Feinde im Tierreich haben. Scheu und dann auch gefährlich sind sie nur in jenen Gebieten geworden, wo sie bejagt werden. Besonders gefährlich aber sind jene Eisbären, die ein Halsband tragen. Das gibt es nämlich auch, seitdem neugierige Forscher ihre Wanderwege erkunden, indem sie freilebenden Eisbären so einen Schmuck, mit einem kleinen Sender versehen, anlegen. Um das zu können, verfolgen sie die Bären aber, schießen ihnen ein Narkosemittel ein und warten ab, bis der Bär schläft. Das aber vergißt so ein Bär nicht – er wird zur gefährlichen Bestie. Es ist schon schlimm, wenn es die Tiere mit uns Menschen zu tun kriegen . . .

Auf den Galapagos-Inseln hat es niemals größere Beutegreifer gegeben, die man fürchten mußte – bis der Mensch auf einigen Inseln Hunde und Katzen hat verwildern lassen. Auf den anderen Inseln, die von einer derartigen Einbürgerung verschont geblieben sind und die auch kaum von Menschen aufgesucht wurden, da flieht kein Tier bei Annäherung eines Menschen. Es bleibt ruhig sitzen und läßt sich sogar anfassen, wenn auch nicht gerade streicheln – das kennen sie ja nicht.

Wir sehen also, daß es neben angeborenem Scheuverhalten auch erlerntes gibt, das umso größer wird, je mehr schlechte Erfahrungen mit gewissen Beutegreifern gemacht wurden. Wobei ich glaube, daß gegenüber den in der Evolution erst so spät aufgetretenen Menschen überhaupt kein instinktives Fluchtverhalten vorhanden war, was die größeren Säugetiere betrifft, sondern daß deren Scheu vor Menschen sich erst dann entwickelte, als der Mensch zu jagen begann. Das ist – evolutionsmäßig gesehen – für die Tierwelt noch so neu, daß es bis heute nicht in das Instinktinventar mit aufgenommen worden ist.

So müssen wir das auch verstehen, wenn wir an die ersten Begegnungen zwischen Menschen und Wölfen denken. Der Mensch hat ja damals noch nicht gejagt, am wenigsten so große und wehrhafte Tiere wie Wölfe. Es kam zunächst zu keiner Scheu vor dem Menschen, wie sie später bei Wölfen eintrat, als der Mensch begonnen hatte, auch sie zu jagen. Diejenigen Wölfe aber, die bei den Menschen lebten, die Traditionen des Zusammenlebens mit dem Menschen entwickelt hatten, konnten sich Instinktverluste bezüglich des Scheuverhaltens ohne weiteres leisten, vor allem in jener Zeit, in der der Mensch immer wehrhafter wurde, immer bessere Waffen zu seinem Schutz entwickelte und damit auch die zu ihm gehörenden Wölfe beschützen konnte.

So war es wohl auch die Beschützerrolle des Menschen, die Wölfe zu Hunden machte – daran sollte jeder denken, der das Wort „Schutzhund" gebraucht. Unsere Hunde sind nämlich nur dann wirkliche Beschützer eines in Not geratenen Menschen, wenn sie jene Selbstsicherheit besitzen, wie sie sich allein unter dem Schutz „ihres" Menschen von klein auf entwickeln kann.

Andernfalls können Hunde bei Konfliktsituationen scheu wie Wölfe sein! Dagegen hilft keine noch so ausgeklügelte Dressur – Verzeihung – Ausbildung.

Dirk Neumann hatte bei seinen Lernversuchen an Wölfen wegen dieser Scheuheit erhebliche Schwierigkeiten, obgleich seine Wölfe von klein auf an ihre „Manege" gewöhnt waren. Sie machten ihre tägliche und bald zur Routine gewordene Arbeit gern und willig – aber es fiel ihnen schwer, sich zu konzentrieren, weil sie ununterbrochen auf alles achteten, was sich in ihrem Gesichtskreis bewegte. Das konnte vom Baum fallendes Laub sein, ein Singvogel, oder spielende Kinder – was

auch immer es war, es erregte ihre Aufmerksamkeit, die weniger mit Neugierde, wohl aber deutlich mit ihrer Vorsicht, ja Schreckhaftigkeit zu tun hatte.

Besonders deutlich kam das zum Vorschein, als Neumann unter der Türe, die vom Laufgang in die Manege führte, zum besseren Abschluß eine Holzbohle in den Boden einlegte. Als die Wölfe am folgenden Morgen in die Manege laufen wollten, erschraken sie vor diesem neuen „Unding" und wagten es zunächst nicht, darüberzulaufen. Als sie von Neumann angetrieben wurden, gingen sie zögernd und mit Anzeichen der Furcht endlich darüber, bis auf zwei, die sich standhaft weigerten, diese Schwelle zu überschreiten. Neumann blieb nichts anderes übrig, als sie einfach im Laufgang zu belassen, und er arbeitete nun mit den mutigeren Wölfen in der gewohnten Weise. Das Ausgeschlossensein war am nächsten Tag dann für die beiden Ängstlichen schlimmer als die Schwelle, und so überwanden sie ihre Furcht und gingen ebenfalls darüber.

Jetzt wußten wir, was die Psychologen unter einer „Angstschwelle" verstehen! Wie der Zufall so spielt, passierte mir bald darauf etwas ähnliches. Der vorübergehend bei mir lebende Wolf „Pascha" hatte es irgendwie geschafft, aus seinem Gehege herauszukommen und wollte nun unbedingt wieder hinein, da er es ja nicht gewohnt war, allein außerhalb seines Geheges zu sein (natürlich auch aus Furcht vor möglichen Gefahren). So machten wir ihm die Gehegetür auf, unter der ebenfalls ein dickes Brett in den Boden als Abschluß eingelassen war. Er lief also auf die offene Tür zu, erblickte das Brett und wich erschrocken zurück. Das wiederholte sich einige Male – er fand einfach nicht den Mut, über diese Schwelle zu laufen, obgleich diese schon seit langer Zeit dort vorhanden war. Erst nach zehn Minuten faßte er sich ein Herz. Er ging ein Stück weit weg, nahm Anlauf und sprang dann in hohem Bogen über diese schreckliche Schwelle. Und da gibt es immer noch Fantasten, die fest davon überzeugt sind, daß man Wölfe in Schäferhunde einkreuzen müsse, um mutigere und schärfere Gebrauchshunde zu erhalten!

Man muß sich diese Wolfseigenschaften vor Augen halten, wenn man daran denkt, wie wohl das Zusammenleben zwischen Mensch und Wolf gewesen sein könnte. Als Schutzhunde haben sie diese ängstlichen Tierchen bestimmt nicht aufgefaßt – im Gegenteil: man könnte da viel eher auf den Gedanken kommen, daß sich die Wölfe von den Menschen beschützt fühlten und daß das auch ein Grund gewesen sein konnte, ihre Nähe über das Welpenalter hinaus zu suchen.

Hierzu zwei Beispiele. Erik Zimen war vor langen Jahren einmal eine Wölfin entlaufen. Sie blieb verschwunden, war fast einen Sommer lang weg und kein Mensch hatte sie jemals zu Gesicht bekommen – zum Glück, denn man weiß ja, welche entsetzliche Panik unsere Mitmenschen befällt, wenn sie erfahren, daß irgendwo ein Wolf unterwegs ist. Aber der Wölfin gefiel es auf Dauer dann doch nicht, so mutterseelenallein im Wald umherzustreifen, umgeben von vielen unbekannten Dingen, und so stand sie nach bald viermonatiger Abwesenheit eines Morgens wieder vor der Gehegetür und bat um Einlaß.
Besonders eindrucksvoll erlebte ich aber das Schutzbedürfnis eines Wolfes in unserer Wolfswinkler Forschungsstation. Ich habe das zwar in einem anderen Buch schon geschildert, aber da dieses nicht mehr erhältlich ist, will ich die Geschichte hier wiederholen. Unser damaliger afghanischer Wolf „Schah", etwa vier Jahre alt, hatte zwar zusammen mit seiner Dingohündin Botna am höchsten Punkt unseres Geländes ein eigenes, großes Gehege, wußte aber, wie man es trotz Umzäunung verlassen konnte und spazierte gern zwischen den übrigen Gehegen umher, was wir nicht verhinderten, denn er war ja völlig zahm und stellte auch nie etwas an. Sehr gern lief er zum damaligen Schafstall herab, sprang dort auf dessen Dach und schaute interessiert den Schafen zu. Was er dabei dachte, weiß ich nicht – aber vermutlich war das nichts Gutes. Dennoch wagte er nicht den Sprung von dem zwei Meter hohen Dach in das Gehege der Schafe. Einmal also lief er von seinem Gehege den Hang herunter, offensichtlich, um seine geliebten Schafe zu besuchen. Meine Frau stand oben am Gehege und rief ihn. Er hatte gerade den halben Weg zurückgelegt, blieb stehen, blickte zu meiner Frau, dann abwärts zu dem Schafstall, wieder zu meiner rufenden Frau und war offensichtlich unschlüssig, was er nun tun sollte. Da kam Isak, unser Esel, und kniff ihn in die Rute. Schah wandte unwillig den Kopf und ging einen Schritt vor. Der Esel folgte und kniff ihn nochmals. Wieder ging Schah unwillig vor, noch nicht schlüssig, ob er dem Ruf meiner Frau folgen solle oder nicht. Da packte ihn der Esel dicht an der Schulter im Genick und schüttelte ihn – worauf Schah mit eingeklemmter Rute den Hang hinauf zu meiner Frau lief und bei ihr Schutz vor dem schrecklichen Untier suchte. Er folgte ihr dann auch willig in sein Gehege.

Von dieser für Wölfe so typischen Scheuheit ist bei den Welpen zunächst noch nichts zu bemerken, am wenigsten in der Übergangsphase, während der sie sich ja noch in der Geborgenheit der Höhle befinden, aus der sie sich bekanntlich erstmals am 21. Lebenstag herauswagen. Das ist auch bei unseren Hunden nicht anders, was man sehr sinnvoll ausnutzen kann. Da die Welpen kein Scheu-, wohl aber schon ein recht beachtliches Neugierverhalten an den Tag legen, kann man sie in den letzten Tagen dieser Entwicklungsphase an verschiedene Dinge gewöhnen, um zu vermeiden, daß sie später einmal vor diesen Furcht zeigen.

Ich denke da vor allem an die Feststellung des Berliner Arztes und Jägers Wilhelm Sieveke bezüglich der Schußfestigkeit der Hunde. Es ist tatsächlich so, daß Welpen in diesem Alter auf Schußgeräusche oder auf das Zerknallen einer aufgeblasenen Papiertüte ausschließlich mit Neugier reagieren, aber nicht erschrecken. In meinem Film „Geburt und Jugendentwicklung beim Dingo" habe ich gezeigt, wie neugierig Welpen die Hände betrachten, die man vor ihrer Nase laut zusammenklatscht. Sie wollen wissen, wo das interessante Geräusch herkommt.

Da manche Leute das nicht so ohne weiteres glauben konnten, daß Welpen nach solchen Erfahrungen später zu schußfesten Hunden werden, hat man einen umfangreicheren Versuch hierzu durchgeführt. Leider wurde er sozusagen mit „untauglichen Mitteln" durchgeführt, ohne ausreichende Kontrolle der weiteren Jugendentwicklung, die in Händen verschiedener Jäger stattfand, und so war das Ergebnis weitgehend negativ.

Solche Dinge passieren nun einmal, wenn falsche Versuchsanordnungen durchgeführt werden, die vom Versuchsleiter nicht übersehen werden können. Auch wenn daraufhin einige Jäger zu dem Schluß kamen, daß es also nicht stimmt — wer es richtig anfängt und richtig zu Ende führt, wird mir zustimmen müssen, daß Doktor Sievecke doch recht hatte.

Natürlich trifft das nicht auf angeborenermaßen nervenschwache Hunde zu, die es leider häufig genug gibt. Bei solchen helfen auch die klügsten Einwirkungen nichts.

Eine andere Methode, die in stiller Abgeschiedenheit irgendwo auf dem Land lebende Hundezüchter praktizieren, die Hunde züchten wollen, die einmal ruhig durch den Stadtverkehr geführt werden sollen, besteht darin, den Welpen in diesem Alter — und später — auf Tonband aufgenommene Stadtgeräusche vorzuspielen. Das ist eine gute Methode, denn ein achtwöchiger Welpe, der in die Stadt verkauft wird, hat entschieden Schwierigkeiten, sich unvorbereitet an diesen ihm bislang unbekannten Lärm zu gewöhnen.

⌘ ⌘ ⌘

In diesem Alter erhalten die Welpen von den Alten auch erstmals vorgewürgte Nahrung. Anfänglich etwas vorverdaut, mehr als Brei, später in Stükken. Das setzt gewöhnlich am 16. Lebenstag ein. Hier prägt sich nun den Welpen ein, was Nahrung ist. Was man fressen kann und was nicht, wird nämlich auch gelernt — kein Instinkt sagt dem

Welpen, daß er in die Ordnung der „Carnivora" – der Fleischfresser – gehört, die man früher Raubtiere, heute sinnvoller Beutegreifer bezeichnet. So kenne ich einen Fall, in dem ein Hund vom frühen Welpenalter an so gekochten Reis mit Fleischbrühe gewöhnt war, daß er in seinem ganzen Leben nichts anderes mehr fressen wollte und das schönste Stück Fleisch als „ungenießbar" verschmähte. Das ging einfach nach dem bekannten Grundsatz: „Was der Bauer nicht kennt, frißt er nicht!"

Einmal bekam ich einen voll erwachsenen Rassehund, der stets nur gekochtes Futter, vor allem gekochtes Fleisch, bekommen hatte. Er war bei mir dann zunächst nicht zu bewegen, so wie alle meine anderen Hunde rohe Schlachtabfälle zu sich zu nehmen. Acht Tage verweigerte er diese Nahrung. Aber ich blieb hart, auch wieder nach dem Grundsatz „Friß, Vogel, oder stirb", ein Wort, das ich einst in Ungarn gelernt hatte. Nun, dieser seltsame Vogel starb nicht – am achten Tag endlich trieb ihm der Hunger und wohl auch der Futterneid die ungewohnte Kost in den Fang, und damit war dann doch der Bann gebrochen.

Nun glauben die meisten Hundezüchter, daß sie ihre Welpen vom 16. Tag an beifüttern müßten, und wissen hierfür häufig die wunderlichsten Ernährungsrezepte. Wenn man sie fragt, warum sie das tun, führen sie oft an, daß ihre Hündin den Welpen keine Nahrung vorwürgen würde. An dieser Beobachtung braucht man nicht zu zweifeln. Hündinnen würgen in der Regel nichts vor, wenn sie feststellen, daß Herrchen oder Frauchen ohnehin zufüttern. Andere Hündinnen hingegen fressen ihren Welpen ganz unverschämter Weise das vom Menschen bereitgestellte Beifutter weg; offensichtlich sind sie der Meinung, daß von ihnen Vorgewürgtes für die Kleinen bekömmlicher ist.

So gibt es jedenfalls so etwas wie eine Futterprägung – wenn auch im Sinne eines der Prägung ähnlichen Vorganges, da, wie gezeigt, diese Art von Prägung nicht unbedingt irreversibel ist.

Die Futtermittelindustrie hat das sehr wohl verstanden und sorgt für ein ausgeklügeltes Welpenfutter, das den Welpen darauf vorbereitet, künftighin das firmengleiche Fertigfutter allen anderen Futtersorten vorzuziehen. Wie man sieht, ist es wichtig, den Züchter zu fragen, was er seinen Welpen zu fressen gegeben hat, um den käuflich erworbenen Welpen zuhause nicht in Verlegenheit zu bringen. Ihn abrupt auf ein gänzlich anderes Futter umzustellen, halte ich nicht für ratsam, da dies fast immer mit nachhaltigen Verdauungsstörungen verbunden ist. Das wieder schadet in diesem frühen Alter, in dem alles im Wachsen ist. Wer aus irgendwelchen Gründen das Futter umstellen will, sollte warten, bis der Hund wenigstens sechs Monate alt geworden ist.

Der beste Rat im Sinne einer vernünftigen Hundezucht ist aber doch der, die Hündin während der Säugezeit ausreichend mit nährstoffreichem Futter zu versorgen und es ihr zu überlassen, was und wieviel davon sie ihren Welpen über das Vorwürgen zukommen lassen will. Sie weiß das bestimmt besser; sollte sie es aber nicht wissen, dann sollte man mit ihr nicht mehr züchten. Das bedeutet nämlich, daß sie einen Knacks im Erbgefüge hat, um mich möglichst allgemeinverständlich auszudrücken.

Natürlich taucht bei solchen Erörterungen dann unausweichlich die Frage auf, was man denn nun wirklich am sinnvollsten füttern soll. Dazu habe ich mich schon anderswo in Wort und Schrift geäußert. Ich erinnere nur an den Hinweis, daß Kleinsäuger, wie etwa Mäuse, zur wichtigsten Nahrung der Wölfe gehören, und daß diese im wahrsten Sinne des Wortes mit Haut und Haar verschlungen werden – nach dem für uns wenig appetitlich erscheinenden „Durchknatschen", bei dem ohne Verletzung des Felles alle inneren Teile des kleinen Beutetieres zu Brei verarbeitet werden. Die organische Zusammensetzung eines solchen Beutetieres kann uns ein Vorbild für die richtige Ernährung sein, wobei man nicht vergessen darf, daß in Magen und Darm, die dabei ebenfalls verschlungen werden, vorverdaute, also für den Verdauungstrakt des Hundes weiterverwertbare Pflanzenstoffe enthalten sind. So stimmt es nicht ganz, daß Hunde „Carnivora" sind – von Fleisch allein können sie nicht leben.

Es kommt noch etwas hinzu. Hund ist nicht gleich Hund, und was dem einen bekömmlich ist, verträgt ein anderer nicht so gut. Es gibt sogar Diabetiker unter unseren Hunden! Was immer man auch für das richtige Futter hält – ab und an den Hund dem Tierarzt vorzuführen und den Ernährungszustand überprüfen zu lassen, sollte für jeden Hundehalter eine Verpflichtung sein.

Es ist aber auch so, daß sich die meisten Hunde nicht nur psychisch auf das im frühen Welpenalter vertraut gewordene Futter einstellen, sondern daß sich auch das Verdauungssystem sehr weitgehend an das entsprechende Futter gewöhnen kann. Es erfolgt offensichtlich eine Anpassung, was durchaus verständlich ist.

Wölfe mußten diesen Anpassungsspielraum entwickeln, denn bei ihrer Ausbreitung über fast die ganze nördliche Halbkugel gelangten sie in extrem unterschiedliche Lebensräume mit einem ebenso unterschiedlichen Nahrungsangebot. Dazu kommt, daß Wölfe nicht im Schlaraffenland leben, daß sie es häufig genug überaus schwer haben, ausreichend Nahrung zu finden. Und wenn sie auch von den alten Indianern als die besten Jäger der Welt bezeichnet wurden, so ist damit wohl nur zum Ausdruck gebracht, daß die Menschen schlechtere, beziehungsweise überhaupt keine Jäger gewesen sind. Ist es doch so, daß die im Rudel jagenden Wölfe oft eine ganze Woche lang vergeblich auf Beutefang aus sind, bisweilen noch länger, ehe sie endlich ein größeres Stück Wild erbeuten können. Daher sind sie von Natur aus mit einer überaus großen Genügsamkeit ausgestattet, sowohl hinsichtlich Qualität als auch Quantität des Futters. Ich habe daher den starken Verdacht, daß wir unsere Hunde viel zu sehr verwöhnen, auch wieder in beiden Richtungen. Das bringt nicht nur der leidige Wohlstand mit sich, der uns ja selbst zur Maßlosigkeit geführt hat, sondern auch ein bei den meisten Hundehaltern vorhandener übersteigerter Pflegetrieb. Wenn man dann noch auf sehr gelehrt abgefaßten Tabellen sieht, was da alles für geheimnisvolle Stoffe vorhanden sein müssen, in wohlausgewogenen Prozentzahlen ausgedrückt, bekommt man das große Zittern. Natürlich kann es dann auch nicht ganz ausbleiben, daß nach einigen Generationen Wohlstandsversorgung der Hunde deren Verdauungssystem tatsächlich empfindlicher wird, als es das der Hundeahnen war und bis heute ist.

Wenn ich daran denke, was wir hier in Wolfswinkel

unseren Hunden geben, müßte ich eigentlich jenes große Zittern bekommen. Denn die Schlachtabfälle unseres ausgebluteten und meist ohnehin schon künstlich ernährten Schlachtviehs enthalten mit Sicherheit nicht ein Zehntel von dem, was uns die klugen Futterberechnungen vor Augen führen. Trotzdem leben unsere Hunde sommers wie winters völlig im Freien, werfen Junge, ziehen sie auf, und werden überdies niemals krank, obgleich sie nicht einmal schutzgeimpft sind. Allerdings kommen sie nicht mit fremden Hunden zusammen.

Und das alles nunmehr seit zwanzig Jahren, Generation auf Generation. Übrigens Generationen, die mangels fremder Blutzufuhr von Geschwistern gebildet werden. Das alles ist nur dadurch möglich, daß hier weitgehend natürliche Selektion stattfindet, schwächliche Welpen von ihren Müttern beseitigt werden und kein Hund zur Fortpflanzung kommt, der nicht hundertprozentig erbgesund ist. Natürlich – wenn ich da auf den Verkauf von Welpen angewiesen wäre wie so manche Hundezüchter, dann müßte nicht nur ich und meine Familie, dann müßten auch meine Hunde verhungern. Man darf dabei nicht vergessen, daß wir auch noch die Hunde mitfüttern, die aus Altersgründen keine Jungen mehr bekommen können; das würde kaum einem gewerbsmäßigen Züchter einfallen!

Wenn man es der Hündin überläßt, wieviel Zusatznahrung zur Milch die Welpen bekommen sollen, wie ich das zuvor angeregt habe, dann kann es auch nicht passieren, daß aus den Welpen notorische Fresser werden, Hunde also, die nichts anderes im Kopf haben als möglichst viel Freßba-

res zu ergattern. Züchter und Welpenkäufer machen oft den Fehler, es mit den Welpen zu gut zu meinen. Auch die Quantität der Nahrungsaufnahme ist letztlich eine Erziehungs-, beziehungsweise Gewöhnungsfrage. Man kann Welpen tatsächlich zu unersättlichen, geradezu heißhungrigen Fressern erziehen. Der Erfolg sind überfütterte, fettleibige Hunde, deren Lebenserwartung entsprechend vermindert ist.

Genau so grotesk erscheint es mir umgekehrt, wenn da oder dort angegeben wird, wieviel Gramm ein Welpe einer bestimmten Rasse in einem bestimmten Lebensalter an Nahrung bekommen muß, oder wieviele Kalorien diese Nahrung zu enthalten hat. Das ist eine Gleichmacherei, die an der Individualität der Welpen weit vorbeigeht. Innerhalb eines Wurfes gibt es nun einmal Welpen, die mehr, und solche, die weniger Nahrung benötigen. Wer sich die Zeit nimmt, täglich die Welpen bei der Nahrungsaufnahme genau zu beobachten, wird das bald feststellen können. Man muß dabei auch wissen, daß es trotz Rassestandards und Jahrhundertzüchtungen unter den Welpen solche gibt, die zu einer gewissen Schlankwüchsigkeit neigen, und solche, die mehr bullig werden.

Die Haustierforschung kennt seit langem das Phänomen der unterschiedlichen Wuchsformen. Solche haben in der Rassezucht eine große Rolle gespielt, in dem man diese bereits zu Beginn der Haustierwerdung zu beobachtende Neigung zu schlankwüchsigen und zu bulligen Individuen ausnützte und konsequent steigerte, bis man zu jenen Extremen kam, wie sie einerseits bei den Windhunden, andererseits bei den niederläufigen

Doggenabkömmlingen anzutreffen sind. Daher führte der Haustierforscher Berthold Klatt die Begriffe Whippet- und Bulldog-Typ ein, um diese Extreme deutlich zu machen. Ein klein wenig, oft nur angedeutet, ist davon in jedem Wurf bei unseren Hunden, ja selbst bei Wölfen zu sehen, was dann den unterschiedlichen Nahrungsbedarf der einzelnen Welpen auch besser verständlich macht.

Die meisten Rassestandards wurden vor Beginn unseres Jahrhunderts oder kurz danach aufgestellt. Aber auch in tausend Jahren wird es uns Menschen nicht gelingen, innerhalb eines Wurfes absolut identische Welpen zu erzielen, es sei denn, wir greifen auf jene gentechnologischen Praktiken zurück, die man „Klonen" nennt. Das bedeutet, daß man einer einzelnen befruchteten Eizelle einer Hündin die ersten Furchungsteilungen ermöglicht, um dann die vier oder gar acht auf diese Weise entstandenen Zellen voneinander zu trennen und dann wieder einer Hündin zum weiteren Austragen einzupflanzen. Sie sind dann alle identisch, etwa so wie eineiige Zwillinge, die ja auch auf diese Weise – allerdings ohne künstlichen Eingriff – entstanden sind. Manche Hundezüchter träumen vielleicht davon. Die Sache hat nur einen Haken: man kann ja nicht wissen, ob die Samenzelle, die jene Eizelle befruchtet hat, wirklich alle erwünschten Erbanlagen mitbringt, genau so, wie man nicht wissen kann, ob die Eizelle diese besitzt.

Es kann natürlich sein, daß die Gentechnologen auch da entsprechende Wege finden werden, einwandfreies Erbgut heranzuziehen. Ein zugegebenermaßen bestrickender Gedanke: der Gentechniker nimmt eine genetisch geprüfte Eizelle, befruchtet sie mit einer genetisch geprüften Samenzelle, setzt dann unserer Hündin acht Tochterzellen ein und wir erhalten nach der üblichen Tragzeit genau acht genetisch identische Welpen, die alle das CACIB erhalten. Am Ende haben wir in der gesamten Rassehundezucht nur mehr und ausschließlich Weltsieger auf den Zuchtschauen, und wenn dann alle Individuen einer Rasse aus solchen Klonen kommen, sind sie alle identisch. – Es gäbe keine Individualität mehr – ausgenommen jener, auf die das Erbgut keinen Einfluß hat, sondern der Mensch, der den jeweiligen Hund aufgezogen hat. – In dem Sinne also, daß das Wesen des Hundes weniger eine Frage des Erbgutes, sondern mehr eine der Umwelterfahrung ist.

Ich kann es nicht beweisen. Aber ich glaube, daß wenn Menschen, die sich vor 20 000 Jahren mit Wölfen angefreundet hatten, die zuvor von mir niedergeschriebenen Zeilen hätten lesen und verstehen können, sie würden alles darangesetzt haben, daß aus Wölfen keine Hunde werden!

Aber damals konnten sie solche irrwitzigen Möglichkeiten noch nicht erahnen; sie freuten sich sicher vielmehr darüber, wenn eine zur Familie gehörige Wölfin alle Welpen gesund aufziehen konnte. Ganz bestimmt haben sie da auch ein wenig mitgeholfen. Mir fallen dabei Berichte und Fotos ein, die Völkerkundler von Volksstämmen veröffentlichten, die auf einer noch der Steinzeit sehr nahestehenden Kulturstufe stehen oder vor kurzem noch standen. Papuafrauen aus Neuguinea zum Beispiel, die Ferkel oder Hundewelpen an ihren Brüsten saugen lassen, entweder, weil sie ihr eigenes Kind verloren hatten oder zuviel

Milch produzierten. Wer weiß, wieviele Wolfswelpen in jenen Urtagen von Menschenfrauen aufgezogen worden sind? Die Kindersterblichkeit war groß! Damals herrschte noch natürliche Auslese unter den Menschen. Ohne diese Auslese hätten die Menschen niemals soviel genetisches Potential gehabt, um noch ins zwanzigste Jahrhundert zu kommen . . .

Man sieht, auch vom Thema der Ernährung aus kommt man zu allerlei Gedanken, Ein- und Ausblicken unterschiedlichster Art. Aber vielleicht gelingt es mir damit wenigstens, klarzustellen, daß „Rezepturen" schlechthin ein Nonsens sind. Sie werden einmal brauchbar, wenn alle unsere Hunde geklont sind. Aber da lebe ich zum Glück nicht mehr.

⌘ ⌘ ⌘

Soziale Lebewesen kann man sich im Sinne eines Termiten-, Bienen- oder Ameisenstaates vorstellen; da ist jedes Individuum ein Sklave seiner Instinkte. Das funktioniert auch ganz gut, wie man bei diesen Insekten sieht.

Soziale Lebewesen auf einer höheren seelischen Stufe, auf der Lernen eine entscheidende Rolle spielt, können nur Erfolg haben, wenn es eine individuelle Streubreite gibt. Wenn jedes Mitglied einer Gruppe andere, für die Gruppe nützliche Fähigkeiten besitzt. Je mehr solcher differenzierten Fähigkeiten sich auf die Gruppe verteilen, umso größer wird ihre Durchsetzungskraft, ihre Überlebenschance – umsomehr kann sie der Art-

erhaltung schlechthin dienen. Arterhaltung, dem Überleben der Art zu dienen, ist das oberste und entscheidendste Prinzip des Lebens. Arterhaltung allein und dieses ihr Dienen ist der einzige und wirkliche Lebenszweck eines Individuums, ob es nun der Art Wolf oder der Art Mensch angehört.

Soziale Lebewesen haben daher neben dem auch wieder dem Überleben der Art dienenden Selbsterhaltungstrieb das Bedürfnis, Dinge zu tun, durch die sie nicht nur sich, sondern auch ihren sie umgebenden Artgenossen nützlich sein können. Entsprechend der unterschiedlichen Fähigkeiten, die jedes Individuum aufweist, wird die Chance einer Gruppe umso größer, je mehr solcher unterschiedlicher Fähigkeiten einander ergänzen können. Der überragende Erfolg der Menschheit beruht allein auf dieser Vielfältigkeit ihrer Individuen in Vergangenheit und Gegenwart. Eine derartige Vielfalt aber war nur durch die alle anderen Tiere weit übertreffende Gehirnentwicklung möglich.

Individualität bei Wölfen und unseren Hunden gibt es reichlich. Sie ist aber im Vergleich zum Menschen relativ gering, entsprechend dem weitaus kleineren Gehirn. Aber sie darf deswegen nicht übersehen werden.

Es geht nicht an, schematische Erziehungs- und Ausbildungsregeln für Hunde aufzustellen, durch die jede Individualität unterdrückt wird. Wer derartiges von seinem Hund verlangt, sollte lieber Berufssoldat werden. Wenn er genügend Großhirn besitzt, wird er merken, was es heißt, wie ein Hampelmann roboterartige Bewegungen im Paradeschritt zu vollführen; vielleicht merkt er dann, welcher Lächerlichkeit sich Menschen dabei preisgeben! Wo der Mensch seine Individualität aufgibt und zur Marionette wird, hat er nichts Menschliches mehr an sich – und wer derartiges von seinem Hund verlangt, verdient ebenfalls nicht, als Mensch bezeichnet zu werden. Ich meine damit jene seltsamen Zeitgenossen, die mit lauter Kommandostimme von ihren Hunden kasernenhofpreußischen Kadavergehorsam verlangen. Diese Bürger haben keine Ahnung davon, was ein Hund ist.

Wenn ich mir vorstelle, daß diese Sorte von Auchmenschen in der Steinzeit gelebt hätte, dann wäre es ganz bestimmt nicht zu der Freundschaft mit Wölfen gekommen, aus der einmal die Hunde hervorgehen sollten. Ich vermute eher, daß die Wölfe alles darangesetzt hätten, solche unangenehmen Lebewesen auszurotten.

Zum Glück gab es damals aber noch nicht diese extreme Form der Degeneration menschlicher Vernunft, wie sie für viele Militärs und Gebrauchshundeleute leider so charakteristisch ist. Da gleich eine Bemerkung: dieses Buch wird voraussichtlich zur selben Zeit erscheinen, wie das meines alten Studienfreundes Irenäus Eibl-Eibesfeldt, das bereits unter dem Titel: „Das riskierte Wesen – Zur Naturgeschichte menschlicher Unvernunft" angekündigt ist. Ich bitte darum, es zu lesen.

⌘ ⌘ ⌘

Zurück in die Steinzeit, in der Vernunft die Grundlage des Überlebens war, im Unterschied zur Gegenwart. Jene Vernunft, die offensichtlich die Bedeutung der individuellen Fähigkeiten zu schätzen wußte, nicht nur innerhalb der eigenen Gruppe, sondern auch bei den in der Gruppe lebenden Wölfen. Die Menschen haben ganz bestimmt sehr bald einen Blick dafür bekommen, daß jeder der kleinen Wolfswelpen so seine besonderen Eigenheiten hatte. Eigenheiten, die ein guter Beobachter – und gute Beobachter mußten die Menschen damals gewesen sein, wenn sie überleben wollten – schon in der dritten, vierten Lebenswoche bemerkte und über die er sich so seine Gedanken gemacht haben wird.

Ohne Dirk Neumann vorgreifen zu wollen – ich hoffe stark, daß er einmal seine persönlichen Erfahrungen mit Wölfen niederschreiben wird, darf ich mir erlauben seine Ergebnisse zu klauen und einige von mir selbst beobachteten Einzelheiten gemäß meinem eigenen Verständnis referieren. Ich besuchte ja seine Wolfsschule von Zeit zu Zeit, da ich sehr gespannt war, wie sich das entwickeln würde.

Eine der wichtigsten Feststellungen dabei war, daß jeder seiner Wölfe bereits von früher Jugend an anders aussah. Sie stammten aus verschiedenen Tiergärten und Wildparks und ihre Eltern oder Voreltern stammten teilweise aus verschiedenen Ursprungsländern. Wenn Wölfe aus Pakistan anders aussehen als die weißen Wölfe aus Alaska, ist das weiter nichts besonderes, das weiß man ja. Erstaunlich war auch nicht, daß Wölfe, die aus weniger nordischen und weniger südlichen Gebieten stammten, sich auf Dauer mit den genannten Vettern nicht vertragen wollten, was später, als sie größer wurden, immer häufiger zu Angriffen auf diese führte, schließlich zur Tötung. Die Wölfe aus Kanada und die sibirischen Wölfe kamen ganz gut miteinander zurecht, sie stammten wohl aus ähnlichen Lebensräumen und hatten dadurch ähnlichere Verhaltensweisen. Aber da waren drei Brüder aus den Rocky Mountains, die waren auch verschieden und man konnte sie ganz gut auseinanderhalten.

Davon war an sich schon die Rede; hier geht es um etwas, das die Individualität verdeutlicht. Jeder einzelne Wolf zeigte so ziemlich dieselbe Bereitschaft, etwas zu lernen, allerdings – jeder schien es vorzuziehen, etwas zu lernen, was die anderen nicht konnten. So war es für Neumann wohl am schwierigsten, sechs Wölfe dazu zu bringen, gleichzeitig auf sechs Podesten zu sitzen. Diese Gleichschalterei schienen sie überhaupt nicht zu schätzen. Dafür sprang aber der eine mit Begeisterung durch einen Reifen, und es machte ihm gar nichts aus, das ein zweites oder drittes Mal zu wiederholen, wenn ein Fotograph diesen Sprung aufnehmen wollte. Ein anderer Wolf lief über den Schwebebalken, drehte auf Befehl in der Mitte um, machte es nochmals, während ein weiterer wie ein Vogel am Ast, also quer auf dem Balken stand, darauf balancierte und den darübergehenden Wolf über sich steigen ließ.

Der nächste Wolf spielte „Pelzkragen", indem er sich quer über die Schultern Neumanns legte, und so führte Neumann dem staunenden Publikum noch weitere Attraktionen vor. Aber, und das ist das Entscheidende: jeder seiner Wölfe brachte nur eine solche „Nummer" und dachte nicht daran, zwei verschiedene Sachen zu lernen. Jeder war sozusagen ein Spezialist.

Natürlich hatte Neumann als die Wölfe noch Welpen waren und in der Manege spielten wie jeder gute Zirkusdompteur darauf geachtet, welche Bewegungsweisen die einzelnen Welpen besonders gern ausführten und wo so ihre Schwerpunkte lagen. Aber er hätte es auch ganz gern gesehen, wenn wenigstens einige noch ein zweites Kunststückchen gelernt hätten. Die aber dachten nicht daran. Ihnen genügte die unter Anleitung Neumanns erworbene Sonderfähigkeit, und dabei ließen sie es bewenden. Jeder in der ganzen Gruppe zeigte seine besondere Fähigkeit, beobachtete das, was die anderen machten und sie kannten die Reihenfolge. Jeder wußte, wann er drankam, und freute sich schon auf die mit der Übung verbundene Futterbelohnung.

Das erinnert mich an ein Experiment mit einem Schäferhund, der folgenden Spaß gelernt hatte: er durfte sich auf einen Stuhl setzen, sein Herrchen legte ihm ein Würstchen quer über den Nasenrücken und der Hund balancierte es da solange, bis er die Erlaubnis bekam, es zu fressen. Dann warf er es in die Luft und fing es zwischen den Zähnen auf. Nun setzte ich mich einmal an seiner Stelle auf diesen Stuhl und ließ mir von seinem Besitzer ebenso ein Wienerwürstchen quer über die Nase legen. Als der Hund, der die Szene beobachtet hatte, danach diese Nummer vorführen sollte, lehnte er das rundweg ab und schlich sich unter strikter Befehlsverweigerung aus dem Zimmer.

Wenn ich mir auch nicht sicher bin, ob man das mit dem individualistischen Verhalten der Neumann'schen Wölfe vollinhaltlich vergleichen kann – etwas ähnliches dürfte aber auch die Wölfe bewegen. Schließlich läuft so eine Vorführung in der Wolfsschule nur dadurch konsequent gleichförmig ab, weil jeder Wolf seine Aufgabe kennt, weiß, wann sie ausgeführt werden soll und sieht, was der andere macht. Somit betrachtet er das Ganze einfach als eine Art von Rudelaktion, bei der jeder einzelne individuell agiert. Die Tiere tun das nicht nur, weil Neumann es so will, sondern weil das jedem eine Sonderstellung in der Gruppe einräumt, die er wahrscheinlich mehr den anderen Wölfen und weniger Neumann demonstrieren will. Neumann ist gewissermaßen nur der Koordinator und Helfer – und natürlich der, aus dessen Händen die schmackhaften Fleischstückchen kommen.

Um das anders auszudrücken: jeder Wolf fühlt sich als eigenständiges Individuum, als Persönlichkeit. Er versucht sie bei diesen Vorführungen den anderen gegenüber durch die besondere Art seines Könnens zur Anschauung zu bringen. Ganz entschieden wäre es Neumann niemals möglich gewesen, diese bislang einmalige Wolfsschule bis zur vollendeten Zirkusreife zu führen, hätte er jemals versucht, mehr oder etwas anderes von den Wölfen erzwingen zu wollen, das sie nicht freiwillig zu tun bereit waren. Einmal war Neumann selbst gezwungen, etwas gegen den Willen eines seiner Wölfe zu tun – das hätte ihm beinahe das Leben gekostet.

Diese schmerzliche Erfahrung Neumanns hatte auch etwas mit Individualität zu tun, weswegen ich hier berichten will, wie es dazu kam. Es geht dabei um eine besondere Form von Individualität, die mit dem natürlichen Verhalten der Wölfe nur wenig zu tun hat. Beim Einfangen eines kleinen Welpen in seinem elterlichen Gehege war folgendes passiert: ihm wurde, ehe er gegriffen werden konnte, von einem der aufgescheuchten Altwölfe der Schneidezahnbogen des Unterkiefers komplett abgebissen. Das ist eine sehr schlimme Verletzung – aber Dirk Neumann ist ja nicht nur einfacher, sondern noch speziell ausgebildeter Wildtierarzt, und so heilte er diese schwere Verletzung des armen Welpen aus. Ich selbst habe ihm noch den Rat gegeben, das zu tun. Das war der schlechteste Rat, den ich jemals einem Menschen gegeben habe und ich fühle mich bis heute an dem, was dann passierte, ziemlich mitschuldig. Es war nämlich eben jener Wolf, ein großer, schwarzer Timber namens Timmy, der als Zweijähriger diese Samaritertat Dirks so übel „dankte"!

Hier die ganze Geschichte: Dirk pflegte ihn also gesund, was bedeutet, daß er sich um ihn viel mehr kümmern mußte als um die übrige Welpenschar. Natürlich ging er mit dem kranken Tierchen viel nachgiebiger um und war besonders rücksichtsvoll. Er konnte zwar die Wunde verheilen lassen – die sechs fehlenden Schneidezähne konnte er selbstverständlich nicht ersetzen, ebensowenig konnte er verhindern, daß einer der Fangzähne schräg und nach hinten gekrümmt auswuchs. Der Wolf Timmy aber muß seine dadurch vorgegebene Behinderung gespürt haben, die ihm unter den übrigen Gruppenmitgliedern Schwierigkeiten hätte bringen können. So war der kleine, heranwachsende Wolf bestrebt, seelisch gestützt durch seine Sonderbehandlung, seinen Artgenossen den Rang abzulaufen; dazu befähigte ihn auch der Umstand, daß er jenen kräftemäßig überlegen war. Er entwickelte sich zu einem besonders großen Wolf, und da er der einzige Schwarzwolf in der Gruppe war, so gefiel es Neu-

9

mann auch, ihn auf das höchste Postament zu stellen. So begann Timmy mehr und mehr, die anderen Genossen zu beherrschen, er schwang sich zum tyrannischen Chef der ganzen Gruppe auf. Wir dachten uns da noch nichts böses – einer mußte ja die Nummer eins sein. Wir fanden es in der Folge sogar noch amüsant, daß er während der Vorführung die Gewohnheit annahm, stets neben Neumann zu stehen; nicht nur das – er forderte sogar von ihm, daß auch er eine Futterbelohnung zu bekommen habe, sooft einer seiner Untertanen die seine erhalten hatte, ähnlich einem Agenten, der seine Prozente einkassiert. Eines Tages kam Neumann nicht gleich dazu, ihm diese Prozente zu verabreichen – worauf ihn Timmy kurzerhand mahnend kräftig in das Handgelenk biß.

Dirk Neumann ist hart im Nehmen. Von Rechts wegen hätte er Timmy eine knallen sollen, denn eine solche Respektlosigkeit ging entschieden zu weit. Aber vor dem Zaun am Besucherweg standen viele Zuschauer, darunter auch sicher viele, die es falsch verstanden hätten, wenn Dirk diesem respektlosen Timmy eine kräftige Ohrfeige gegeben hätte. Garantiert wäre am nächsten Tag in einer Zeitung gestanden, daß Neumann seine Wölfe über die Prügelstrafe zum Gehorsam zwingt! Man kennt solche Schlagzeilen. Also tat Neumann etwas, was er niemals hätte tun dürfen: nämlich nichts. Er verbiß den Schmerz, führte die Vorführung zuende, als wäre nichts geschehen und fuhr erst nachher ins Krankenhaus, um sich die Bißwunde versorgen zu lassen.

Damit aber fiel er wohl in den Augen Timmys – und vielleicht sogar in denen der anderen Wölfe,

denen das mit Sicherheit nicht verborgen geblieben sein konnte – die Treppe ganz tief herunter. Er hatte sich unwidersprochen von Timmy gewissermaßen züchtigen lassen! Und wenige Tage danach, als sich eine geeignete Gelegenheit ergab, wollte es Timmy nun ganz genau wissen. Als nämlich Neumann wie gewohnt am späten Abend um 23 Uhr herum seine Wölfe in der Manege um sich versammelte, um mit ihnen zu spielen, wollte Timmy nach diesem Spiel verhindern, daß Neumann Schluß machte, um die Tiere durch den Laufgang in ihr Blockhaus zu bringen. Er wollte nun auch Neumann unter sein Kommando bringen.

Das aber wollte Neumann nicht und wurde daraufhin außer von Timmy auch von dessen Gefolgschaft – also weiteren acht Wölfen – angegriffen. Er wurde zu Boden gerissen, umhergezerrt, rund vierzigmal gebissen. Dennoch gelang es ihm unter Opferung seiner Lederjacke, die Manege zu verlassen, ins Auto zu klettern und zum Parkplatz vor dem etwa 1000 m entfernten Gasthof zu fahren. Dort fand man ihn, bewußtlos und blutüberströmt und konnte ihn rechtzeitig in ein Krankenhaus bringen. Wäre das Gasthaus schon geschlossen gewesen, wäre er wohl verblutet, ohne das Bewußtsein wiederzuerlangen!

Es stellte sich dann aber heraus, daß alle diese Bißwunden hauptsächlich die Arme und Beine, die Schultern und den verlängerten Rücken betrafen – nicht das Gesicht, den Hals oder den Bauch. Das bedeutet, daß die Wölfe nicht die Absicht hatten, ihn zu töten. Hätten sie das nämlich gewollt, hätte Dirk keine Überlebenschancen gehabt, denn dann wäre wohl schon der erste Biß gegen den Hals gerichtet gewesen, und die Wölfe hätten ihm die Bauchdecke aufgerissen. So aber hatten sie „nur" das getan, was sie Artgenossen antun, die sie aus irgendeinem Grunde verprügeln wollen. Diese werden dann auch in Schultern, Vorder- und Hinterbeine gebissen, auch in den Hinterkopf im Bereich der Ohrgegend (wo auch Neumann einen Biß abbekommen hatte). Bei Wölfen ist aber die Haut dicker als beim Menschen, und überdies mindert das Fell die Bißwirkung. Wir kennen solche „Züchtigungen" aus unseren Wolfswinkler Gehegen.

Wie aus diesem Vorfall ersichtlich, ist die Persönlichkeitsstruktur eines Wolfes – genau wie die eines Hundes – nicht nur eine Frage dessen, was sie ihrem Erbgut verdankt, sondern weit mehr ein Ergebnis der in der Jugendzeit und späterhin gemachten Lebenserfahrungen. Das kann ich nicht oft genug betonen. Enthalten frühe Umwelteinflüsse negative Elemente, kommt es zwangsläufig zu Verhaltensstörungen, die, wie das Beispiel zeigt, lebensgefährlicher Natur sein können. Wölfe, die in der Hand des Menschen aufwachsen, und Wölfe, die im Sozialverband ihrer Eltern heranreifen, lassen sich nicht oder nur bedingt miteinander vergleichen. Sie verhalten sich je nachdem, wie gut oder schlecht die Menschen mit ihnen umgegangen sind. So kann es vorkommen, daß Gefangenschaftswölfe Menschen, ja sogar Kinder, töten – was Wildwölfe im Freileben niemals tun.

Das beweist uns wieder einmal mehr, daß es außerordentlich vernünftige Menschen gewesen sein müssen, die es geschafft hatten, so gut mit Wölfen zusammenzuleben, daß sie sich zu Hun-

den entwickeln konnten. Die bei ihnen geborenen Wölfe mußten dann gefühlt haben, daß es besser ist, bei und mit Menschen zu leben, als ein ungewisses Leben unter ihresgleichen abseits der starken und klugen Zweibeiner zu führen.

⌘ ⌘ ⌘

Es war schon immer mein Anliegen, die Bedeutung der ersten Lebenserfahrungen für das Wesen des künftigen Hundes klarzustellen. So habe ich in diesem Zusammenhang auch immer wieder, vor allem bei meinen Vorträgen, betont, daß eine Wesensprüfung zwar klarstellen kann, wieweit ein Hund – zum Beispiel als Jagdhund – verwendbar ist; daß sie aber niemals eine zuverlässige Aussage über den sogenannten Zuchtwert darstellt – es sei denn, ein Hund zeigt sich besonders wesensfest. In einem solchen Falle kann man sichergehen, daß der Hund nicht nur vernünftig gehalten und aufgezogen worden ist, sondern auch von Natur aus – also erbbedingt – gut veranlagt sein muß. Kann man doch auch bei noch so guter Führung aus einem angeborenermaßen nervenschwachen Hund keinen wesensfesten Hund machen.

Aber es gibt mehr als genug Hunde, die zwar eine ausgezeichnete wesensmäßige Veranlagung erblich mitbekommen haben, die aber dann entweder wegen mangelnder Betreuung durch den Züchter oder durch schlechte Behandlung seitens des Erwerbers bei der Wesensprüfung völlig versagen! Gemäß einer an sich richtigen Zuchtordnung dürfen Hunde, die sich bei der Wesensprüfung schlecht zeigen, nicht zur Zucht verwendet werden. Will man doch nur mit wesensfesten Hunden züchten, deren Erbgut erhalten und weitergeben. So gut, so schön; wenn aber nun unnötigerweise zu viele Hunde aus den obenerwähnten Gründen aus der Zucht ausgeschlossen werden, geht wertvollstes Erbgut unwiederbringlich verloren!

Hierin besteht eine große Gefahr für die Rassehundezucht. Selektion ist gut und notwendig, sie wird aber zu einem Bumerang, wenn brauchbares Erbmaterial leichtfertig der jeweiligen Rasse vorenthalten wird. Die hiermit verbundene Verlustrate an Allelen führt zu einer Einengung des Erbgutes, die unweigerlich in Degeneration mündet. Diese von allen Vererbungsforschern betonte Gefahr besteht am deutlichsten bei den sogenannten „Schaurassen", jenen Ausstellungshunden, für die es keine besonderen Leistungsprüfungen gibt. Sie werden in einem hohen Maße nur nach phänotypischen Merkmalen bewertet. Nach dem äußeren Erscheinungsbild also, das vielfach durch besondere Maßnahmen wie Trimmen, Pudern und ähnlichem Unsinn, regelrecht „auffrisiert" wird, damit sich der Hund vor dem Auge des Richters besonders „schön zeigt". Es ist hier noch nicht der Ort, um auf alle diese unbiologischen, die Rassedegeneration fördernden Maßnahmen einzugehen, zu denen ja als Gipfel des Betruges noch die bekannten „Schönheitsoperationen" gehören, mit denen der Richter getäuscht wird. Hier geht es vielmehr um die psychischen Fähigkeiten eines Hundes, die auf Ausstellungen ohnehin nicht geprüft werden. Hier kann ein phlegmatischer, unintelligenter Hund oft leichter bestehen, da er als gutmütiger Trottel den ganzen Show-Zirkus gelassen über sich ergehen läßt. Ein Wolf,

auch wenn er handaufgezogen ist, würde dabei mit Sicherheit durchdrehen, möglicherweise sogar einem Herzschlag erliegen.

Leider ist es aber so, daß man einem erwachsenen Hund nicht ansehen kann, ob seine bei der Prüfung erkannte Wesensschwäche angeboren ist oder nicht. Nur der Züchter könnte Auskunft geben – falls er ein scharf beobachtender Züchter ist, wenn er mitreden dürfte und wenn er die Wahrheit sagte. Er weiß nämlich, welche seiner Welpen von Natur aus wesensstark waren, und er könnte den Käufer bloßstellen: Wesensfestigkeit und andere psychischen Besonderheiten zeigen sich nämlich schon vor der achten Lebenswoche; also kann er beurteilen, ob der Hundehalter richtig oder falsch mit dem Junghund umgegangen ist.

Daher versuchen Züchter, denen an ihren Hunden wirklich etwas gelegen ist, mit den Welpenkäufern in Kontakt zu bleiben, um die weitere Entwicklung ihrer Welpen verfolgen und beurteilen zu können. Das ist auch für eine künftige Zuchtplanung von großer Wichtigkeit, vor allem dann, wenn es sich um Hunde handelt, bei denen die psychischen Fähigkeiten neben der körperlichen Leistungsfähigkeit eine besondere Rolle spielen.

Im Grunde genommen sollte das Wesen bei allen Hunden – nicht nur bei den sogenannten Gebrauchshunden – in Ordnung sein. Anders herum: Hunde sollten immer Hunde bleiben, egal, ob es sich um Chihuahuas oder um Irische Wolfshunde handelt. Stumpfsinnige Sofahunde ohne eigenen Willen und ohne jede psychische Regung dürfen nie das Ziel einer Hundezucht sein!

Nun schließt sich hier naturgemäß die oft gestellte Frage an, wie man denn bei einem acht Wochen alten oder noch jüngeren Hund erkennen kann, wie sein psychischer Zuschnitt, sein Wesen tatsächlich beschaffen ist. Gibt es eine Möglichkeit, dies aussagekräftig etwa über bestimmte Testverfahren zu beurteilen?

Grundsätzlich würde ich sagen, daß eine sorgfältige Beobachtung des Verhaltens der Welpen ab der Übergangsphase, also so vom 16. Lebenstag an, genügen müßte. Man sieht dann während der Spielphasen und zu anderen Gelegenheiten, wie sich jeder einzelne Welpe zu seinen Geschwistern, seiner Mutter, einem etwaigen weiteren Althund, und zu vertrauten, beziehungsweise fremden Menschen verhält. Gute Züchter nehmen sich diese Mühe und leisten sich den hierfür notwendigen Zeitaufwand. Besonders fleißige Züchter notieren alles, was sie beobachten, und sie fotographieren, was immer möglich ist, und wer es ganz hundertprozentig machen will, greift sogar zur Videokamera, dem idealsten Hilfsmittel, das es heute gibt! Verhaltensstudien, auf Band jederzeit abrufbar und wiederholbar, sind der ideale Weg, jeden einzelnen Welpen anlagemäßig zu beurteilen. So sollte die Video-Kamera zur Grundausstattung jedes Züchters gehören!

Nicht jeder ist ein Konrad Lorenz, der nichts anderes zeitlebens verwendet hat als Notizblock und Bleistift – und seine Augen! Solche Augen – hinter denen natürlich ein besonders leistungsfähiges Gehirn stehen muß – sind nun einmal nicht jedermanns Sache. Aber die Video-Kamera kann sie ersetzen, vor allem, weil man den flüchtigen Moment festhalten und reproduzierbar machen

kann. Eine mehrfache Wiederholung einzelner Details, vielleicht auch noch in Zeitlupe und Einzelbildschaltung ersetzt dann auch weitgehend überragende Schnelldenkerfähigkeiten.

So wurden mir selbst erst dann viele Einzelheiten klar, die ich bislang übersehen hatte, als ich meine ersten Videofilme analysierte. In den knapp fünf Jahren, in denen ich mit diesem so einfach zu handhabenden Hilfsmittel arbeite, habe ich mehr über meine Hunde erfahren als in den vorangegangenen 15 Jahren! Vor allem wenn ich vergleiche, was aus den von mir gefilmten Welpen heute geworden ist, da sie längst voll erwachsen teilweise selbst wieder Würfe aufziehen. Allerdings kommt bei mir ein gewisses Handicap dazu: ich habe inzwischen derartig viel Material, das sich außerdem stetig vermehrt, daß ich kaum noch in der Lage bin, es allein auszuwerten, sondern die Hauptzeit darauf verwende, es ordentlich zu archivieren. 60 bis 70 Hunde, deren filmisch mehr oder weniger komplett über fünf Jahre hin aufgezeichneten Lebensläufe durchzuarbeiten, ist für eine Einzelperson undurchführbar.

Für den Züchter, der alle Jahre ein oder zwei Würfe aufzieht, ergibt sich allerdings die ideale Möglichkeit des sorgfältigen Vergleichs. Er sieht dann ganz genau, wie das Verhältnis der Geschwister untereinander ist und kann dies mit Aufnahmen früherer Würfe vergleichen. Er kann dann ganz genau sehen, wie sich Individualitäten in den frühen Lebenswochen entwickeln und wird, wenn er sich einmal eingesehen hat, aus dem Staunen nicht herauskommen, wie unterschiedlich jeder Wurf ausfällt, auch wenn er vom selben Elternpaar stammt. Er wird am Ende feststellen, daß von den 45 oder 50 Welpen, die seine Hündin Zeit ihres Lebens gebracht hat, keine zwei wirklich identisch waren, sondern daß es sich um ebensoviele eigenständige, unverwechselbare Individuen gehandelt hat.

Für mich ist dies einer der Hauptgründe, warum ich „Rezepten" nicht so recht traue, gleich, ob es sich um Ernährungsfragen, wie gehabt, oder um Erziehungsfragen oder gar Fragen der Ausbildung handelt. Man kann zwar durchaus gewisse Grundsätze genereller Natur aufstellen, also etwa, daß man seinen Hund nicht zum Fresser erziehen soll, oder daß man einen Hund ausschließlich dann und nur dann strafen darf, wenn er ein ihm schon bekanntes Verbot mehrfach übertreten hat und man ihn in flagranti dabei ertappt. Derartiges gilt für alle Hunde der Welt. Aber sonst, sozusagen für die höheren Ansprüche, bedarf jeder einzelne Hund ein abgestimmtes Eingehen auf seine Individualität.

Dabei zeigt es sich aber in oft erstaunlicher Deutlichkeit, daß es hier viel zu wenig beachtete Grenzen gibt. Wir Menschen sind nämlich nicht minder unterschiedliche Individualitäten, und daher gibt es das Phänomen, daß man mit dem einen Hund ganz hervorragend zusammenfindet, mit dem anderen aber nicht. Gibt man dann den letzteren jemanden, der anders ist, kann das zur idealen Harmonie zwischen Mensch und Hund führen. Es ist halt wie beim Heiraten!

So liegt es auch an der Menschenkenntnis eines guten Züchters, welchen seiner Welpen er welcher Person anvertraut – was natürlich eine Aufgabe ist, die sich leichter fordern läßt als sie

durchgeführt werden kann. Dennoch liegt der Fall nicht ganz hoffnungslos. Wer Konrad Lorenz' „So kam der Mensch auf den Hund" gelesen hat, wird sich erinnern, daß er für den rangniedersten Welpen plädierte, weil der froh sein wird, wenn er von seinen rücksichtslosen Geschwistern weg und in die liebevolle Geborgenheit einer menschlichen Familie kommt.

Umgekehrt schrieb ich einmal, daß ich mir den Welpen aussuchen würde, der als erster zu mir kommt, wenn ich mit der Welpenschar konfrontiert werde. Ich bleibe bei dieser Aussage, füge ihr jedoch heute noch hinzu, daß ich von diesem Welpen erwarte, daß er, ehe er kommt, erst einmal kurz prüfend mich beäugte und beschnupperte. Es gibt nämlich auch Welpen, die dumm-dreist angewatschelt kommen, meist wohl noch in der Hoffnung, daß es da was zu fressen geben könnte. Oder, was auch sein könnte, beim Menschen, egal wer es auch ist, vielleicht Schutz vor den Grobheiten der Geschwister suchen. Nein, ich meine den intelligenten Hund, der erst prüft, und dann handelt. Wenn der als erster kommt, und dann erst die anderen, weiß ich, daß er der Anführer seiner Geschwister ist und zu dem werden kann, was man einen „Kopfhund" nennt.

Es geht jedoch gar nicht um die Frage, wer nun Recht hat, sondern viel mehr darum, was man von einem Hund erwartet und wie man sich das künftige Zusammenleben vorstellt. Konrad Lorenz dachte nicht an Jagdhunde oder an Polizeihunde. Er dachte an den netten, aufgeschlossenen, vielleicht ein wenig verschmusten Familienhund, mit leichter Hand lenkbar und mit allem zufrieden. Wer das will hält sich besser an den Altmeister der Verhaltensforschung.

Wer aber von seinem Hund irgendwelche besonderen Leistungen erwartet, kann mir folgen. Er weiß natürlich dann auch, so hoffe ich, daß er einem solchen Hund ganz anders gegenübertreten muß. Hat dieser doch noch so etwas gewisses aus seiner Wolfsahnenschaft in sich, muß man das würdigen, will man mit ihm zu besonderen Leistungen gelangen. Es ist verdammt schwer, einen solchen Hund zu überzeugen, daß man der Klügere ist. Nur wenn ein solcher Hund das vollinhaltlich glauben kann, wird er sein Bestes geben – und das wird dann sehr viel sein. Bei solchen Hunden taucht dann in der Regel auch stets wieder das Wort vom „Rudelführer" auf; man sagt, man muß ihm zeigen, daß man der Herr im Hause ist.

Hier stehen wir wieder vor diesem unseligen Rangbegriff. Es scheint, daß man bei uns ohne das Wort „Führer" nicht mehr auskommt. Wie ich schon früher betonte: es gibt keinen Rudelführer, es gibt nur die Älteren, die man als Jüngerer respektiert, weil sie mehr Lebenserfahrung haben. Ein Hund folgt uns freiwillig, weil er Vertrauen zu uns hat, wenn er als Welpe und Junghund die Erfahrung machen durfte, daß er von uns lernen konnte. Dann wird er auch bereit sein, stetig weiterzulernen. Aber er betrachtet uns nicht als Rudelführer, nicht als Herrn und Gebieter, nicht als Beherrscher, dem er sich unterwirft.

Verlangen wir das von ihm – was mit entsprechendem Druck möglich ist, dann wird er zwar auch folgen, wird sogar seine Prüfungen absolvieren – aber er tut es, weil er sich nicht anders zu helfen weiß. Mancher Hund folgt dann aus Angst, mancher aus Klugheit. Beides aber ist für den Hundehalter, der sich derart unsachgemäß verhält, gefährlich. Der Hund, der aus Angst folgt, wird eines Tages seine Ohnmacht am schwächsten Glied der Familie auslassen, vielleicht sogar an Personen, die nicht zur Familie gehören. Man kennt den Begriff des Angstbeißers zur Genüge. Der kluge Hund macht es anders. Er wartet auf eine Situation, in der er zupacken kann; er greift dann den eingebildeten Rudelführer an und revanchiert sich für die erlittene Behandlung.

Der Kopfhund ist ein Hund, der als Persönlichkeit gewürdigt werden will. Er dient nicht, weil er muß, sondern weil er will, weil er die Erfahrung gemacht hat, daß dies ein befriedigender Weg ist, das Leben zu gestalten. Die Urmenschen müssen das genau gewußt haben, und vermutlich hat man das in den vergangenen Jahrtausenden immer noch gewußt. Es blieb nur dem zwanzigsten Jahrhundert vorbehalten, dieses Wissen weithin zu ignorieren; sicher hängt das mit dem Verfall menschlicher Vernunft zusammen. Jenem Verfall, der es auch bewirkt hat, daß der natürliche Haushalt, das biologische Gleichgewicht unserer Erde gerade zusammenbricht. Die Mißachtung der wahren Werte des Lebens macht Menschen auch blind gegenüber den inneren Werten der sie umgebenden Lebewesen, was unsere Hunde wohl am schwersten zu spüren bekommen. Im Zeitalter der elektronisch steuerbaren Maschinen will man nicht mehr begreifen, daß Hunde nicht auch wie jene programmiert sind und auf Knopfdruck reagieren. Alle Regungen eines eigenen Willens sind unerwünscht und müssen „korrigiert" werden. So kommt es auch, daß es immer mehr Menschen gibt, die glauben, daß ein „ausgebildeter Schutzhund" so eine vorprogrammierte Maschine ist, die automatisch alles tut, was ihrem Computer eingegeben worden ist. Erstaunlich ist nur die Skrupellosigkeit solcher Hunde-Dresseure, die ihre „Ware" in Tageszeitungen anpreisen. Erstaunlich auch die Naivität jener Beamten, die meinen, daß nur ein Hund, der von fremder Hand durch die erste Schutzhundprüfung geführt wurde, für den Polizeidienst geeignet sei . . .

Aber wir sprachen bislang nur von den beiden Extremen, nämlich dem „Omega"- und dem „Alpha"-Tier innerhalb der Welpengruppe. Was ist wohl mit den übrigen Welpen? Eine Frage, die sofort wieder eine numerische Rangfolge vorgaukelt, weil wir, deren ganzes Leben nur aus Zahlen besteht, überhaupt nicht mehr anders denken können. Es ist doch so: unser Geburtsdatum begleitet uns bis zum Datum unseres Todes, und dazwischen zählen und feiern wir die aufeinanderfolgenden Jahre unseres Lebens. Der Personalausweis hat eine Nummer, der Reisepaß auch, natürlich auch der Geburtsschein und die Sterbeurkunde. Wir schauen auf die Uhr, und wir zählen das Geld. Wir bringen alles in eine Reihenfolge und sind das Zählen so gewohnt, daß wir auch mitzählen, wenn wir den Wasserhahn tropfen hören.

„Die Phi Tong Luang besitzen keine Zahlworte und keine Ausdrücke, die unserem Paar, Dutzend oder Schock entsprechen", schreibt Bernatzik, „und kennen nur den Begriff viel = nakobe und wenig = neremoy." Die Leute wissen auch nicht, wie alt sie sind. „Sogar Mütter konnten das Alter ihrer Säuglinge in keiner Weise angeben."

Für uns ist derartiges geradezu unvorstellbar, daß Menschen ohne die Fähigkeit des Zählens überhaupt existieren können. Aber jeder von uns hat einmal ohne diese Fähigkeit leben können – und das sogar recht gut. Die meisten werden sich daran nicht mehr erinnern, oder sie hatten Eltern, die es nicht erwarten konnten und daher versuchten, ihnen das Zählen beizubringen, ehe sie noch richtig sprechen konnten. Mir war das immer lästig, vor allem dann, als man mit diesen Zahlen auch noch rechnen mußte. Jedenfalls habe ich die Erfindung des Taschenrechners sehr begrüßt.

Hunde sind wie Urmenschen und Kleinkinder. Sie können auch nicht zählen. Das läßt sich sehr leicht feststellen, wenn man einer säugenden Hündin sagen wir drei Welpen, Stück für Stück, aus dem Lager nimmt. Sie wird winseln und ihre Welpen von uns zurückverlangen. Wenn wir ihr nun einen zurückgeben, die beiden anderen aber so wegschaffen, daß sie nichts von ihnen bemerken kann, wird sie diesen Betrug nicht durchschauen. Sie beleckt den rückerstatteten Welpen und ist zufrieden.

Wer nicht zählen kann, hat auch keinen Wertbegriff. Welpen untereinander haben auch keinen. Auch dann nicht, wenn sie sich bei der Fütterung ausgesprochen unsozial verhalten und die Stärksten die Schwächeren wegdrängen. Wenn dieses Verhalten unzweckmäßig wäre, also im Sinne einer Arterhaltungstendenz schädigend, gäbe es das nicht. Der Konkurrenzstreit am Futter schafft mit zunehmender Reifung des Gehirns Erfahrungen, die später einmal recht nützlich sein können. Zumindest lernen sie, daß der ganze Streit ums Futter am Ende doch nichts bringt, wenn genug Futter da ist. Bekommt man nicht das eine Stück, dann holt man sich eben ein anderes. In der Natur kann das allerdings gelegentlich als Auslesefaktor eine für das Überleben der Art wichtige Rolle spielen, dann nämlich, wenn die Alttiere nicht genügend Futter heranschaffen können. Das kommt bei Wölfen in Dürrejahren, wenn der Bestand an Pflanzenfressern dezimiert wurde, schon mal vor. Dann wäre es auch sehr unzweckmäßig, wenn alle Welpen hochkämen. Es gäbe dann soviel Wölfe, daß sie auch noch die weniger gewordenen Pflanzenfresser so stark dezimieren würden, daß sich deren Bestand über lange Zeiten hinweg nicht mehr regenerieren könnte. So herrscht zwischen der Kopfzahl der Beutetiere und der Kopfzahl der Beutegreifer in der Natur immer ein das Überleben beider Arten sicherndes Gleichgewicht. Anders als bei uns Menschen, die wir uns grenzenlos vermehren, ohne zu bedenken, daß wir dadurch die naturgegebenen Ernährungsgrundlagen – die Ressourcen, wie man das heute nennt – unwiederbringlich zerstören. So unvernünftig handelt die Natur nicht.

Natürlich denkt man zuerst, daß im Falle einer Hungersnot nur die stärksten überleben werden, die Welpen also, welche sozusagen die kräftigsten Ellenbogen haben. Kraftmeierische Methoden sind allerdings, im Gegensatz zur Mentalität vieler Zeitgenossen, in der Natur nicht besonders gefragt. Die Natur schätzt andere Werte. Sie verlangt von ihren Individuen zunächst ein Erbgut, das körperliche Fitness bewirkt. Das hat weit mehr mit Gesundheit zu tun als mit Muskelkraft. Ebenso verlangt sie desweiteren eine mentale Gesundheit. Beim Wolf ist da Umweltoffenheit, Schlauheit und in erster Linie psychische Anpassungsfähigkeit gefordert.

So wird in einem Wolfswurf nicht der größte und kraftvollste Welpe überleben. Man bedenke: gerade der braucht mehr Nahrung, um seinen Körper gesund zu erhalten. Es wird vielmehr der die größten Überlebenschancen haben, der es versteht, da noch etwas Genießbares aufzuspüren, wo kein anderer darangekommen ist. Ich kann es nicht so ohne weiteres beweisen, aber es gibt für mich Anzeichen, daß es wahrscheinlich einer von den Welpen sein wird, der bislang gar nicht so besonders aufgefallen war. Also nicht unbedingt der, aus dem einmal ein Kopfhund hätte werden können, wenngleich dessen Überlebenswahrscheinlichkeit naturgemäß am größten sein dürfte. Diese Einschränkung glaube ich deswegen machen zu können, weil wir wissen, daß sich keines der Geschwister darum reißt, unbedingt die Hauptrolle zu spielen, da sie eine undankbare Aufgabe ist.

⌘ ⌘ ⌘

Wie wenig ein Hundeleben mit Muskelkraft zu tun hat, möchte ich hier an einem Beispiel demonstrieren. Dabei kommen wir auch auf die Frage von Welpentests zu sprechen. Solche konnte ich durchführen, als ein angehender Tierheilpraktiker, der ein halbes Jahr bei uns wohnte, um sich mit dem natürlichen Verhalten von Hunden vertraut zu machen, tatkräftig mithalf.

Es handelte sich dabei um einen siebenköpfigen Wurf nach einer Wurfgeschwister-Verpaarung. Diese wieder stammten väterlicherseits von einem reinblütigen, sehr kräftigen Saluki (persischer Windhund) und einer Hündin, deren Groß-eltern mütterlicherseits ein Irish Wolfhound und eine vermutlich aus China stammende Wölfin, und deren Vater ein reinblütiger Schäferhund waren. Nachdem wir die Geburt dieser Inzestwelpen mit unseren Videokameras verfolgt hatten und sehen konnten, daß alle von Anfang an sehr aktiv waren, führten wir an deren dritten Lebenstag den ersten „Biotonus-Test" durch.

Für diejenigen Leser, die meine früheren Bücher nicht kennen, sei er kurz erklärt: Es handelt sich dabei um eine Beurteilung der individuellen Aktivi-tät. Um sie so genau als möglich erfassen zu können, verwendet man dazu ein quadratisches Brett von etwa 70 Zentimeter Seitenlänge, das man unterteilt hat. Entweder zeichnet man sech-zehn Quadrate ein, oder eine beliebige Anzahl konzentrischer Kreise (letzteres kommt der Be-wegungsweise der Welpen entgegen, da sie sich in den ersten vierzehn Lebenstagen nicht geradli-nig, sondern durch Kriechen im Kreise fortbewe-gen; in der Lagermulde verhindert das, daß sie abhanden kommen). Man kann sich nun für jeden Welpen ein verkleinertes Abbild dieser Flächen-einteilung anfertigen, auf dem man dann einträgt, wieviel er sich, vier Minuten lang alleingelassen auf dem Brett, in dessen Mittelpunkt man ihn hingelegt hat, umherbewegt. Je mehr er sich be-wegt, umso aktiver ist er. Anhand dieser Einzeich-nung kann man dann die Aktivität der einzelnen Welpen vergleichen und bewerten. Naheliegend, daß die aktivsten auch die gesündesten Welpen sein werden.

Man kann es auch so machen wie wir damals; wir hatten nämlich senkrecht über diesem Testbrett eine Videokamera montiert, wodurch wir die Mög-lichkeit hatten, sozusagen jede kleinste Regung im Detail festzuhalten. Wir filmten also jeden Wel-pen vier Minuten lang auf dem Testbrett und schauten uns dann die Aufnahmen genau an. Wie das bei sehr gesunden Hunden so üblich ist, fanden wir allerdings keine bemerkenswerten Un-terschiede unter den sieben Welpen heraus.

Also wiederholten wir drei Tage danach – am sechsten Lebenstag – den Test in derselben Wei-se. Abermals konnten wir uns nicht darüber schlüssig werden, ob es aussagekräftige Unter-schiede gibt. Drei Tage danach wiederholten wir das erneut, und nochmals drei Tage später wie-derum, also letztmals am 12. Lebenstag, an dem einige bereits die Augenwinkel offen hatten, noch nicht die ganzen Lider, die sich erst am nächsten Tag ganz vorschriftsmäßig öffneten.

Nun hatten wir also vier Biotonustests von diesen sieben Welpen zu je 28 Minuten, was mein Ta-schenrechner auf 112 Minuten addiert, also auf zwei Stunden Videoband, denn es kommen ja noch einige Minuten Aufnahmen von den vier Datumszetteln dazu. Viel konnten wir dennoch nicht feststellen; nur zwei Welpen fielen uns dann doch auf. Einer, der geringfügig weniger aktiv war als seine Geschwister, und ein besonders kräfti-ger, der größte im Wurf, dessen Fell ein wenig die irische Ahnenschaft erkennen ließ. Beide waren nicht schwarz wie ihre Geschwister, sondern braun. Der große Bursche war zwar durchaus aktiv, aber seine Bewegungen wirkten plumper, ungeschickter, er überrollte sich sogar.
Als die Welpen vier Wochen auf den Tag genau waren, machten wir einen anderen Test. Wir stell-

ten eine 60 Zentimeter hohe Plastiktonne auf, wie sie die Metzger im Schlachthof zur Beseitigung der Abfälle verwenden. Senkrecht darüber wieder die Kamera, um alles festzuhalten. Jeder Welpe wurde nun vier Minuten lang in diese Tonne gesetzt. Natürlich konnten uns die Kerle sehen. Ich muß ergänzen, daß wir mit ihnen sehr viel Kontakt hatten, täglich oft mehrere Stunden, und sie daher überaus vertraut waren. Bis auf einen – unseren „Dicken" – der uns beim Biotonustest schon aufgefallen war. Er war nämlich zurückhaltender als seine Geschwister, und wurde später sogar, im Gegensatz zu allen anderen, ausgesprochen scheu. Bei diesem Test nun zeigte er ein ungewöhnliches Verhalten. Während seine Geschwister sehr bald ihre Bemühungen, irgendwie aus der Tonne herauszukommen, aufgaben und durch Kläffen und Winseln, das stets auf jene Person gerichtet war, die sie gerade erblicken konnten, unsere Hilfe forderten, dachte der gar nicht an so etwas. Er wollte aus der Tonne heraus, und zwar allein mit seiner Kraft. Als ihm das nicht gleich gelang, wurde er unverkennbar wütend und warf sich mit aller Kraft gegen die Wandung und setzte die ganzen vier Minuten lang alle seine Körperkräfte ein, mit ausgesprochen wuterfüllter Verbissenheit.

Es erübrigt sich, hierzu viel zu sagen. Aber wir machten noch einen Test, den ich aus einem unveröffentlichten Manuskript der amerikanischen Psychologen Fuller und Scott kannte. Hierfür bauten wir aus drei Rigipsplatten von je 2 Meter Seitenlänge folgende Anordnung auf: eine Frontplatte wurde der Länge nach senkrecht auf den Wiesenboden des Welpenauslaufes aufgestellt, flankiert von je einer Seitenplatte, die beiden Plat-

ten nach hinten zu etwas auseinanderweichend. In die Frontplatte hatten wir in Kopfhöhe der Welpen ein rechteckiges Fenster geschnitten, durch das wir einen Gitterkorb, wie er in Supermärkten verwendet wird, so durchsteckten, daß der Korb nach außen kam. Vor diesem wieder legten wir, gut sichtbar, einen größeren Futterbrocken hin, aber so weit entfernt, daß er mit der durch den Korb gestreckten Pfote nicht erreicht werden konnte. – Es handelte sich also um einen Umwegversuch. Es ging darum festzustellen, wie lange jeder Welpe benötigt, um herauszufinden, daß er das Futter nur erreichen kann, wenn er um eine der beiden Seitenwände herumläuft. Das ist sicher eine Frage der Intelligenz.

Der Versuch wurde am 49. Lebenstag der Welpen durchgeführt und zwar am Nachmittag. Die Welpen sollten auch ein wenig hungrig sein, weswegen wir sie am Morgen, wie sonst üblich, nicht gefüttert hatten. Jeder Welpe wurde nun isoliert aus der Box geholt und hinter das Korbfenster so hingesetzt, daß er möglichst schnell das draußen liegende Futter sehen konnte. Sohn Karl filmte von draußen, also von der Futterseite, und ich filmte von hinten her, um das Hinsetzen der Welpen im Bild zu haben. Beide waren wir etwa zehn Meter von der Frontplatte entfernt. Ein Helfer setzte nun einen Welpen nach dem anderen hin, während wir die Kameras laufen ließen.

Das Ergebnis war wirklich interessant. Vier Welpen hatten keine Probleme. Sie versuchten kurz, durch den Korb an das Futter zu gelangen, erkannten die Aussichtslosigkeit ihres Bemühens nach 15 bis 30 Sekunden, beschnupperten und beäugten dann mehr oder minder lang die Wände, um endlich ganz zielstrebig um diese herum und zum Futter zu laufen. Keiner brauchte länger als 1,5 bis 2 Minuten. – Zwei Welpen bemühten sich kurz, drehten dann entschlossen um und kamen gewissermaßen hilfesuchend zur Kamera, wo der Helfer und ich standen. Sie mußten wieder zurückgesetzt werden. Einer fand dann ziemlich schnell den richtigen Weg, der andere probierte es nochmals bei uns, ehe er erkannte, daß er sich selber helfen müsse, und den Umweg lief.

Nun wieder unser Muskelprotz – der wollte es natürlich genau wissen, ob man nicht diesen Korb oder diese dumme Wand beseitigen könne und setzte hierzu mit zunehmendem Groll Krallen und Zähne ein . . . er geiferte richtig vor Ärger über dieses widerliche Hindernis . . . ja, und so trugen wir ihn nach zehn Minuten weg – er hatte die Wand schon ziemlich stark beschädigt!

Der eine hat's eben in den Armen, der andere im Kopf! Das ist offenbar auch unter Hunden nicht anders, selbst wenn sie einen Wolfsahnen haben. Damit ist aber auch noch nicht alles gesagt. Die Geschichte geht noch weiter.

Test haben wir keinen mehr gemacht, hielten aber im Film die besondere Scheu des so starken Junghundes fest. Dann, eines Tages, passierte ein schlimmes Unglück. Unser Studiengast praktizierte damals mehrmals in der Woche bei einer Tierärztin, und es ist denkbar, daß er daher die bislang bei uns unbekannte Parvovirose mitgebracht hatte. Zumindest war es so, daß die Welpen – mit denen er sich ja besonders viel abgegeben hatte – allesamt von dieser Virusinfektion befallen wurden. Die sofort eingeleiteten, ziemlich

aufwendigen Gegenmaßnahmen brachten nur den halben Erfolg: nur drei von den sieben Hunden konnten gerettet werden. Vier starben in den folgenden Tagen, der eine früher, der andere später. Der erste war jener so besonders kräftige Hund!

⌘ ⌘ ⌘

Noch ein Wort zur „Katzenseuche", wie die Parvovirose auch genannt wird. Wir haben in unseren Anlagen keine Möglichkeiten, irgendwelche Maßnahmen durchzuführen, um die anderen Hunde vor dieser eingeschleppten Krankheit zu bewahren. Es sind drei Jahre vergangen – wir hatten nichts mehr mit Parvovirose zu tun, und die drei geretteten Hunde leben bis heute in bester Gesundheit bei uns. Wir haben noch andere Inzestlinien hier, die wir für besonders gefährdet hielten. Aber auch sie wurden nicht infiziert. Bei unserer naturnahen Hundehaltung scheint also die Verbreitung einer einmal eingeschleppten Infektionskrankheit wenig Chancen zu haben.

Ich vermute sogar, daß eingedenk der Tatsache, daß bei uns Hundegenerationen herangewachsen sind, die eine natürliche Resistenz gegen Infektionen aller Art haben, eine etwaige geringfügige Verbreitung der Parvoviroseerreger das Immunitätssystem nunmehr auch gegen diesen bei uns bislang unbekannt gewesenen Virus Antikörper ausbilden läßt.

Ich möchte noch ein wenig bei diesem Thema bleiben. Die Immunitätsforschung hat in den letzten Jahrzehnten außerordentliche Fortschritte gemacht, vor allem angeregt durch die Schwierigkeiten, die sich ursprünglich bei den Versuchen zur Organübertragung herausstellten. Es steht mir nicht zu, über die Ergebnisse dieser Forschungen zu referieren, aber ich möchte es nicht versäumen, in diesem Zusammenhang auf unser eigenes Fehlverhalten einzugehen.

Hierzu nur dies: Neugeborene, ob Mensch oder Hund oder sonst ein Säugetier, besitzen unterhalb der ersten Brustbeinabschnitte ein Organ, das man früher einmal für eine Wachstumsdrüse gehalten hatte, von dem man aber inzwischen weiß, daß es dem Immunitätssystem angehört. Es ist der Thymus. Er wächst noch in den ersten Lebenswochen, kommt dann zum Stillstand und wird später nach und nach zurückgebildet. Beim Hund ist im Alter von einem Jahr normalerweise von diesem Organ nichts mehr zu sehen. Das bedeutet, daß der Thymus für die frühe Jugendentwicklung von besonderer Bedeutung ist. Nur mit Hilfe dieses Organs ist nämlich der Welpe in der Lage, von außen kommende Krankheitserreger so zu erfassen, daß er spezifische Antikörper gegen sie entwickeln kann. Er bekommt zwar von der Mutterhündin, vor allem über die Milch, spezifische Abwehrstoffe mit, aber er muß mit Hilfe des Thymus noch ein zusätzliches Abwehrsystem ausbilden. Je mehr unterschiedliche Erreger von ihm aufgenommen werden, um so mehr unterschiedliche Antikörper kann er bilden. Es ist bekannt, daß für jeden Erregertyp eigene Antikörper angelegt werden, die dann im Bedarfsfalle, wenn der Hund erwachsen wird, beliebig vermehrt werden können, wenn eine starke Infektion stattfinden sollte. Ist der Hund erwachsen und hat er mit einem bestimmten Erregertyp in seiner Kindheit niemals Bekanntschaft gemacht, so kann er gegen diesen im Ernstfalle keine Antikörper entwickeln. Er wird krank.

Ganze Völkerstämme sind schon durch für uns inzwischen so harmlose Krankheiten wie Masern oder Scharlach dahingerafft worden, nachdem sie erstmals mit Europäern Kontakt bekommen hatten. Es gab in ihren Breiten diese Kinderkrankheiten nicht, sie hatten folglich keine Abwehrmechanismen gegen diese, so wie sie alle unsere Kinder ganz natürlich haben. Bei uns können freilich Erwachsene daran sterben, wenn sie die Krankheit als Kind nicht hatten – ihnen fehlt ebenfalls die Möglichkeit, passende Antikörper auszubilden.

Wir leben in einer Zeit, in der Hygiene zu einem Begriff geworden ist, der all unser Tun und Lassen beherrscht. Eine weitverzweigte Industrie bläut uns ununterbrochen ein, daß wir für die Hygiene nicht genug tun können. Daher vergiften wir uns im Bestreben, das letzte Bakterium, den letzten Virus zu beseitigen. Natürlich genügt uns das nicht – wir streben auch für unsere Hunde äußerste Hygiene an, und selbstredend hilft uns eine findige Industrie dabei nach Kräften, damit ja alle und alles gesund bleiben – vor allem die Industrie.

Ich hörte einmal einen Vortrag über Welpenaufzucht. Ich verrate weder wo noch wann, um den liebenswerten Veranstalter nicht zu blamieren. Bei diesem Vortrag also lautete jedes fünfte Wort „Hygiene". Sooft hatte ich das Wort innerhalb einer Stunde noch nie, nicht einmal in meinem ganzen, doch schon vieljährigen Leben vernommen. Aus Höflichkeit gegenüber dem Veranstalter brachte ich es fertig zu schweigen.

14

Hier muß ich das nicht. Wenn der Thymus unserer Welpen seine Aufgabe voll erfüllen soll, müssen wir soviel als nur möglich auf diese Hygiene verzichten. Nur dann nämlich erreichen wir, daß der erwachsene Hund nicht wegen jeder Kleinigkeit todkrank wird. In meinem Buch „Hunde ernst genommen" habe ich ein Kapitel mit „Der lebensnotwendige Dreck" überschrieben. Jener Vortragende hat es offenbar nicht gelesen; allerdings kannte er sich ganz genau auf dem Gebiet der Schutzimpfungen aus. Er empfahl soviele davon, daß ich schon überlegte, ob es nicht sinnvoll wäre, Welpen nach der Geburt eine Kanüle einzupflanzen, damit sie später nicht sooft gestochen werden müssen.

Ich erwähnte schon, daß unsere Hunde heutzutage, da man nun einmal damit angefangen hat, schutzgeimpft werden müssen. Aber wir erleben es immer wieder, daß Infektionskrankheiten auftauchen, die man bislang nicht gekannt hat. Wollen wir erst einige tausend Hunde sterben lassen, ehe die Industrieforscher eine entsprechende Schutzimpfung dagegen entwickelt haben, oder wäre es nicht besser, das Immunitätssystem unserer Hunde im Welpenalter so zu aktivieren, daß beim allerersten, noch harmlosen Auftreten solcher Krankheitskeime der Thymus in die Lage kommt, eigene Antikörper zu synthetisieren und so einen autochthonen Schutz aufzubauen? Er kommt auch billiger als eine Schutzimpfung! Wir sollten uns halt mehr auf das Können der Natur verlassen – hätten wir das schon früher getan, wäre das Leben für unsere Hunde, natürlich auch für uns, unproblematischer. Bleiben wir also beim lebensnotwendigen Dreck – er schadet auch unseren Kleinkindern nicht! Das sagt einer, der in

ihm aufgewachsen ist und seit 57 Jahren, seit Absolvierung der Masern, keine Infektionskrankheit mehr gehabt hat.

Allerdings hat das alles nichts mit dem „künstlichen Dreck", sprich Umweltgiften zu tun, denen nicht nur wir und unsere Hunde, sondern alles Leben auf dieser Erde ausgesetzt sind. Die Untersuchungen der vor kurzem verstorbenen und erkrankten Seehunde in der Nordsee haben gezeigt, daß durch diese Umweltgifte, unter denen die Fluorchlorkohlenwasserstoff-Verbindungen eine Spitzenstellung einnehmen, das Immunitätssystem derart geschädigt wird, daß diese Robben Krankheitserregern sehr leicht unterliegen.

Das gilt, stellen die Forscher fest, natürlich nicht nur für die Seehunde, das gilt für alle Lebewesen. Am ärgsten betroffen sind jene Tiere, die gewissermaßen Endglieder der jeweiligen Nahrungsketten sind. In ihrer Leber, vor allem auch in ihrem Körperfett, sammeln sich diese Stoffe in stetiger Konzentration an. Da sie nicht abgebaut werden können, führt ihre Anreicherung nach und nach zu immer stärkeren Schädigungen des Körperhaushaltes, bis dieser endlich zusammenbricht, wenn er nicht schon vorher so geschwächt ist, daß er sonst überwindbaren Infektionskrankheiten zum Opfer fällt. Unsere Hunde sind – genau wie wir auch – solche Nahrungsketten-Endglieder, und wenn wir bei ihnen in den letzten Jahrzehnten eine Zunahme an Krankheiten verzeichnen, so geht das nicht nur zu Lasten einer fehlgeleiteten Zucht – was allerdings kein Alibi für letztere sein soll.

Mit der stetig wachsenden Umweltvergiftung, die

sich bislang durch Konferenzen nicht mindern lassen hat, kommen für den Hundehalter neue Sorgen hinzu, gegen die er praktisch machtlos ist. Alle biologischen Überlegungen scheitern an den chlorierten Kohlenwasserstoffen, an Kadmium, Blei, Quecksilber und all den vielen, zum Teil noch unbekannten Giften, die uns die Industrie in reichem Maße beschert. Wie schön war das doch früher! Da konnte man sagen, daß ein Lebewesen, das an einer Infektion starb, eine geschwächte Konstitution hatte, also einen genetischen Defekt. Es war auch so, daß ein Tier, das schwere körperliche Belastungen nicht aushalten konnte – zum Beispiel Hungerperioden – und dann an Infektionen starb, ebenfalls eine zu geringe genetisch bedingte Fitneß besaß. Auch zu großer Streß führt sehr schnell zu Krankheitserscheinungen, hier allerdings mehr solchen organischer Natur; worunter man psychosomatische Erkrankungen versteht.

Nun stellt man sich unter Bakterien, Viren oder Würmern stets so etwas wie feindliche Lebewesen vor. Das ist falsch. Alle diese Organismen sind in Wahrheit wichtige Helfer für die Erhaltung der Arten. Sorgen sie doch dafür, daß Individuen, die einen genetischen Webfehler aufweisen, diesen nicht weitervererben können, weil sie nicht mehr zur Fortpflanzung kommen, sondern vorher absterben. So hat alles seinen Sinn in der Natur. Dieser Sinn geht aber verloren, wenn die Umweltvergiftung Bedingungen schafft, durch die zumindest die Kondition – also der jeweilige, nicht genetisch bedingte körperliche Zustand des Individuums – geschwächt wird. Da ergibt der Angriff der Parasiten keinen Sinn mehr. Er beschleunigt nur das Aussterben der Arten! Von genetischen Veränderungen, die durch eine ständig wachsende Verseuchung unserer Umwelt durch radioaktive Stoffe ausgelöst werden, mag ich hier gar nicht erst reden . . .

Es bleibt uns, die wir vom Sagen der Industrie abhängig sind und von ihr gegenüber oft schwachen, manchmal sogar bestechlichen Politikern, nichts weiter übrig als so zu tun, als wenn die Welt noch in Ordnung wäre. Versuchen wir wenigstens, unseren Hunden dieses Hundeleben so sinnvoll und vernünftig zu gestalten, wie das immer nur geht. Die wichtigste Voraussetzung hierfür ist, daß wir unsere Hunde so gut wie möglich verstehen und beurteilen.

⌘ ⌘ ⌘

Das führt uns zurück zu den Welpentests, die uns unversehens auf das Gebiet der Immunologie und Umweltverseuchung gebracht haben. Damit soll auch klargestellt werden, daß solche Tests erst dann einen Aussagewert erhalten, wenn sie ganz systematisch erprobt wurden. Das ist aber nur möglich, wenn man das weitere Schicksal der getesteten Welpen im Auge behält und, sozusagen als Endpunkt, auch festhält, in welchem Alter und woran der jeweilige Hund gestorben ist. Voraussetzung wäre hierzu aber, daß alle getesteten Welpen nicht in fremde Hände und anders strukturierte Umwelten gelangen, sondern unter möglichst gleichartigen Bedingungen aufwachsen und bis zu ihrem Tode leben. Hat man dann jeden einzelnen Test bei mindestens zweihundert Hunden auf diese Weise überprüft, dann erst kann man sagen, ob er etwas taugt oder nicht. Es wird also ein Millionär gesucht, der uns das finanziert.

Aber auch wenn wir den Wert der einzelnen Tests nicht wissenschaftlich beweisen können, so soll uns das nicht abhalten, wenigstens den einen oder anderen auszuprobieren. Wie das von mir gebrachte Beispiel zeigt, erfahren wir doch dabei so einiges über unsere Hunde, das sicherlich von Wert sein kann. Wenn also ein siebenwöchiger Welpe auch nach zehn Minuten die Möglichkeit eines Umweges nicht durchschaut hat, dürfen wir wohl mit Fug und Recht nicht erwarten, daß er uns einmal vom Kiosk um die Ecke die Zeitung holen wird, oder von sich aus den Autobus benutzt, wenn er zu einer bestimmten Stelle in der Stadt will.

Ebensowenig gehen wir fehl in der Erwartung, daß ein Welpe, der am Testbrett so gut wie nichts tut, ein aufgewecktes Kerlchen wird und eine große Lebenserwartung hat. Hierüber gibt es schon soviele Beobachtungen, daß wir das glauben können.

Mir wurde auch schon mehrfach bestätigt, daß gerade die dicken Großen eines Wurfes, die mehr schlafen als saugen, später, falls sie überleben, nervenschwache Hunde werden. Hier müßte man noch mehr Daten sammeln können. Mir haben zwar schon sehr viele Leute oftmals ganz hervorragend ausgearbeitete Berichte von Biotonus-Tests zugeschickt, und ich habe sie auch sorgfältig gesammelt. Leider erfuhr ich fast nie, was dann aus den Hunden geworden ist – was ja eigentlich erst Aussagen zuließe.

Hier möchte ich noch einen anderen Test anregen, den ich vor langer Zeit einmal durchführte, dessen Ergebnis ich allerdings nicht abwarten konnte, da mir die Junghunde geklaut worden sind. Aber ich will ihn trotzdem vorstellen, da er ganz einfach durchführbar ist und eine gewisse Aussage über den Charakter der einzelnen Welpen zuläßt. Er eignet sich für fünf oder sechs Wochen alte Welpen ganz gut. Man braucht hierfür nur eine geräumige Kiste mit verschließbarem Deckel. In diese setzt man jeden Welpen einzeln wieder etwa vier Minuten hinein und registriert – am besten mit dem Tonbandgerät, das man auf die verschlossene Kiste legt – die aus der finsteren Kiste dringenden Geräusche.

Man wird erleben, daß der eine Welpe sich ganz still verhält und offensichtlich nur darauf wartet, daß man ihn wieder herausholt. Ein anderes Extrem ist der Welpe, der vom ersten Moment lauthals gegen diese Freiheitsberaubung protestiert und kräftig an den Wänden kratzt und scharrt. Diese Geräusche variieren von Welpe zu Welpe und man kann nun daraus seine Schlüsse ziehen. Ich selbst halte jenen Welpen, der erst einmal so an die zwanzig bis dreißig Sekunden ruhig ist, dann noch ohne Lautgebung in dem Gehäuse umhertappt, es ein wenig mit Kratzen und Scharren probiert und erst dann anfängt, sich zu melden, für den intelligentesten – wofür ich allerdings keinen Beweis habe, wie ich gestehe, da ich seit damals diesen Versuch nicht wiederholt habe.

Ich ziehe es vor, die Welpen im Spiel untereinander und im Umgang mit den Alttieren zu beobachten. Nicht, weil ich von den anderen Tests nichts halte, im Gegenteil. Aber die vor allem hier in Wolfswinkel gegebene Situation läßt solche Versuche nur ab und an zu, bietet dafür aber eben ideale Bedingungen für die Beobachtung des natürlichen Verhaltens. Das ist der Grund für meine geringen Erfahrungen mit solchen Testversuchen.

So läßt sich hier unter natürlichen Umweltbedingungen zum Beispiel beobachten, welche Welpen sich bereits vor dem 21. Lebenstag viel am Höhleneingang aufhalten und besonders neugierig die Umgebung beobachten. Manche wagen sich schon fast ganz heraus, andere noch nicht. Da Neugierde der Ursprung aller Wissenschaft ist, halte ich von diesen an ihrer Umwelt besonders interessierten Welpen sehr viel. Umgekehrt ist aber ein Welpe, dessen Neugier größer als seine Vorsicht ist, kein vorbildlicher Welpe. Auf freier Wildbahn wäre er sehr schnell ein Opfer des nächsten Beutegreifers.

Ein anderes Beispiel, beobachtet an aus Persien stammenden Pariahunden. Da war ein Wurf, bei dem die Welpen sich einen Seitenausgang aus dem Lager gegraben hatten, so schmal, daß nur sie hindurchkriechen konnten. Das brachte die Mutterhündin in Schwierigkeiten, da sie die Kleinen auf diese Weise nicht ausreichend überwachen konnte. So versuchte sie einen Trick, ihnen den Haupteingang anzugewöhnen. Sie legte sich, als gerade alle Welpen, wohl ein wenig müde, in der Höhle versammelt waren, in den Höhleneingang und bot ihnen das pralle Gesäuge. Nach und nach hingen alle Welpen fest an den Zitzen, und nun schob sich die Hündin ganz vorsichtig, Zentimeter für Zentimeter, aus der Höhle heraus, bis sie alle Welpen auf diese Weise ins Freie gebracht hatte. Einmal draußen, entzog sie ihnen das Gesäuge, und so begannen nun die Welpen auf dem für die Hündin gut überschaubaren Platz vor der Höhle zu spielen, wie sich das gehört. Diese für manche vielleicht unglaubliche Geschichte ist vom Anfang bis zum Ende auf Videoband festgehalten, dank des vorbildlichen Fleißes unseres schon erwähnten tierheilpraktizierenden Gast-Mitarbeiters.

Eine derartige Maßnahme der Hündin hätte nicht den geringsten Wert, wenn Welpen keine Lernfähigkeit besäßen. Es sind in der Regel stets die Althunde, deren Maßnahmen uns immer wieder geradezu mit der Nase darauf stoßen, daß der ganze Tagesablauf der Welpen aus Lernen besteht. Jede Sekunde bringt den Welpen neue Eindrücke, neue Erfahrungen – es ist erstaunlich, wieviel da schon in ein noch so kleines Gehirn hineingeht und gespeichert wird.
Aber auch da kann man schon feine Unterschiede zwischen den einzelnen Welpen feststellen. Wohlgemerkt – ich spreche von Welpen, die drei bis vier Wochen alt sind. Sie befinden sich also immer noch in einer Phase, in der alles Lernen ein prägungsartiger Vorgang ist. Noch scheint es keine Vorgänge im Gehirn zu geben, die das Vergessen unwichtiger Dinge selektiv bewirken. Alles wird also zeitlebens festgehalten, nicht mehr vergessen, und bildet den Grundschatz an spezifischen Eindrücken, deren Verknüpfung später einmal für Tun und Lassen eines Hundes von grundlegender Bedeutung sein wird.
Nun ist nicht jedes Welpengehirn identisch mit dem eines anderen Welpen. Es gibt eben unterschiedliche Veranlagungen teils quantitativer Natur, was die Neugierde betrifft, teils qualitativer Natur, was die Speicherfähigkeit betrifft. Das ist beobachtbar und wichtig für unsere Beurteilung der jeweiligen Welpen.

Dazu wieder ein Beispiel: natürlich haben die Welpen dieses Altersabschnittes das absolute Vorrecht am Futter, und das sogar bis in den vierten Lebensmonat hinein. Das geht so weit, daß sie ungestraft einem Althund in dieser Zeit einen Futterbrocken aus dem Fang entwenden dürfen. Aber etwas erlaubt ihnen die Mutterhündin nicht – nämlich, ihr einen Knochen wegzunehmen. Das können wir öfter gut beobachten, da wir den säugenden Hündinnen nach der allgemeinen Fütterung noch gesondert weiche Kalbsrippen zukommen lassen, um einer durch Kalkmangel entstehenden Eklampsie vorzubeugen. Diese Beifütterung behält die Hündin für sich und erlaubt es den Welpen nicht, sich daran zu vergreifen. Schließlich könnten die Welpen in diesem Alter, in dem noch nicht einmal das Milchgebiß fertig entwickelt ist, mit diesen Knochen ohnehin nichts anderes anfangen als mit ihnen zu spielen. So unterweist die Hündin also die Welpen beim ersten Annäherungsversuch durch drohendes Knurren. Die Welpen verstehen das, reagieren aber bereits unterschiedlich. Der eine weicht weiter, der andere weniger weit zurück, der eine oder andere versucht es nach einer Weile nochmals, sich der die Knochen verarbeitenden Mutter zu nähern und riskiert, nochmals von ihr angedroht zu werden. Zunächst schauen dann die Welpen neugierig aus achtungsvoller Entfernung zu, bis dann einer nach dem anderen aufgibt. Auch die Reihenfolge dieses sich Abwendens ist für uns interessant, denn vermutlich spricht das von Intelligenz, wenn man bald einsieht, daß das Warten und Beobachten nichts bringt.

So kann also ein Züchter mit etwas Zeit und Geduld sich im Verlaufe der ersten Lebenswo-chen seiner Welpen ganz gut ein Bild vom Charakter jedes einzelnen machen und die so gewonnenen Erfahrungen einerseits nutzen, um den Käufer richtig zu beraten, andererseits aber auch für seine Zucht. Unsere Hundezucht ist ja bedauerlicherweise fast ganz auf das äußere Bild, wie es der Rassestandard vorschreibt, ausgerichtet, kaum aber auf das seelische Potential unserer Hunde.

Aber was wollen wir Menschen eigentlich vom Hund? Wenn uns ein ideales, standardgemäßes Aussehen genügt, dann würde ich doch besser einen naturalistischen Bildhauer beauftragen, eine entsprechende Figur, möglichst in Lebensgröße, anzufertigen. Manche Leute erfreuen sich auch an einem ausgestopften Hund. Ich jedenfalls erwarte vom Hund in erster Linie Intelligenz, also eine rasche Auffassungsgabe, eine große Lernfähigkeit, ausgeprägten Familiensinn, Aufgeschlossenheit und eine gute Kombinationsfähigkeit. Es versteht sich von selbst, daß hierfür physische Gesundheit und leistungsfähige Sinnesorgane Voraussetzung sind.

Das sind andere Anforderungen als die, die ein Richter auf den Hundeausstellungen stellt, aber auch andere Anforderungen, als die, die auf den Gebrauchshundeprüfungen gewertet werden. Was habe ich schon von einem Hund, der zwar die Schutzhundeprüfung der ersten Stufe mit 99 von 100 Punkten besteht, aber erst durch meine unentwegte, mühevolle Arbeit und mit Hilfe sehr erfahrener Praktiker, die tausend Tricks und Kniffe kennen, um auch den dümmsten Hund zu einer solchen Leistung zu bringen. Was taugt ein an sich recht leicht lernender Hund, der da weniger Mühe machte, wenn er zuhause unleidlich ist, wenn er sogar kleine Kinder beißt, da ihm das angeborene Kindchenschema als Verlustmutante abhanden gekommen ist? Was nützt überhaupt ein Hund, der auf dem Übungsplatz bestens abschneidet, zuhause aber überhaupt nicht daran denkt, Territorium oder Familie zu bewachen? Beispiele in dieser Richtung gibt es mehr als genug! In meinen Augen viel zu viele. Wenn man dann noch daran denkt, was in dieser Hinsicht aus dem Deutschen Schäferhund geworden ist, kriegt man nasse Augen . . .

Wir müssen lernen, die mentalen Qualitäten unserer Hunde über alle anderen Belange zu stellen – das ist eine unabdingbare Forderung, wenn unsere Hunde das bleiben sollen, was sie ursprünglich waren: nämlich Hunde!

Wenn das auch leichter gesagt als getan ist – unmöglich ist es nicht, es macht nur etwas mehr Mühe. Eine Mühe, die sich lohnt und die zuletzt auch Freude macht.

Eine wesentliche Voraussetzung hierfür ist allerdings, daß man endlich aufhört, von Ausstellungshunden, Begleithunden oder gar Gebrauchshunden zu sprechen. Ich selbst habe auch fast zwanzig Jahre gebraucht, um die Unsinnigkeit solcher Einteilungen so klar zu begreifen, daß ich mich nun auch darüber zu reden, beziehungsweise zu schreiben getraue.

Entweder wir brauchen Hunde, oder wir brauchen keine. Aber es sollen eben wirklich Hunde sein, und nicht nur dressierte Geschöpfe, die unterschiedlichen Zwecken dienen. Natürlich soll es

Hunde für die Jagd, für die Polizei, für den Zoll und den Grenzschutz geben, auch Hunde, die unter Trümmern oder Lawinen verschüttete Menschen suchen, und natürlich die so wichtigen Blindenführhunde. Selbstverständlich müssen alle diese Hunde lernen, die entsprechenden Aufgaben zu meistern. Ebenso natürlich sollte es aber auch sein, daß man bei den anderen Hunden nicht vergißt, daß sie von Natur aus lernbegierige Lebewesen sind, die das nur dann nicht mehr erkennen lassen, wenn man ihre Welpenzeit nicht nutzt. Jeder Hund, egal, wo und wofür er lebt, sollte daher die notwendigen Anstöße erhalten, die geeignet sind, seine Lernfreudigkeit zu wecken.

An sich beginnt das schon vor der achten Woche, angeleitet durch die Mutterhündin. Danach muß das Lernen aber vom Hundehalter im vollen Umfange weiter gefördert werden, denn gerade in der Zeit zwischen der achten und zwölften Woche, in der eigentlichen Sozialisierungsphase, wird das Zusammenspiel Mensch-Hund, und genauso Hund-Hund von allergrößter Bedeutung.

Aber davor, während der Prägungsphase, fehlt es leider nur allzuoft an Möglichkeiten, ausreichende Lernerfahrungen zu machen. Ich denke da an die Zuchtzwinger, wie man sie in zwar unterschiedlicher Form, aber mit den selben Fehlern behaftet überall antreffen kann. Hier fängt das Übel allenthalben bereits an. Ohne Zweifel sind im Freien aufgestellte Zuchtboxen mit den üblichen Ausmaßen von vier mal zwei Meter Grundfläche und vergitterter Vorderwand sehr praktisch und auch empfehlenswert. Leider glauben aber viele Leute, daß das, schön sauber gehalten, für die ersten acht Wochen völlig genügt. Andere bauen sich sehr attraktive und oftmals kostspielige Zuchtanlagen, möglichst mit Betonboden, wegen der einfachen Sauberhaltung. Manche belegen den Boden mit Kies. Andere wieder bauen Häuser im Barackenstil, mit einer unterschiedlichen Anzahl von Abteilungen, ähnlich wie die Boxen in Pferdestallungen, oder verwenden gleich solche. Ich sah auch schon geringfügig veränderte Schweineställe als Zuchtanlage für Hunde.

Wenn man alles so sieht – und ich habe in den letzten 20 Jahren viel gesehen ! – fragte man sich, warum wir eigentlich von „Haushunden", vom „Canis familiaris" reden. Es hieße doch viel besser „Stallhunde". Es ändert sich auch nichts, wenn wir im Haus einen geräumigen Keller zur Zucht verwenden, ja nicht einmal, wenn wir ein abseits gelegenes Zimmer ausräumen und mit einer Wurfkiste versehen.

Schön – man kann das alles tun, an sich wäre das schon in Ordnung. Nur vergessen fast alle – ich sage aus gutem Grund „fast alle" – das Eine: daß nämlich den Welpen, egal welcher Rasse, diese Vorrichtungen, stets auf Pflegeleichtigkeit eingestellt, nichts, überhaupt nichts sagen. Sie finden sich zwar bestens damit ab, weil sie es nicht anders wissen und meinen, daß das alles so sein muß. Sie merken selbstverständlich auch nicht, daß ihr Gehirn hier wenig Anregung findet, seine vollen Fähigkeiten zu entfalten, da Dummheit bekanntlich nicht weh tut. Zumindest nicht dem, der ihr verfallen ist. Dem Beobachter hingegen kann das weh tun!

Wir müssen uns das stets vor Augen halten, was ich schon von der Gehirnentwicklung im Welpen-

alter geschildert habe. Bis zum Ende der dritten Lebenswoche sind alle diese Einrichtungen und Maßnahmen in Ordnung. Von da ab müssen aber die Welpen aus der Eintönigkeit solcher künstlichen „Un-Landschaften" herauskommen, sooft sie das Bedürfnis dazu haben. Wohn- und Schlafstätte kann das alles bleiben. Aber es darf nicht alles sein!

Ich habe vor Jahren in Zürich anläßlich eines Kongresses den Experimentellen Chirurgen gesagt, daß sie, wenn sie schon glauben, auf Versuche mit Hunden nicht verzichten zu können, folgendes bedenken sollen: wenn sie Hunde von Hundefängern kaufen, riskieren sie Fehlergebnisse, da diese aus der gewohnten Umgebung gerissenen Hunde in ihren Labors zweifelsohne schwer gestreßt sind. Der Bedarf an Hunden ist daher, weil die Sicherheit der Befunde so gering ist, bedeutend größer, als wenn sie einen anderen Weg gehen: nämlich den, die Hunde in laboratoriumsgleichen Räumen zu züchten und sie nie in eine andere Umwelt zu bringen. Notwendig ist dann nur eine intensive Betreuung durch Pfleger, damit die Welpen voll auf Menschen geprägt werden.

Das klingt im ersten Moment recht tierquälerisch. Man bedenke aber: die so heranwachsenden Welpen können nicht ahnen, daß es auch eine andere Form des Lebens geben könnte. In der reizlosen Umwelt entwickeln sie auch keine besonderen geistigen Fähigkeiten. Konkret ausgedrückt, sie bleiben so dumm wie sie sind, auch wenn sie das Alter erreicht haben, in dem der jeweilige Versuch an ihnen vorgenommen werden kann. Auch dann sind sie der Meinung, daß das, was da mit ihnen geschieht, einfach zum Leben dazugehört – sie haben ja nichts anderes gelernt. Sie werden bei einem Eingriff in keine Streßsituation geraten, sondern das alles gelassen über sich ergehen lassen.

Bösartigen Gerüchten entgegen sei versichert, daß bei Eingriffen, die chirurgischen Forschungen dienen, genau so verfahren wird, wie bei jedem anderen unserer Hunde, wenn eine Operation notwendig ist. Andersartige Behauptungen stammen von jenen skrupellosen Spekulanten, die aus der Tierliebe ihrer Mitmenschen ein Geschäft machen. Die Boulevardpresse gehört hier dazu.

Was ich also den Chirurgen riet, ist das glatte Gegenteil von dem, was ich jedem raten muß, der einen Hund haben will, der nicht verblödet ist. Einen Hund also, der bereits vor der achten Woche alle seine in ihm schlummernden Fähigkeiten entwickeln konnte und damit die Voraussetzungen mitbringt, wirklich ein lernfreudiger, umweltaufgeschlossener Hund zu werden. Schließlich kann auch ein Hund, dessen Erbanlagen in dieser Richtung nicht gerade die besten sind, dadurch immer noch ein lebensfroher Hund werden. Es muß ja nicht jeder Hund ein zweiter Einstein sein!

⌘ ⌘ ⌘

Zuvor habe ich gesagt, daß ein Welpe nach der dritten Lebenswoche so oft er will die Möglichkeit haben muß, den eigentlichen Geburts- und Säuglingsraum zu verlassen. Nicht, um einen genau so kahlen und pflegeleichten Auslauf vorzufinden –

das ist damit nicht gemeint. Nicht die Quantität seines Lebensraumes macht es, sondern die Qualität. Man erinnere sich an die zurückgebliebenen Rattengehirne aus der reizlosen Umwelt. Die Forderung lautet also: der Welpe muß was erleben können, er muß etwas von der Vielfalt der Welt erfahren, mit der er später durch den Erwerber konfrontiert wird. Er muß die Möglichkeit erhalten, verschiedenartigste Erfahrungen zu sammeln, nicht nur in einer natürlichen Umwelt, sondern auch in der Wohnung.

Wem seine blitzblanke Wohnung zu schade ist, um Welpen darin umhertollen zu lassen, sollte ebensowenig Hunde züchten wie der, dem die Gepflegtheit seines Blumen- oder Gemüsegartens wichtiger ist als die Neugier und der Spieltrieb seiner Welpen! Wir versündigen uns an der Natur des Hundes, wenn wir Welpen in einer reizarmen Umwelt aufwachsen lassen. Abgesehen davon haben wir später dann keine Einsicht in die züchterisch so wichtige Frage, wie es um die seelischen Fähigkeiten der einzelnen Hunde bestellt ist. Jene Frage also, die eben auch allzusehr vernachlässigt wird.

Auch wenn ich es schon oft geäußert habe, bin ich angesichts der gegebenen Tatsachen der Meinung, es auch hier nochmals wiederholen zu müssen. Die Sturheit jener, die immer noch der Meinung sind, daß ein Gebrauchshund in einem Zwinger zu leben habe, und daß die sogenannte Ausbildung des Hundes, wie man verschämt Zwangsdressuren nennt, erst dann zu beginnen habe, wenn der Hund ausreichend erwachsen ist, jene Sturheit und oftmals willentliche Besserwisserei also zwingen mich dazu. Leider suchen viele

Leute, die noch keine Hundeerfahrung haben, gerade bei solchen Typen Rat und merken leider oft viel zu spät, welch Geistes Kind diese sind. Falls sie es überhaupt merken, was leider nicht immer der Fall ist. Andernfalls wären derart antiquierte Typen mangels Nachwuchs längst ausgestorben. Was ein wahrer Segen für unsere Hunde und für unsere eigene geistige Weiterbildung wäre.

Was erlebt man wirklich auf vielen dieser Übungsplätze der an dem Wahnwitz einer zivilen Schutzhundeausbildung festhaltenden „Sportkameraden"? Man sieht weit von einander entfernt angepflockte Hunde, die stets bereit sind, sich gegenseitig anzufallen. Und man sieht, nachdem die kasernenhofartigen Drillübungen beendet sind, Hunde in kaninchenstallgroßen Boxen darauf warten, bis ihre Herren und Damen Hundeführer in einer heimeligen Hütte ausreichend ihren Durst gestillt haben. Ich fragte einmal angesichts solcher winzigen Boxen, wie denn die Hunde gefaltet werden, um da reinzupassen. Man belachte das herzlich als gelungenen Scherz!

Trotzdem las ich dann etwas später in der entsprechenden Vereinszeitung, daß es unerwünscht wäre, mich zu Vorträgen einzuladen, da ich böse Dinge sagen würde. Na wenn schon — leeres Stroh zu dreschen, hat bekanntlich ohnehin wenig Sinn.

Jedenfalls gehe ich unbeirrt auf Grund meiner Beobachtungen, die ich an meinen natürlich aufwachsenden Welpen anstelle, heute soweit, eine Ausbildung erwachsener Hunde als Tierquälerei abzuurteilen, wenn sie nicht im Welpenalter darauf ausreichend vorbereitet worden sind. Ein Hund, der als Welpe in einer relativ reizarmen Umwelt aufgewachsen ist, dessen Grundfähigkeiten sich daher nicht ausreichend entwickeln konnten, hat es sehr schwer, erwachsen geworden die nun an ihn gestellten Anforderungen zu erfüllen. In vielen Fällen bleibt dann, wenn er die entsprechenden Prüfungen bestehen soll, nichts anderes übrig, als ihn mit Zwangsmaßnahmen dahin zu bringen, wo man ihn haben möchte. Wer verzichtet denn schon freiwillig darauf, mit seinem Hund das Prüfungsziel zu erreichen?

Natürlich wird überall entschieden abgestritten, daß Zwangsmittel angewendet werden. Es gibt aber auch Leute, die ein zugespitztes Stachelhalsband gar nicht als Tierquälerei betrachten, sondern ganz offen sagen, daß das bei gewissen Hunden die selbstverständlichste Sache von der Welt wäre. Manche Leute verstehen auch gar nicht, warum man so ein praktikables Gerät wie jenes mit den elektrischen Strafreizen verbietet. Sie genieren sich nicht, sich voll und ganz in Zeitschriftenartikeln unter Berufung auf irgendwelche Tierärzte für diese Fernreizungsmaschine einzusetzen. Vermutlich zahlt die Herstellerfirma gut dafür. Es gibt ja auch Wissenschaftler, die im Auftrag der Industrie Gutachten erstellen, die klar beweisen, daß dieses oder jenes Gift für uns völlig harmlos ist. Warum soll also nicht einer, der sich als wissenschaftlich fundierter Haustierforscher ausgibt, um das Geschäft als Hundeerzieher besser blühen zu lassen, jenes dubiose Gerät im Dienste einer Firma anpreisen? Was dem einen recht ist, darf dem anderen billig sein, sagt man.

Es ist erstaunlich, was der Verstand des Menschen leisten kann, wenn es ums liebe Geld geht, oder, was oft noch schlimmer sein kann, um das eigene Geltungsbedürfnis. Vernunft bleibt da völlig auf der Strecke . . .

Wir hingegen wollen unseren Verstand dazu benutzen, um uns einmal mit den Grundlagen eines alternativen Weges zur Hundeerziehung näher zu befassen. Einer Erziehung und Förderung, wie sie die Wölfe selbst – oder meine Hundeeltern in den Großgehegen – durchführen, um nicht nur den Zusammenhalt im Rudel, sondern auch alles Notwendige für das Überleben des Einzelnen zu garantieren.

Zunächst brauchen sich weder die Wölfe noch meine Hunde darum zu kümmern, wie man den Lebensraum für die Welpen zu gestalten hat – dafür hat die Natur gesorgt. Die Züchter aber müssen das tun, weil wir genau wissen, welche Folgen eine reizlose Umwelt für die Welpen hat. Wir müssen uns zu diesem Zweck ein wenig von dem Pflegeleicht-Begriff trennen, denn unsere Kleinen brauchen eine reichhaltig strukturierte Umwelt. Wer einen schön biologisch verwilderten Garten hat, in dem sich auch die Raupen unserer Schmetterlinge wohlfühlen, braucht natürlich nichts weiter zu tun. Steht aber nur eine ebene Fläche als Auslauf zur Verfügung, muß man schon ein wenig die Fantasie walten lassen. Eine solche Fläche ist für die Entwicklung des Bewegungsapparates des Kleinen nicht geeignet. Man muß dafür sorgen, daß es da auch Hindernisse gibt, die geeignet sind, die Geschicklichkeit der Welpen herauszufordern. Welpen haben auch einen Ehrgeiz; zum Beispiel unbedingt auch auf den erhöhten Platz zu gelangen, den die Mutter so spielend leicht nutzt, um ihren Plagen zu entgehen, wenn sie ihr einmal zuviel abverlangen.

Letzteres ist auch eine ganz wichtige Einrichtung, die man nicht vergessen darf. Die Hündin muß unbedingt eine Ausweichmöglichkeit haben, um von den Welpen unbelästigt ruhen zu können. Je älter jene werden, umso dringender benötigt sie ein derartiges Refugium, zumal die nadelspitzen Milchzähnchen das Gesäuge ziemlich mißhandeln. Sehr geeignet ist eine auf Pfählen stehende Plattform im Halbschatten, unter der sich die Welpen auch vor zu starker Sonneneinstrahlung schützen können. Außerdem gehört es zur Natur der Hunde, daß sie gern erhöhte Liegeplätze einnehmen, da sie ihnen eine bessere Übersicht ermöglichen, wie ich das von Wölfen in der Wildbahn erwähnt habe. Unsere Hundemutter aber kann von hier aus am besten das Treiben ihrer Welpen überblicken. Das ist weitaus besser, als die Welpen von ihr zeitweilig wegzusperren, wie das manche Züchter im guten Glauben, dadurch die Hündin zu entlasten, zu tun pflegen. Wirklich Ruhe findet eine gute Hündin nur, wenn sie sieht, was ihre Welpen treiben.

Aber nun der Lebensraum für die Welpen. Das beste Material für alle Maßnahmen ist und bleibt Holz – aber bitte kein Preßspan oder Hartfaser. Es soll schon Naturholz sein, das man sich, wenn möglich, aus dem Wald besorgt oder aus dem nächsten Sägewerk. Wir brauchen nämlich dicke Stamm- oder Balkenstücke, je mehr, umso besser. Je nach der Größe des Auslaufes sollen sie als längere oder kürzere Stücke regellos umherliegen. Wir können auch niedrige Postamente aufstellen, halb so hoch wie ein Hackklotz, damit die

Welpen auch die Möglichkeit haben, auf ihre Geschwister herabzuschauen und diesen Thron gegen sie zu verteidigen. Sie können sich dann hinter den Stammstücken verstecken, sie müssen um sie herumlaufen und sie werden natürlich auch versuchen, auf sie und über sie zu krabbeln. Das trainiert die Muskeln – aber auch das Gehirn, denn man lernt viel bei solchen Turnversuchen.

Wenn also nun die Welpen mit vier Wochen anfangen, ihre Verfolgungsspiele immer häufiger und weiträumiger auszuführen, so bieten die genannten Hindernisse natürlich ganz andere Möglichkeiten, als wenn der Auslauf wie ein saubergekehrter Tennisplatz aussieht. Falls einem Welpen die Herumjagerei zuviel wird, kann er sich den Blicken der Geschwister hinter den Balkenstücken entziehen und ausruhen.

Wir haben kürzlich hier in Wolfswinkel ein Gehege etwas vergrößert, indem wir den Zaun um einige Meter hangabwärts setzten. Dadurch waren nun eine Reihe alter Pflaumenbäume, die sich bislang außerhalb des Geheges befanden, innerhalb desselben. Sofort entdeckten zwei der Welpen, die sich offenbar besonders mögen, daß man da am Fuße so eines dicken Stammes prächtig lagern kann, sozusagen mit dem Rücken zur Wand. Und seither ruhen sie grundsätzlich dort, wobei sie auch ein wenig den Blicken der anderen Hunde des Geheges entzogen sind. Das gefällt ihnen also offensichtlich.

In diesem Zusammenhang war übrigens noch etwas interessantes zu sehen, das mit der individuellen Persönlichkeitsstruktur in Verbindung steht: einer der Welpen nämlich, ein schmächtigeres Mädchen, das den groben Brüdern gern ausweicht, bekundete damals ein erstaunliches Interesse an den Bäumen. Keines ihrer fünf Geschwister – alle übrigens zu dieser Zeit schon über 12 Wochen alt – zeigte ein Interesse an den Bäumen selbst. Nur diese kleine Hündin ging ganz konsequent von Baum zu Baum, hielt bei jedem an und stieg mit den Vorderpfoten am Stamm hinauf, soweit sie konnte und blickte mit langem Hals aufmerksam in die jeweilige Baumkrone, als wolle sie den Verlauf der einzelnen Äste genau studieren. Ein Tun, das nun mit Instinkten nichts, aber viel mit einem ausgeprägten Forschungsdrang zu tun hat und daher an eine besondere Intelligenz dieser Hündin denken läßt.

Genau das bringt uns aber auch auf den Gedanken, daß es immer auch mal was Neues im Auslauf zu finden und zu beobachten geben muß. In dem schon erwähnten Dingofilm, den wir 1974 gedreht hatten, gibt es eine Szene, die zeigt, wie ein Dingowelpe sehr eingehend Ameisen beobachtet, die zwischen seinen Pfoten laufen. Im Wolfsgehege der „Alten Fasanerie" in Klein-Auheim konnte ich ganz genau gleichartige Videoaufnahmen von einem Jungwolf, einem Nachkommen von unserer Blacky, machen – auch er betätigte sich intensiv als Ameisenforscher! Hunde interessieren sich eben für alles, was da kreucht und fleucht, und das bringt nicht nur Abwechslung in ihr Leben, sondern derartiges läßt Sinnesorgane und Gehirn richtiggehend arbeiten. Ein Training, das für diese Organe ebenso wichtig ist wie das Trainieren der Muskulatur.

Wer Hunde in der Stadt züchtet, braucht ihnen natürlich keine Ameisen, Käfer und Schmetterlinge in den Auslauf zu lassen. Da tun es auch der rollende Gummiball, die quietschenden Spielmäuse, ein an einem Nylonfaden aufgehängtes Holzstück, zerknülltes Papier und Stoffreste, nicht zuletzt die frischen oder ausgekochten Suppenknochen. Jeder dieser Gegenstände hat aber nur einen zeitlich begrenzten Spielwert; früher oder später werden sie links liegen gelassen.

Allerdings gibt es auch hier wieder individuelle Unterschiede bei unseren Welpen. Bei den einen erlischt das Interesse sehr bald, bei anderen bleibt es über lange Zeit erhalten. Ein Shibawelpe (Shiba Inu, eine japanische Rasse, die sehr stark an den Neuguinea-Dingo erinnert) zum Beispiel, der sich viel lieber allein als mit den anderen unserer Welpen beschäftigte, liebte so eine Quietschmaus aus Gummi über alles. Er konnte sich stundenlang damit beschäftigen. Zuerst biß er immer nur kraftvoll hinein, so daß das Ding schrill aufquietschte. Aber ein oder zwei Wochen später entdeckte er, daß man diesen Ton verändern kann, je nach der Stärke des Bisses. Dabei war nicht nur die Tonstärke anders, sondern auch die Klangfarbe; allmählich begann er zu komponieren. Nicht ganz so gut wie Beethoven, aber immerhin – es hörte sich gut an und war nicht mehr mit dem ohrenbetäubenden, schrillen Quietschton zu vergleichen, der ihn anfänglich so erfreute. Auch dieser Hund ist zweifelsfrei kein dummer Hund.

Ich bin sicher, daß jeder, der sich in der geschilderten oder ähnlicher Form ein wenig Mühe gibt, reichlich belohnt wird, nicht nur durch das Vergnügen, das man empfindet, wenn man die Regsamkeit der Welpen beobachtet und ihren Erfindungsgeist sieht, sondern auch durch den Umstand, daß

Hunde, die so aufgewachsen sind, doch bessere Hunde werden. Außerdem auch gesündere Hunde, nicht nur wegen der besseren körperlichen Entwicklung, sondern auch deswegen, weil da ein wenig von dem „lebensnotwendigen Dreck" unvermeidbar mitspielt.

⌘ ⌘ ⌘

Das hat uns nun zu dem so wichtigen Thema geführt, das man unter dem Sammelbegriff „Spiel" versteht. Sammelbegriff deswegen, weil Spiel und Spiel nicht dasselbe ist. Man kann Geige spielen, man kann Karten spielen, man kann schauspielen oder mit Gedanken spielen, mit der Gefahr spielen . . .

Unsere Kinder spielen sehr unterschiedliche Spiele. Der Säugling spielt mit seinen Fingern, später mit Spielzeug, das den jeweiligen Altersstufen mehr oder minder angepaßt ist, das Kind spielt mit den Eltern, Geschwistern, mit Nachbarskindern, es spielt erfundene Spiele und angelernte Spiele – auch wieder alles unterschiedlichste Formen und Motive, worüber schon viele dicke Bücher geschrieben worden sind.

Natürlich hat sich auch die „Vergleichende Verhaltensforschung" dieses Themas angenommen und versucht, Parameter für Spielverhalten aufzustellen, Regeln und Gesetzmäßigkeiten. Man hat festgestellt, daß nicht alle Tiere in ihrer Kindheit spielen, man hat herausgefunden, daß umgekehrt Tiere, von denen man es nicht erwartet hätte, sogar erwachsen noch miteinander spielen und

16

weiß auch schon eine ganze Menge über die Bedeutung dieser als Spielverhalten zusammengefaßten Aktivitäten im Tierreich, wenn auch längst noch nicht alles. Aber dennoch glaube ich behaupten zu können, daß es neben uns Menschen kaum ein anderes Tier gibt, das soviel und so bedeutsam spielt wie der Hund! Das gilt nicht nur für den Welpen, nein, auch für den erwachsenen Hund, und das dazu noch bis zu dem Augenblick, wo der Alterstod ihm sein Spielzeug aus den Pfoten nimmt.

Allerdings gibt es das nur bei jenen glücklichen Hunden, die unter vernünftigen Menschen aufgewachsen sind. Ein Hund, der keine Spielneigung zeigt, ist entweder krank oder seelisch defekt — was auf dasselbe herauskommt. Bei allen individuellen Unterschieden, die wir unseren Hunden einräumen müssen, bleibt doch die Tatsache bestehen, daß das Spiel einer der zentralen Lebensinhalte unserer Hunde ist.

Wenn wir versuchen wollen, das Spiel gegen andere Aktivitäten abzugrenzen, stoßen wir jedoch auf Schwierigkeiten. Man kennt den Spruch, daß aus Spiel leicht Ernst wird. Bei unseren Welpen kann man das oft genug beobachten. Sie balgen zunächst ganz harmlos umher; da passiert es, daß der eine ein wenig zu heftig zubeißt. Der andere wird daraufhin ärgerlich, beißt zurück, und schon ist das fröhliche Spiel in Aggression umgeschlagen. In solchen Fällen greifen gewöhnlich die Althunde ein, entweder, wenn sie noch jünger sind, die Hündin, später dann der Rüde, wenn er zu dem Schluß kommt, daß die Kleinen zu weit gehen. Das tut er auch, wenn aus den Welpen Junghunde geworden sind. Sie sollen lernen, daß

man sich beherrschen muß, wenn das Rudel schlagkräftig sein soll. Verletzte Tiere schwächen die Gruppe.

In diesem Zusammenhang sei erwähnt, daß in Familienverbänden, die aus einem Elternpaar hervorgegangen sind, das selbst in einem harmonischen Verband herangewachsen ist, Bißverletzungen als Folgen irgendwelcher Streitigkeiten so gut wie nie vorkommen. War aber nur ein Elternteil nicht in einem solchen Verband aufgewachsen, sondern ohne besondere Hundekontakte in der Hand des Menschen, dann sind Bißverletzungen unter den Nachkommen geradezu an der Tagesordnung. Hier kommt es schon im frühen Welpenalter häufig mitten aus dem Spiel heraus zu ernsthaften Auseinandersetzungen. Aber darauf werde ich später nochmals zurückkommen.

Ich habe schon früher einmal beschrieben, wie aus einem zunächst rein spielerischen Verfolgen eines Meerschweinchens bei einzelnen Welpen sozusagen blutiger Ernst werden kann. An auf den Tag genau sieben Wochen alten Welpen konnte ich das genau verfolgen. Bei dem Welpen, der als erster das Meerschweinchen eingeholt hatte, trat ein ganz plötzlicher Sinneswandel auf. Der Ausdruck veränderte sich, ein an Knurren erinnernder Laut — und im nächsten Moment war das am Genick gepackte Meerschweinchen tot, wurde weggetragen und gefressen. Dabei knurrte der Sieger alle Geschwister wütend an und verteidigte seine Beute notfalls auch durch Bisse. Bei diesen Beobachtungen waren allerdings keine Alttiere dabei, wir hatten die Welpen isoliert.

Wir sehen also, daß aus Spiel tatsächlich Ernst

werden kann — was sich übrigens auch auf jedem Fußballplatz beobachten läßt. Dabei geht dann leider eine der wichtigsten Funktionen des Spielens verloren: das Spiel sollte nämlich eine „gruppenbindende Funktion" haben!

Innerhalb einer Wolfs- oder Hundefamilie hat das Spiel diese Funktion, zumal hier weder Ehre noch Geld auf dem Spiel steht. Aber es muß sich hierbei tatsächlich auch um einen völlig intakten Familienverband handeln. In ihm spielen nicht nur die Welpen weitgehend friedlich miteinander, sondern auch die Alttiere. Von ihnen möchte ich zuerst reden, ehe ich auf das Spiel der Welpen eingehe.

Um das Spiel der Alttiere besser verstehen zu können, muß man gewissermaßen da anfangen, wo sie noch kein Rudel bilden. Setzen wir also den Fall, daß eine eben geschlechtsreif gewordene Wölfin loszieht, einen zu ihr passenden Rüden zu suchen. Sobald sie einen gefunden hat, passiert genau das, was wir bei unseren Hunden auch sehen: die beiden Tiere gehen in gespannter Haltung aufeinander zu, die Ruten erhoben, die Ohren gestellt. Man kennt sich ja noch nicht, man weiß nicht, was man von dem anderen halten soll und zeigt so vorsichtshalber an, daß man bereit ist, sich notfalls zu verteidigen. Das ist noch keine volle Drohung, denn da würde man sich gegenseitig die Breitseiten zeigen und das Nacken- und Rückenfell sträuben. Ein solches Verhalten dient dazu, den potentiellen Gegner einzuschüchtern.

Hier aber geht man in der Absicht, den anderen kennenzulernen, frontal und ohne Fellsträuben aufeinander zu, bis sich die Nasenkuppen fast berühren. Ist der eine Partner noch sehr jung, dann zeigt er dies sofort dadurch an, daß er die Rute senkt und hinten sogar ein wenig niedergeht. Ist man so weit, dann geht man aneinander vorbei und beschnuppert den anderen in der Analgegend. Ist einer der Beiden unsicher, wird er zu vermeiden suchen, daß der andere ihn beschnuppert, er weicht aus, und so erleben wir öfter auf der Straße, wie zwei solche sich erstmals begegnende Hunde eine ganze Weile im Kreis umeinander herumgehen, bis der Ausweichende endlich aufgibt und sich irgendwie ergibt; entweder, daß er den anderen schnuppern läßt oder sich einfach auf den Rücken wirft.

Sind diese Formalitäten aber zu einem positiven Ende gekommen, weiß nun jeder von Beiden, wer der Ältere und wer der Jüngere ist, auch welchen Geschlechts. Der Ältere — oder auch Überlegenere, der, falls es eine Hündin ist, gar nicht älter zu sein braucht — wird nun, wenn ihm der Fremde gefällt, diesen zum Spiel auffordern. Andernfalls zieht er weiter seines Weges.

Dieses Spiel, zu dem eine Wölfin einen Wolfsrüden auffordert, hat nun, obgleich es alle Merkmale eines harmlosen Spieles aufweist, durchaus Ernstbezug. Der Wölfin dient es ohne Zweifel dazu, herauszufinden, was sie von dem Rüden zu halten hat. Nicht anders ist das bei Hunden. Erkennt sie über das Spiel, daß es sich um einen kräftigen, gesunden, geschickten Rüden handelt, wird sie ihn zum Manne nehmen. Hier, bei den Wölfen, heiratet nicht der Mann die Frau, sondern hier wird der Mann geheiratet. Das soll anderdings anderswo auch vorkommen, ist also keine spezifische Hundeeigenschaft.

Stellt aber eine Hündin fest, daß das kein passender Partner ist, dann verzichtet sie auf ihn und sucht sich einen anderen – was Hundezüchtern allerdings nicht gefallen will, weswegen sie häufig die Tiere zur Paarung zwingen. Dieses Vorgehen trägt auch mit Schuld an der stetig zunehmenden Degeneration unserer Rassehunde. Wenn nämlich eine Hündin einen Rüden ablehnt, dann fühlt sie, daß dessen Erbgut nicht zu dem ihrigen paßt. Viele Hündinnen lassen sich aber auch ohne solche Prüfung decken, weil bei ihnen der Fortpflanzungstrieb stärker ist als der Selektionsmechanismus. Das hängt natürlich mit dem genetischen Verfall zusammen, der bei der planlosen und falschen Prinzipien unterworfenen Hundevermehrung in zunehmenden Maße auftritt.

Außerdem dürfen wir nicht vergessen, daß es in der Natur, bei den Wölfen, niemals so war wie bei den Hundezüchtern. Im Freileben fängt nämlich alles mit dem Spiel an. Es wird erst mal in zunehmendem Maße wochenlang gespielt, gemeinsam gejagt, die Beute geteilt, ja es kommt sogar bei unseren Hunden in den Beobachtungsgehegen vor, daß der Rüde als vollendeter Kavalier der Hündin die erste Wahl am Futter läßt. Das alles geht bis zu dem Tag, an dem die Hündin zu bluten beginnt.

In den nun folgenden acht Tagen wird kaum noch gespielt. Der Rüde folgt der Hündin auf Schritt und Tritt, läßt sie keine Sekunde aus den Augen, und zumeist geht er in Tuchfühlung Schulter an Schulter mit ihr. Wehe, es taucht nun ein anderer Hund auf. Sofort sträuben sich die Nacken- und Rückenhaare des Rüden, er knurrt den Fremden bereits aus der Ferne an und warnt ihn, ja nicht näher zu kommen. Wagt dieser es doch, wird der Rüde aggressiv und fällt wütend über ihn her. Da kennt er kein Erbarmen, und wenn es sein eigener Bruder ist. Auch das ist keine typische Hundeeigenschaft – sie ist im Tierreich weit verbreitet und läßt sich sogar beim Menschen nachweisen. Auch bei ihm enden in diesem Stadium alle Freundschaften.

Ist die Blutung fast vorbei, findet die eigentliche Hochzeit statt, meist gleich acht bis zehn Tage lang. Zwischendurch wird auch nicht viel gespielt, da ist man müde. Danach wird wieder gern und oft gespielt, aber nur bis die Hündin so dick geworden ist, daß sie keine Lust mehr zum Spielen hat.

Jetzt kommt eine schlimme Zeit für den Rüden. Die Hündin bekommt ihre Jungen und hat natürlich keine Zeit mehr für den Rüden. Der darf mit den Welpen auch nicht spielen, wenn sie selbst schon vergnügt vor der Höhle umhertollen oder gar mit der Mutter spielen. Auch da darf er nur zusehen. Erst dann, wenn der Milchfluß der Hündin aufgehört hat, tritt eine plötzliche Wendung ein. Die Hündin fordert plötzlich den Rüden zum Spiel auf!

Das habe ich schon in Wort und Bild im „Das Jahr des Hundes" festgehalten. Dort habe ich auch gesagt, daß die Hündin dabei einen eigenen Spielplatz auswählt, der etwas abseits von dem Spielplatz vor der Höhle liegt. Sie spielt also solange mit dem Rüden – der, wie man verstehen kann, mit überschäumender Freude mitmacht – und so gezielt, bis die neugierig herangekommenen Welpen in das Spiel integriert werden können. Sobald das der Fall ist, verdrückt sich die Hündin, entzieht sich den Blicken des Rüden und der merkt das auch gar nicht, da es ihm Vergnügen bereitet, mit den Welpen zu spielen. Bislang durfte er das ja noch nicht.

Das mag wohl auch der Grund sein, warum Rüden, die mit Welpen von uns konfrontiert werden, diese zwei bis drei Tage nicht so recht akzeptieren wollen. Das hat schon jeder erlebt, der einen Welpen nachhause gebracht hat. Sein Althund weicht diesem zunächst geflissentlich aus, brummt sogar ungehalten, wenn ihm der Achtwöchige zu dicht an das Fell rückt und springt notfalls auf einen Stuhl. Es wäre denkbar, daß er fürchtet, die Hündin könnte es nicht wollen, daß er sich mit dem Welpen beschäftigt. Wo ein Welpe ist, muß ja auch eine Hündin sein, glaubt er. Hat er aber nach der genannten Zeit begriffen, daß er ungestraft mit dem Welpen spielen darf, macht er dasselbe wie ein Rüde, dem die Hündin mit dem geschilderten Trick die Welpen untergejubelt hat.

Wir werden nun die Hündin selten spielen sehen – sie hält sich meist abseits und hat ihre Nachkommen voll und ganz dem Rüden zur weiteren Erziehung überlassen.

⌘ ⌘ ⌘

Sehen wir also, was so ein nun erst richtig zum Vater gewordener Rüde mit seinen Welpen tut, und versuchen wir, selbst seine Rolle einzunehmen, wenn wir bei Anschaffung eines achtwöchigen Welpen keinen wohlerzogenen Rüden – oder eine Hündin, das ist egal – im Hause haben. Wenn wir nämlich davon ausgehen, daß das Überleben der Wölfe davon abhängt, zu wie guten und disziplinierten Rudelgenossen der Rüde seine Welpen erzieht, können wir wohl folgern, daß der genau weiß, wie man das schafft.

Es mag dabei für viele Leute sehr überraschend sein, daß er dabei eigentlich fast nichts anderes tut als mit den Welpen zu spielen. Er spielt auch noch mit ihnen, wenn sie Junghunde sind, und – er spielt auch noch mit ihnen, wenn sie längst voll erwachsen sind und sich als völlig vollwertige Jagdhelfer betätigen. Sicher – es kommt schon vor, daß er so ab und zu dazwischenfährt, wenn zwei zu böse miteinander werden, oder wenn einer ein Verbot übertritt, was ja alles mal vorkommen kann, wenn auch immer seltener, je älter die Jungen werden.

Aber ansonsten sehen wir nur unterschiedlichstes Spielverhalten, das in einem ganz krassen Widerspruch zu jenen Maßnahmen steht, deren sich gewisse Personen zu bedienen pflegen, und wofür sie Pokale und Ehrenurkunden einheimsen. Obwohl sie behaupten, daß sie von den Hunden grundsätzlich nichts anderes verlangen als deren Natur entspricht! Auch wenn das stimmt, muß man sich fragen: wie schafft der Rüde das alles auch ohne Stachelhalsbänder, Zughalsbänder, Elektroschocks und andere Marterinstrumente? Nicht einmal seine Stimme erhebt er!

Man mag da einwenden, daß die sogenannte Arbeit mit dem Menschen ganz andere Vorzeichen hat und zu anderen Resultaten führen muß, als dies bei jagenden Wölfen der Fall ist. Das mag stimmen, wenn man von einem Hund die schon kritisierten marionettenhaften Bewegungen, militärischen Drill und geistlosen Kadavergehorsam verlangt. Solche Blödheiten fallen Wölfen natürlich nicht ein. Allerdings – bei ihnen werden auch keine kleinen Kinder totgebissen – dazu sind sie zu primitiv.

Aber wenn man etwas genauer hinschaut, dann erkennt man, daß alles das, was wirklich sinnvoll und notwendig ist, auch sehr diszipliniert ausgeführt wird. Das allerdings nicht hirnlos, sondern sehr einsichtig und mit einem notwendigen Spielraum für freie Entscheidungen. Sehr viel davon lassen heute noch die Hütehunde der Hirten erkennen. Ein solcher Hund ohne die Klugheit des Wolfes würde sich als unbrauchbar erweisen.
Sehen wir uns einmal an, was die Welpen so spielerisch am Ende gelernt haben. Zunächst einmal das allerwichtigste: die Überlegenheit der Mutter und des Vaters zu erkennen und zu respektieren. So sehr, daß sich gar nicht alle von ihnen entschließen können, einmal geschlechtsreif geworden, die Eltern zu verlassen, um eigene Familien zu gründen! Diese kommen dann zwar in der Regel nie zur Fortpflanzung – was auch gut so ist. Aber sie werden wertvolle Helfer bei der Aufzucht des nächsten Wurfes – und das ist auch gut so.

Dieser Respekt, den die Welpen ihren Eltern entgegenbringen, darf nun nicht so verstanden werden, wie das so gerne dargestellt und von vielen Hundehaltern gefordert wird; nämlich als demütige Unterwerfung. Eine solche gibt es zwar, jedoch nicht als Kind-Eltern-Beziehung. Sie kommt überall dort vor, wo einander fremde Hunde oder Wölfe

unterschiedlichen Alters zusammengebracht werden, also unter Gehege- beziehungsweise Zwingerbedingungen. Nur hier kann man das häufig beobachten, wobei eine mehr oder weniger deutlich erkennbare Streßsituation alle normalen Verhaltensweisen und Gruppenstrukturen negativ beeinflußt.

Der von normalen Eltern aufgezogene Welpe aber unterwirft sich nicht demütig. Er kann es zwar und tut es auch, aber nur, wenn er damit etwas besonderes erreichen will. Etwa dann, wenn er ganz bewußt ein Verbot übertreten hat und weiß, daß er damit den Zorn des Rüden herausfordert. Er biegt das dann einfach durch ein geradezu kriecherisches Verhalten ab. Nur hat man dabei den Eindruck, daß er genau weiß, was er damit erreicht und nur so tut – als ob. Er kennt die Wirkung dieses „entwaffnenden" Verhaltens. Unsere Kinder können das auch.

Ein weitgehend gleichartiges Verhalten zeigen gelegentlich auch erwachsene Hunde, wenn ihnen bewußt geworden ist, daß sie etwas angestellt haben. Auch sie knicken in den Beinen ein, drücken die Rute herab und senken den Kopf, legen sich auch hin, weisen dann sogar die Bauchseite vor. Hier handelt es sich aber doch in den meisten Fällen um die nach der unüberlegt geschehenen Missetat eingetretene Einsicht, etwas falsch gemacht zu haben. Hier muß man wohl eine solche demütige Unterwerfung als Schuldbekenntnis werten. Das ist echte Reue, die genau auf den selben „Unlustgefühlen" beruht, die wir Menschen empfinden, wenn wir erkennen, daß wir einem anderen Menschen unbeabsichtigt eine schwere Kränkung zugefügt haben.

Derartige Gefühle können aber nur dann entstehen, wenn ein Hund seinen Menschen-Kumpan wirklich ernst nimmt. Das wieder kann aber ein Hund nur dann, wenn er als Welpe das volle Vertrauen zum Menschen gewonnen hat. Damit meine ich eine über die Prägung hinausgehende Erfahrung, die etwa ab der achten Woche, in der Zeit der Sozialisierungs-Phase, gewonnen werden kann.

Ein solcher Hund kann dann auch später einmal, älter geworden, an andere Menschen weitergegeben werden. Er wird versuchen, die Zuneigung der neuen Familie so rasch als möglich zu gewinnen. Das ist keine Untreue gegenüber dem früheren Besitzer, sondern das Bedürfnis des weggegebenen Hundes, Schutz und Sicherheit in der neuen Gruppe zu finden. Weil er die Vorzüge des Sozialverbandes kennt, weil sie ihm gewissermaßen zu einem unabdingbaren Lebensbedürfnis geworden sind; er kann sich ein Leben ohne Gruppe nicht mehr vorstellen. Würde man einen solchen Hund isolieren, also in einem Zwinger halten, würde er die Nahrung verweigern und unter Umständen sogar eingehen. Nicht aus Trauer um die verlorene Gruppe, wie das gern dargestellt wird, sondern aus der Unfähigkeit, unter solchen Bedingungen weiterzuleben. Hunde, die mit einer starken Menschenbindung aufgewachsen sind, können nicht mehr allein leben; zumindest entwickeln sie in Kürze bei anhaltender Isolation gravierende Verhaltensstörungen.

Ganz anders verhalten sich Hunde, die nach der achten Woche keine Sozialkontakte zum Menschen aufbauen konnten. Sie erwarten nun nichts mehr, sie haben die Vorzüge der Gruppenbindung gar nicht erfahren. Sie sind gewohnt, auf sich gestellt zu sein. Solche Hunde entwickeln einen Wandertrieb, sie werden zu Streunern. Sie suchen nichts bestimmtes, es treibt sie einfach umher, weil ihnen etwas fehlt – ohne eine Vorstellung davon zu haben, was das wohl sein könnte. Da ihnen also ein Fernziel fehlt, kommen sie früher oder später zu ihrem Ausgangspunkt wieder zurück, in erster Linie wohl, weil es hierzulande in Wald und Flur für einen unerfahrenen Einzelhund nicht genügend Nahrung gibt. Aber er wird die nächstbeste Gelegenheit benutzen, um wieder abzuhauen. Wie man Türklinken betätigt, lernt ein durchschnittlich intelligenter Hund von sich aus ganz schnell!

Natürlich gibt es zwischen den beiden geschilderten Extremen alle möglichen Übergänge. Das hängt damit zusammen, ob man für den Hund in der Prägungsphase genug getan hat, und was er in der anschließenden Sozialisierungsphase erlebte. Hat er beim Züchter zu wenig Kontakte gehabt, ist zwar nicht alles verloren, aber es wird schwer, wenn nicht unmöglich werden, alle Möglichkeiten der Sozialisierung auszuschöpfen. Wenn die Kontaktbereitschaft zu gering entwickelt wurde, wird der Erwerber des Welpen ihn nur geringgradig für seine Person und seine Wünsche interessieren können. Er wird wenig Bereitschaft zeigen, mit uns zu spielen. Ein gut geprägter Welpe hingegen wird jede Gelegenheit nutzen, uns zum Spiel herauszufordern.

Geht man nicht darauf ein, dann darf man nicht erwarten, daß ein solcher Hund später einmal Lust dazu verspürt, mit dem Menschen irgendwie zusammenzuarbeiten; er wird nicht einmal geneigt sein, die selbstverständlichsten Funktionen eines Familien- und Begleithundes zu erfüllen. War er gut geprägt, dann kann er je nach Veranlagung zwar sehr streichelbedürftig sein – aber anfangen läßt er mit sich nichts. Selbst wenn wir ein Stöckchen werfen, was bekanntlich für die meisten Hunde das allerhöchste Vergnügen ist, wird er sich nicht dafür interessieren und wir dürfen es selber holen.

Nur durch das Spiel mit dem Menschen lernt der Welpe die besonderen Fähigkeiten des Menschen kennen. Er begreift sehr schnell, daß das Fähigkeiten sind, die den seinen, ja selbst denen der Hunde, die er bislang kennengelernt hatte und jetzt noch kennenlernt, turmhoch überlegen sind. Welcher noch so kluge Althund kann schon Stöckchen werfen? Zwar stellen sich viele Hunde sehr geschickt an, ein Holzstück hoch oder zur Seite zu werfen. Aber das läßt sich nicht mit dem gezielten Weitwurf vergleichen, zu dem ein Mensch fähig ist.

Da Welpen hervorragende Beobachter sind, werden sie schnell solche und andere Unterschiede erkennen. Allerdings werden sie auch Eigenschaften feststellen, die nicht dazu beitragen, das Prestige des Menschen zu bekräftigen. Das ist vor allem dann der Fall, wenn der Mensch zu nachgiebig und zu inkonsequent ist. Das haben die Welpen sehr schnell herausgefunden, vor allem deswegen, weil es zu ihrer Natur gehört, solche Eigenschaften ihrer Erziehungsberechtigten zu testen. Ich gebrauche hier bewußt jenen Sonderstellungsbegriff, um klar zu machen, daß innerhalb einer Familie nur einer den Erzieher spielen darf; alle anderen Familienmitglieder dürfen nur als

Helfer in Erscheinung treten, sofern sie zumindest halberwachsen sind.

Innerhalb einer Hundefamilie nimmt der Altrüde als Welpenerzieher eine Sonderstellung ein, er ist wirklich der Erziehungsberechtigte. Keinem anderen Hund des Familienverbandes fällt es ein, ebenfalls an den Welpen herumzuerziehen. Sie stehen dem Vaterrüden bestenfalls zur Seite, vermeiden es aber weitgehend, mit den Welpen zu spielen. Das ist Aufgabe des Alten, der sie ja seinerzeit auch erzogen hatte.

Wird diese Regel durchbrochen, kommt es unweigerlich zu höchst unerfreulichen Geschehnissen, auch bei Hunden, wie ich das nun schildern möchte.

Unsere „arabischen" Pariahunde sind ein Paradebeispiel, das beweist, was herauskommt, wenn die Erziehungsgrundlagen fehlgesteuert sind. Ich habe diese Geschichte schon in ungezählten Vorträgen zum besten gegeben, aber hier will ich sie nun einmal auch niederschreiben, da sie einen besonderen Aussagewert besitzt. Es handelt sich zunächst um einen Rüden, der als Saugwelpe in einem Wurflager aufgefunden worden ist, irgendwo in einem Wüstengebiet Saudi-Arabiens.

Er wurde von Menschenhand aufgezogen und hatte in seiner Jugend überhaupt keine Kontakte zu anderen Hunden. Wieweit er überhaupt eine Erziehung genossen hatte, kann ich nicht beurteilen. Er kam später in eine andere Hand, und zuletzt landete er bei einem älteren Ehepaar. Da war er bereits eineinhalb Jahre alt. Eine seiner ersten Reaktionen war, den Mann ernsthaft in den

Arm zu beißen. Darauf sollte er wegen „Bösartig-keit" eingeschläfert werden. Das erfuhr der Leiter des Tierhilfswerkes Heidelberg und fragte bei mir an, ob ich bereit wäre, diesen Hund zu mir zu nehmen. Natürlich war ich sehr daran interessiert, nicht nur, weil solche herrenlosen Hunde aus dem Orient für die Verhaltensforschung von besonderem Interesse sind, sondern auch deswegen, weil ich gerade zuvor eine Straßenhündin aus Addis-Abeba erhalten hatte. Das ist zwar auf der anderen Seite des Roten Meeres, aber für meine Zwecke spielte das keine Rolle.

Der Rüde wurde mir also gebracht und mein erster Eindruck war, als er von der damaligen Besitzerin an der Leine zum Tor hereingeführt wurde, daß es sich tatsächlich um einen bösartigen Hund handeln müsse. Er tat jedenfalls schrecklich wild, sträubte das Fell und zeigte seine prächtigen Zähne in höchst bedrohlicher Weise.

Mein Sohn Detlef, der zuvor schon bei jener Dame gewesen war, um den Hund anzusehen, nahm ihr daraufhin die Leine aus der Hand, führte den Rüden zu mir und sagte gelassen, daß ich ihn jetzt streicheln könne. In der Hand meines Sohnes war er tatsächlich ein ganz friedfertiger Hund, der gegen meine Berührungen nichts einzuwenden hatte, wenn er auch den Eindruck machte, daß er keinen besonderen Wert auf Streicheleinheiten legte. Er war ein ganz prächtig gewachsener Rü-de, im Aussehen und Färbung einem besonders kräftigen Dingo ähnlich, ein Eindruck, der auch durch die dreieckigen Stehohren bekräftigt wurde. Auch die äthiopische Hündin war offensichtlich von ihm angetan, und so gab es zunächst keinerlei Probleme. Den beiden Hunden stand ein über

1000 Quadratmeter großes Gehege zur Verfü-gung, größtenteils Wiese, dahinter ein kleines Laubwaldstückchen und Buschbestand. Im folgenden Januar des Jahres 1983 warf dann die Hündin sieben kerngesunde Welpen. Wir konnten die Jungen kontrollieren, da sie in einer nicht zu tiefen Höhle geboren worden waren.

Groß war allerdings unser Erstaunen, als bereits am nächsten Tag nur mehr ein Welpe vorhanden war, und zwar ein Rüde. Darauf konnte ich mir keinen rechten Reim machen; schließlich kam ich zu dem Schluß, daß es wohl wegen des damals herrschenden Regenwetters gewesen sein müß-te. Wahrscheinlich konnte die Hündin keine sieben Welpen trockenhalten. Ist doch bekannt, daß kalte Nässe für Welpen tödlich ist, im Gegensatz zu trockener Kälte, ja selbst Frost, was die Welpen sehr gut vertragen und Heizlampen wirklich über-flüssig macht. Letztere bewirken nur, daß genetisch geschwächte Welpen eine höhere Überlebenschance haben – was aber nicht im Sinne einer verantwortungsvollen Hundezucht liegen kann! Derartiges unternehmen nur Menschen, die aus Hunden Geld machen wollen. Ihnen hilft übrigens auch die Industrie vermittels heizbarer Wurf-lager.

Jedenfalls war mir soviel klar, daß es unwahrscheinlich wäre, Erbschäden für den Verlust von sechs Welpen verantwortlich zu machen. Das kann es bei Pariahunden, die seit Generationen in freier Partnerwahl unter den Bedingungen einer harten natürlichen Auslese züchten, praktisch gar nicht geben. Erfreulich hingegen war dann aber doch, daß dieser Einzelwelpe ganz prächtig ge-dieh und, je älter er wurde, mehr und mehr seinem Vater ähnlich wurde. Es war bereits in seinem fünften Lebensmonat gut zu erkennen, daß er wie jener auch Stehohren – wenn auch ein wenig längere – bekommen würde. Seine Mutter nämlich hatte nach hinten gefaltete Ohren, wie das bei mediterranen Laufhunden die Regel ist.

An dieser Stelle will ich gleich einmal der Geschichte vorgreifen. Diese Hündin brachte nach dem arabischen Rüden noch zwei Würfe zu je sieben Welpen, die sie alle aufgezogen hat. Keiner dieser vierzehn Welpen hatte Stehohren, mit Ausnahme eines, bei dem die Ohren so halb und halb aufgerichtet sind, das eine mehr, das andere weniger. Es war überdies auch kein einziger Hund dabei, der dem Araber so ähnlich wurde, wie jener allein aufgezogene Welpe des ersten Wurfes. Sie glichen alle weit mehr der Mutter. Wirklich, ein ganz merkwürdiger Zufall, daß nur einer unter insgesamt 15 Welpen seinem Vater zum Verwechseln ähnlich wurde, und ausgerechnet der, der als einziger des Wurfes von der Hündin aufgezogen worden ist.

Diese aber brachte genau sechs Monate nach diesem ersten Wurf ihren zweiten. Sie hatte wie üblich zwei Tage vor dem Werfen eine tiefe Höhle gegraben. Diese befand sich aber so dicht am Zaun, gerade an einer Stelle, an der der Besucherweg vorbeiführt, daß mir die Sache nicht gefiel. Außerdem ging es gleich neben dem Höhleneingang nach rechts zu sehr steil bergab, und ich befürchtete, daß die Welpen nach dem ersten Verlassen der Höhle im Spiel an dieser Stelle herunterpurzeln würden. So ließ ich vorsichtshalber diese Höhle wieder zuschütten, worauf die Hündin die Welpen unter einem von üppigen Pflanzenwuchs durchwucherten Reisighaufen zur Welt brachte.

Sohn Dietmar, der seinerzeit schon für „Das Jahr des Hundes" fotographiert hatte, tat dies auch hier, um alles genau festzuhalten. So kann man auf seinen Bildern auch sehen, wie der nun sechsmonatige Junghund neugierig neben der gerade gebärenden Hündin steht, und wie sie ihn daraufhin energisch wegjagt. Bei der Geburt hat ein Rüde nichts zu suchen, er hat eine andere Aufgabe: er soll aufpassen, daß die mit dem Gebären und der Welpenpflege voll in Anspruch genommene Hündin nicht durch einen Freßfeind in Gefahr gerät oder sonstwie gestört wird. Das mußte auch der Junghund begreifen, und so lag er dann in einiger Entfernung im Gras – allerdings achtete er mehr, von seiner Neugier getrieben, darauf, was sich im Wurflager beobachten ließ, als auf mögliche Gefahren.

Für uns interessant war nun der Umstand, daß nicht der Altrüde, sondern der Sohn mit der Wachfunktion betraut worden war. Normalerweise ist es natürlich immer der zur werfenden Hündin gehörende Rüde, der aufpaßt. Hier aber trat der Vater nicht in Erscheinung.

Er tat dies auch dann nicht, als die Welpen bereits vor dem Lager spielten. Wenn die Hündin einmal wegging, dann lag wie selbstverständlich ihr halbwüchsiger Sohn bei ihnen und spielte den Baby-Sitter. Der Altrüde war zwar auch meist in der Nähe, er ging aber nicht näher zu den Welpen hin. Allmählich merkten wir, daß dies die Hündin auch gar nicht wollte. Es sah alles so aus, als hätte sie dem Erzeuger untersagt, sich um seine Nachkommen zu kümmern.

Dann kam der Tag, an dem die Hündin erstmals wieder ihren Rüden zum Spiel aufforderte, wie ich das früher schon beschrieben habe. Aber es war hier nicht der Altrüde, sondern wieder der Sohn, dem sie auf diese Weise die Welpen zur weiteren Betreuung übergab. Das aber wurde dem Altrüden zuviel. Immer wieder versuchte er, mit den inzwischen acht und mehr Wochen alten Welpen Kontakt aufzunehmen. Aber die Hündin knurrte ihn böse an, wenn sie das bemerkte.

Nur der mittlerweile neun Monate alte Jungrüde spielte gelegentlich mit dem Alten, was ihm offenbar lieber war, als sich mit den tolpatschigen Welpen abzugeben. Alles in allem sah man da nichts von einer intakten Familie. Vor allem fiel auf, daß die Welpen umso zänkischer wurden, je älter sie wurden. Immer wieder hörte man wildes Geschrei aus diesem vom Haus am weitesten entfernten Gehege. Dietmar fotographierte, wie die inzwischen über vier Monate alten Kerle sogar ihren großen Bruder schikanierten und sich gegenseitig wilde Gefechte mit enorm aggressivem Charakter lieferten.

In der Zeit passierte auch etwas, was kein Mensch für möglich gehalten hätte. Zum Glück war Dietmar zugegenund hat alles mitfotographiert – ich hätte es sonst nicht geglaubt. Die Althündin hetzte damals ihren großen Sohn gegen den eigenen Vater auf – was auf den Fotos deutlich erkennbar ist – und es kam zu einem heftigen Kampf zwischen den beiden Rüden, der genau eine halbe Stunde währte. Die Junghunde umringten die Kämpfer und kläfften vor Begeisterung, wie das bei unseren Jungs auch so ist, wenn sich zwei prügeln.

Es war natürlich ein ganz typischer Rüdenkampf, dessen einzelne Phasen Dietmar in dreißig Fotos festhalten konnte. Aber es ist auf diesen Bildern unübersehbar, daß der Altrüde im Hintertreffen war. Wahrscheinlich weit weniger wegen fehlender Kraft – vermutlich war er sogar stärker als sein Sohn; wohl allein deshalb, weil die Majestät, die Althündin, hinter ihrem Kronprinzen stand. Der mußte sich so überlegen fühlen, wie sich jeder Hund an der Leine stark fühlt – weil er sich im wahrsten Sinne des Wortes mit seinem Meister „verbunden" fühlt. Läßt man ihn los, verliert sich seine Frechheit sehr schnell, und er benimmt sich ganz harmlos.

Bei unseren beiden Streitern war es jedoch so, daß der Vater fast stets auf dem Rücken und auf den Seiten lag, wodurch er, da es geregnet hatte und der Boden aufgeweicht war, ein völlig verdrecktes Fell hatte – im Gegensatz zu seinem Sohn, der nur an Kopf und Hals, also da, wo er mit dem Altrüden in Berührung kam, schmutzig geworden war. Es war ein Kommentkampf also, wie er unter Rüden ausgetragen wird, um Rangordnungsfragen zu klären – es floß dementsprechend kein Blut.

Schließlich endete er damit, daß der Sohn den Vater in das kleine Waldstück am hinteren Ende des Geheges trieb – und dort mußte er von nun an bleiben. Wagte er es, hervorzukommen, so wurde er unter viel Geschrei von der ganzen Meute zurückgetrieben. Allerdings – wenn gefüttert wurde, durfte er an den Zaun nach vorne kommen, um sich seinen Teil zu holen. Verhungern wollte man ihn offensichtlich doch nicht lassen. Aber danach mußte er schnellstens wieder in den Wald.

Als die Hündin wieder läufig wurde, durfte der Rüde den Wald verlassen. Für diese Aufgabe war er ja erwiesenermaßen geeignet, und als der letzte Wurf ein Jahr alt war, brachte die Hündin erneut sieben Welpen.

Aber dieses Ereignis hat er nicht mehr erlebt. Denn als die Hündin aufgenommen hatte, sollte er wieder in den Wald zurück. Das aber wollte er nicht mehr, nachdem er ja wieder einige Wochen lang eine so wichtige Sonderstellung eingenommen hatte. Daraufhin warf ihn die ganze Meute mit vereinten Kräften aus dem Gehege hinaus und ließ ihn nicht mehr ein. Als er im Bestreben, Anschluß zu finden, in ein anderes Gehege schlüpfte, wurde er von den dortigen Insassen kurzerhand getötet. Hatte er doch die Territoriumsgrenze verletzt, und überdies hatte dieses Nachbarrudel die Vorgänge bei den Arabern die ganze Zeit über beobachten können – man wußte, daß dieser Rüde eine Macke hatte.

Das war es nämlich, warum die Äthiopierin nicht wollte, daß er sich mit ihren Welpen befaßt. Er war doch nur in Menschenhand aufgewachsen und besaß offensichtlich keine Hundeerziehung, war also nie von älteren Hunden darüber belehrt worden, was Hunde unter Sozialverhalten verstehen. Allerdings hatte dann auch die Hündin einen Fehler gemacht. Der Sohn, der die Erzieherrolle übernehmen mußte, war noch zu jung dazu – war er doch selbst erst acht Monate, als er die Welpen übernahm. Er konnte sich nicht richtig durchsetzen, er war nicht konsequent, er war zu wenig Persönlichkeit. Das wird ein Rüde stets erst mit 18 Monaten. Bei einer Hündin kann das früher sein, nämlich dann, wenn sie mit neun oder zehn Mo-

naten ihre ersten Welpen aufzieht, wie das etwa bei den Dingos die Regel ist.

Was haben nun also jene sieben Welpen damals erlebt? Erstens eine Mutter, die den Altrüden verscheucht. Zweitens einen großen Bruder, der sich von ihnen alles gefallen läßt. Drittens einen Altrüden, der von einem Jungrüden verprügelt und anschließend vertrieben wird.

Der tragende Pfeiler einer in geordneten Bahnen lebenden Gruppe ist stets der gebührende Respekt vor dem Älteren. Nicht, weil er älter ist, sondern weil er nur deswegen älter hat werden können, da er gewitzt genug war, allen Gefahren zu entkommen und alle Erschwernisse des Lebens zu meistern. Das bedeutet, daß er eine entsprechend größere Lebenserfahrung hat, und so ein Rudelmitglied ist für den Fortbestand des Rudels, für die Sicherheit des einzelnen wertvoll. Daher hat jeder Welpe das offensichtlich angeborene Bestreben, sich nach solchen erfahrungsreichen Individuen auszurichten. Normalerweise ist das der Vaterrüde, der ab der achten Woche zum Leitbild für die Welpen wird.

Was aber konnte nun aus diesen Welpen werden, denen ein solches Leitbild gefehlt hatte, und die überdies erlebten, daß ihr großer Bruder selber keinen Respekt vor dem Altrüden hatte? Von einer Sozialisierung und von einer Rudelordnung war da einfach nichts drin. Das hat sich bis heute nicht geändert. In diesem Gehege findet man kein zusammengeschweißtes Rudel, sondern drei konkurrierende Hündinnen und einen Rüden – jenen erstgeborenen – zwischen ihnen, der nicht recht weiß, wo er nun hingehört. Er hält sich meist in der Mitte des Geheges auf. Links vorne wohnt eine seiner jüngeren Schwestern, in der Mitte weiter hinten die andere, und ganz hinten rechts, von dichtem Buschwerk verborgen, haust die dritte. Es ist hier zu ergänzen, daß die Althündin aus Äthiopien nicht mehr lebt. Sonst gibt es noch ein paar Junghunde. An sich könnten es mehr sein, aber wie das nun einmal bei so einer asozialen Gesellschaft nicht anders zu erwarten ist: ab und an wird bei passender Gelegenheit irgendeiner von den jüngeren Hunden totgebissen.

Wenn nun ein unerfahrener Tierbeobachter, der noch nie einen richtigen Sozialverband bei Hunden gesehen hat, die Hunde ohne Kenntnis ihrer Vorgeschichte studieren würde, müßte er ein gar schauerliches Bild vom Verhalten der Hunde entwerfen! Leider passieren Verhaltensforschern, die mit Gehegetieren arbeiten, öfter solche Mißgeschicke, die dann zu jenen hier schon besprochenen Fehlinterpretationen – wie eben die, die das Rangordnungsprinzip betreffen – führen können.

❁ ❁ ❁

Den Hundehalter aber lehrt die hier erzählte Geschichte wohl mit aller Deutlichkeit, wie wichtig es für einen Welpen ist, in eine auch seelisch gesunde Umwelt hineinzuwachsen. In diesen Wochen der Sozialisierung entwickelt er das, was man das Wesen eines Hundes nennt. Das hat nur sehr wenig mit Erbanlagen zu tun! Wenn man sagt, der Hund sei ein Spiegelbild seines Herrn, so ist das wahrlich nicht aus der Luft gegriffen, sondern trifft „des Pudels Kern".

Welpen ahmen alles nach, was sie an anderen Hunden oder beim Menschen sehen – sie versuchen es zumindest. Sie stellen sich auch auf die Mentalität jener ein, nach denen sie sich auszurichten versuchen. Und sie erproben im Spiel die Überlegenheit des Älteren, der ihnen auch dadurch imponiert, daß er Spiele kennt, die ihnen Freude bereiten. Hier beginnt das eine Ende jenes Bandes, das später einmal Mensch und Hund zeitlebens unzerreißbar verknüpft. Allerdings – der Welpe muß dieses Bandende aufnehmen können!

Es geht beim Spielen mit Welpen im Grunde genommen nur äußerlich um das Spielvergnügen, das offen zur Schau getragen wird. Viel bedeutender ist dabei das, was sich im Unterbewußtsein der Welpen festlegt: das Gefühl, daß jeder Kontakt des Großen mit ihm etwas überaus positives, schätzenswertes ist, und daß dessen Maßnahmen auch als nichts anderes zu verstehen sind. Es reift die Überzeugung heran, daß alles, was der Mensch mit ihm macht, nur und allein zu seinem eigenen Besten ist. Nur ein solcher Welpe kann eine Lernfreudigkeit entwickeln, die über das von der Natur normalerweise gebrauchte Maß hinausgeht. Als Beispiel hierfür sei einer der Neumann'schen Wölfe genannt, der während des Sprunges durch einen hochgehaltenen Reifen ein Fleischstückchen von der Spitze eines Stockes erhascht. Derartiges lernt ein Wolf in der Natur mit Sicherheit nie von seinem Vaterrüden!

Das Spiel in der Sozialisierungsphase und auch später bildet also nicht nur den Charakter des einzelnen Hundes, es fördert auch seine Lernfreudigkeit, schult das Gehirn und die körperli-

chen Fähigkeiten, und es bildet die Grundlage für das künftige Band, das Mensch und Hund fest verbindet. Das Spiel ist die äußere Form für das, was man Erziehung nennt, sieht man von dem notwendigen Aufstellen unterschiedlicher Verbote ab.

Dem Welpen nichts anderes beizubringen als das, was er nicht darf, hat mit Erziehung eigentlich wenig, fast gar nichts zu tun. Es ist das einfach eine Notwendigkeit, die mehr mit einer Begrenzung des Lebens zu tun hat, nichts aber mit einer Entfaltung der Persönlichkeit. Die meisten Menschen meinen doch, daß ein Hund, der stubenrein ist, der auf Ruf sofort kommt und brav an der Leine geht, gut erzogen sei. Sie verlangen gar nicht mehr von einem „Begleithund". Nun, es gibt heute vielfältiges mechanisches Spielzeug, welches das auch alles kann; es hat sogar den Vorteil, daß man mit ihm nicht spazierengehen muß. Wie wäre es damit?

Verfolgen wir die weiteren Geschehnisse in einer neu gegründeten Hundefamilie, bei der alles in Ordnung verläuft, werden wir sehen, daß das Spielen zeitlebens kein Ende mehr nimmt. In der Rangordnungsphase, wie ich die vier Wochen nannte, die auf die zwölfte Woche folgen, die in etwa also den vierten Lebensmonat umfaßt, werden zwar die Spiele mit dem Vaterrüden fortgesetzt. Sie werden immer umfassender, fordern die sich zu Junghunden entwickelnden Welpen immer mehr. Aber die Welpen untereinander lassen jetzt ein Spielverhalten erkennen, das im ersten Ansehen gar nicht besonders liebenswürdig erscheint. Da gibt es Rempeleien, heftigere Balgereien, aber auch Szenen wie etwa die, daß mehre-

re Welpen auf einen losgehen. Der drückt sich an eine Rückendeckung und versucht, die gegen ihn geführten Angriffe abzuwehren. Das sind natürlich nur Scheinangriffe – aber sie wirken recht hart, geradezu brutal. Der Angegriffene braucht da schon einen festen Verteidigungswillen, um damit fertig zu werden.

Darum geht es im Grunde genommen auch: die Geschwister testen die psychische Widerstandskraft des Einzelnen, und bald kommt es zu einem Rollentausch – was wieder kennzeichnend für jedes Spiel ist. Der Sinn solcher in dieser Zeit sehr häufig zu sehenden Auseinandersetzungen ist wohl, die Qualitäten der einzelnen Geschwister zu testen, was zu einer Art von Rangordnung führt. Jeder weiß vom anderen, was er von ihm zu halten hat, und zu mehr soll das wohl auch nicht gut sein. Schließlich muß das in jeder Gemeinschaft, in jedem Team so sein, daß einer vom anderen weiß, was er zu leisten imstande ist. So kann man klarstellen, wer besser im Mittelfeld, wer in der Verteidigung und wer als Stürmer geeignet ist. Auch eine neu zusammengestellte Fußballmannschaft muß das bekanntlich erst herausfinden.

Rangordnung sollte man also besser als Rollenverteilung bezeichnen. Dennoch kann man bei dem Begriff Rangordnung bleiben, wenn man die Betonung auf Ordnung legt, und nicht auf Rang. Die Ordnung geht aber verloren, wenn einzelne versuchen, in dem Rang höherzusteigen – das sollte man also dann nicht mit dem Begriff Rangordnung belegen, sondern dann handelt es sich um eine Beißordnung, entsprechend der Hackordnung bei den Hühnern. Mit Friedverhalten und Gruppenbindung hat das aber nichts zu tun.

Das Einspielen der Rollenverteilung hat aber sehr viel mit dem Zusammenhalt des Rudels zu tun. Es ist die Grundlage für die nun folgende Rudelordnungsphase. Eingeleitet wird sie bereits durch eine besondere Maßnahme, die gegen Ende des vierten Lebensmonates von der Mutter ergriffen wird. Bislang hatten die Welpen das Vorrecht am Futter, und vor allem der Rüde wacht strengstens darüber, daß dieses von den älteren Rudelangehörigen beachtet wird.

Nun aber kommt eines Tages die Mutterhündin mit einem geeigneten Futterbrocken an, den sie nachdrücklich den Welpen verwehrt. Sie trägt ihn den ganzen Tag im Fang hoch erhobenen Hauptes umher, damit ihn alle Welpen auch gut sehen können. Aber wenn es nun einer wagt, auf sie zuzugehen, wird er scharf angeknurrt, und wird er zu kühn, dann kann es vorkommen, daß sie den Brocken fallen läßt und ihn wütend anspringt und verjagt. Auch wenn sie sich zwischendurch einmal hinlegt, um auszuruhen, legt sie zwar den Futterbrocken neben sich hin, bewacht ihn aber genau, und so haben die Welpen bis zum Abend begriffen, daß sich der Wind gedreht hat.

Jene Hündin aus Addis-Abeba hatte einen anderen Trick. Sie füllte ihren Bauch mit Futter und ging zu den Welpen, die nun freudig herankamen, da sie sich so verhielt, wie sie das immer tut, wenn sie Futter vorwürgt. Die Hündin würgte das Futter auch vor – aber als sich die Welpen darüber hermachen wollten, da vertrieb sie jeden einzelnen sehr nachdrücklich. Es sah aus, als wollte sie ihre Welpen verprügeln. Hinterher, als sich keiner mehr heranwagte, fraß sie seelenruhig das vorgewürgte Futter wieder selbst auf.

Das ist ein wichtiger Tag im Leben der Jungen und ich denke, daß man von diesem Tag an nicht mehr von Welpen, sondern von Junghunden sprechen sollte. Sie werden nicht mehr gefüttert, sie müssen sich ihr Futter ab da selber holen, und sie müssen erkennen, daß die Alten auch das Recht haben, ihnen Futter vorzuenthalten. Das kannten sie ja bislang noch nicht, ist aber im Rudelleben zur Sicherung der Arterhaltung sehr notwendig. So brutal das auch klingen mag – in Zeiten einer Futterknappheit ist es wichtiger, daß die Elterntiere gesund bleiben. Sie können, falls der Wurf durch Futterverweigerung zugrundegehen sollte, einen neuen Wurf zeugen, sobald sich die Verhältnisse wieder gebessert haben. Sie haben ja ihre Lebenstüchtigkeit schon bewiesen, sind also bessere Garanten für das Überleben der Sippe als die Jungen, von denen man ja noch nicht sagen kann, ob sie mit dem Lebenskampf fertig werden können. Das sind so Naturgesetze, wie sie sich bis in die Sitten der alten Bauernfamilien erhalten haben, in denen der Bauer als Erhalter der Familie die besten Stücke vom Tisch für sich beansprucht. Man schickt auch junge Männer in den Kampf, nicht die für die Weiterexistenz des Klans verantwortlichen Familienväter.

Für uns als Welpenerzieher ist es wichtig, daß wir ähnlich wie die Hündin handeln. Gerade im vierten Monat wagen es die Welpen sehr oft uns anzuknurren, ja sogar nach unserer Hand zu schnappen, wenn wir ihnen die vorgesetzte Futterschüssel wieder wegnehmen wollen. Das dürfen wir unter keinen Umständen durchgehen lassen. Wir müssen uns so verhalten wie die Hündin, die ganz energisch auf jeden Welpen losgeht, der nicht einsehen will, daß er nun nicht mehr das Vorrecht am Futter hat. Es geht hier nicht darum, daß wir alles nachmachen, was die Hunde tun, sondern um zweierlei. Erstens soll der Welpe lernen, daß er nur das fressen darf, was wir ihm ausdrücklich erlauben, womit wir uns auch als übergeordnete Instanz beweisen. Zweitens müssen wir ihn daran hindern können, auf dem Spaziergang zu fressen, was er gerade findet.

Man darf nicht vergessen, wieviel giftige Substanzen heutzutage verantwortungslos in die Natur verbracht werden. An irgendwelchen Schädlingsbekämpfungsgiften eingegangene Mäuse oder Vögel stellen eine erhebliche Gefahr für die Gesundheit unserer Hunde dar; überdies gibt es Unmenschen, die absichtlich vergiftetes Futter auslegen, weil sie allen Hunden den Tod wünschen – oder weil sie uns nicht leiden können. Es ist ein Brauch von altersher, den Hund des mißliebigen Nachbarn als Drohung gegen sein eigenes Leben zu vergiften!

Da solche Leute auch nicht davor zurückschrecken, Gift über den Gartenzaun zu werfen, ist es notwendig, den Welpen von Anfang an an seine Futterschüssel zu gewöhnen und ihm niemals Futter aus der Hand zu geben. Man sollte auch keine eßbaren Dinge frei umherstehen lassen, da dies Verleitung zum Diebstahl ist, was dann wieder mit sich bringt, daß der Hund alles aufnimmt, was er irgendwo finden kann. Er soll also überhaupt nicht auf den Einfall kommen können, daß Dinge, die sich außerhalb der Futterschüssel befinden, freßbar sind.

Eine Ausnahme darf es geben: der Hund darf Futter aus der Hand nehmen, wenn wir ihm etwas beibringen wollen, das, falls er es gut gemacht hat, mit einem Leckerbissen belohnt werden soll. Diese Futtergabe verbindet er dann mit dem, was er auf unseren Wunsch hin tun soll. Er würde das nicht als Belohnung verstehen, wenn er auch ohne jeden Anlaß solche zusätzlichen Futtergaben aus der Hand erhalten würde. Man achte da auch auf die Familienmitglieder, insbesondere die Kinder!

An sich ist diese Futterverweigerung völlig hundegemäß. Wenn wir ein totes Tier in eines unserer Gehege legen, gehen nur die beiden Alttiere auf dieses zu, alle jüngeren Tiere müssen sich fernhalten. Sie untersuchen durch Beschnuppern sorgfältig den Kadaver, so, als ob sie sich überzeugen wollen, daß er auch genießbar ist. Das kann oft mehr als eine Viertelstunde währen. Erst dann schneiden sie das Stück an und fressen davon. Sind sie satt, zeigen sie durch betontes Weggehen den anderen an, daß sie jetzt auch fressen dürfen. Das ist Rudeldisziplin im natürlichen Lebensablauf.

Bei uns darf es nicht anders sein – der Hund bekommt sein Futter von uns, er muß auch warten, bis er es bekommt. Auf diese Weise bleibt auch die Eltern-Kind-Beziehung – nicht nur in dieser Hinsicht – bestehen, auch dann noch, wenn der Hund alt geworden ist. Auch das gibt es in unseren Gehegen. In der Natur wäre es ja so, daß die Jungwölfe, die sich stark genug fühlen, abwandern, wie ich das schon erwähnte. Bei uns können die erwachsen gewordenen Nachkommen der Zäune wegen nicht abwandern – daher muß auch hier diese Eltern-Kind-Beziehung erhalten bleiben, und das funktioniert auch sehr gut, da die Welpen so erzogen sind, daß sie nie an der Autorität ihrer Erzeuger zweifeln, auch dann nicht, wenn sie eineinhalb Jahre alt geworden sind.

In diesem Alter zeigen uns nämlich die von uns erzogenen Hunde, was sie von uns halten. War die Erziehung ausreichend gut, dann wird sich in ihrem Verhalten uns gegenüber nichts verändern. Wehe aber, wir haben zuviel falsch gemacht! Da die Persönlichkeit des Junghundes nun ausreichend ausgereift ist, wird er von nun ab unsere Autorität nicht mehr oder zumindest nicht mehr im vollen Umfang anerkennen. Er wird im schlimmsten Falle sogar ab jetzt bestrebt sein, die Rudelherrschaft an sich zu reißen, was vor allem bei einer größeren Hunderasse überaus unangenehm werden kann. Vor allem Gebrauchshundeleute kennen das, da sie ja in der Regel den Junghund, mit dem man ja noch nicht „arbeiten" kann, weitgehend unbeachtet lassen. Sie haben auch ein bewährtes Rezept dagegen, das sie mit den hübschen Worten „Kreuzbrechen" oder „den-Herren-zeigen" umschreiben. Es ist auch hier so — man kann es mit dem Kopfe tun, versagt der aber, nun ja, dann eben mit Gewalt.

Jenes „Machtstreben", das ein Hund unter den genannten Umständen da an den Tag legt, hat nichts mit dem den Hunden fälschlicherweise angedichteten Streben nach einer höheren Rangposition zu tun. Der Hund geht einfach davon aus, daß in der Familie, in der er aufgewachsen ist und die er nun 18 Monate lang „studiert" hat, offensichtlich niemand ist, der wirklich weiß, wo es lang geht. Er hat kein Vertrauen zu den Großen und damit fühlt er sich einfach gezwungen, die Dinge selber in die Hand, beziehungsweise Pfote zu

nehmen, notfalls auch zwischen die Zähne, damit das Überleben der ganzen Gruppe gesichert wird. Das ist keine „Frechheit" und keine „Bösartigkeit", sondern in den Augen des durch zu viele negative Vorkommnisse enttäuschten Hundes eine Notwendigkeit. Man bedenke, daß zumindest bei südlichen Hunden der Rüde genau in diesem Alter bereits die Verantwortung für die nun zweimonatigen Welpen übernehmen muß. Bei den nordischen Wölfen tritt dieser Reifungsprozeß erst später auf.

So erfahren wir also spätestens zu Beginn des achtzehnten Lebensmonates unseres Hundes, ob wir alles richtig gemacht hatten. War das nicht der Fall, hilft kein Übungsplatz mit Gruppenexerzieren weiter, sondern man sollte versuchen, ob eine der gut geführten Hundeschulen noch helfen kann. Aber bitte größte Vorsicht bei der Wahl einer solchen, denn es gibt zu viele Scharlatane, die sich auf diesem Gebiet versuchen. Wer aber die Bedeutung des Spielens mit dem Welpen und Junghund begriffen hat, wird niemals in eine solche böse Situation kommen. Die damit verbundene körperliche und seelische Kontaktaufnahme, weiterhin verbunden mit dem lustvollen Erleben, welches das Dasein des Hundes ständig bereichert, schafft die Grundlage zur Integration in die menschliche Gemeinschaft. Das tägliche Spiel öffnet alle Wege zu einer gewaltfreien Erziehung, die auch bewirkt, daß alle mentalen Anlagen des Hundes sich frei und optimal entwickeln können. Natürlich besteht dieses Spiel am Anfang noch aus sehr einfachen Elementen — schließlich ist auch die körperliche Entwicklung des Welpen noch lange nicht so, daß er höchsten Anforderungen nachkommen kann. Dafür aber bieten diese ersten Wochen bei uns zuhause alle Möglichkeiten, über das Spielverhalten des Welpen alle notwendigen Verbote völlig klarzulegen. In dieser ersten Zeit bringt es der Aktivitätsdrang des Welpen mit sich, daß er alles mit seinen spitzen Zähnchen anfassen und nach Möglichkeit auch wegtragen will. Dabei versucht er herauszufinden, wie stark seine Kiefer schon zubeißen können und wieweit er in der Lage ist, den für ihn bislang unbekannten Gegenstand in seine Bestandteile zu zerlegen. Er sucht dabei den Erfolg, so eine Art Selbstbestätigung. Das machen ja Kinder auch so – für sie gibt es nichts schöneres, als nachzusehen, wie eine Uhr von innen aussieht.

Für uns bedeutet das, daß wir unsere Aufsichtspflicht nicht versäumen dürfen, um da oder dort den Welpen nachdrücklich darauf aufmerksam machen zu können, was erlaubt ist und was nicht. Er will das wissen. Da er noch sehr naiv ist, glaubt er es uns ohne weiteres, daß wir immer im Recht sind, wenngleich er gelegentlich auch versucht, ob er uns nicht doch durch kleine Listen überrunden kann. Da heißt es aufpassen, daß er nicht hinter unserem Rücken genau das, was wir ihm eben verboten haben, doch machen kann. Gelingt ihm dies, bedeutet das für uns Autoritätsverlust!

Die seelische Struktur eines Welpen ist darauf zugeschnitten, daß all sein Tun und Lassen unentwegt von allen Seiten beobachtet wird. So ist das in der natürlichen Rudelorganisation. Die Geschwister wollen wissen, was er da gefunden hat, um zu sehen, ob sie auch etwas damit anfangen können.

So entdeckte einmal bei uns ein Welpe einen ohne Weidestromdraht versehenen, überzähligen Kunststoff-Isolator, der in einen Pfosten eingeschraubt war. Er begann nun, seine Kräfte daran zu erproben. Nach einer Weile stellte er fest, daß mit dem Ding nichts anzufangen sei; er gab auf und ging weg. Sofort war einer seiner Geschwister zur Stelle, der schon die ganze Zeit aus einiger Entfernung zugesehen hatte, er versuchte nun sein Glück. Als auch er die Geduld verloren hatte, war ein dritter von den Geschwistern zur Stelle.

Das nur zur Illustration, wie sich einerseits so ein Welpe Gegenstände sucht, um an ihnen neue Erfahrungen zu sammeln, und des weiteren, wie seine Geschwister stets aufmerksam verfolgen, was jeder von ihnen tut. Der Vaterrüde seinerseits beobachtet wieder, was die Jungen tun, um gegebenenfalls eingreifen zu können. Entweder, um sie an unerwünschten Betätigungen zu hindern, oder um regulierend in das jeweilige Spiel einzugreifen. Bei durchschnittlich sieben Welpen eine anerkennenswerte Leistung.

Wir haben in der Regel nur einen Welpen zu beaufsichtigen – aber leider wird das vielen Leuten zuviel. Das ist der Hauptgrund dafür, daß es später einmal solche Probleme mit dem Hund gibt, wie ich sie ausführlich in meinem Buch „Der schwierige Hund" dargestellt habe. Ich habe bereits dort stets darauf verwiesen, daß fast alle Schwierigkeiten einfach daher kommen, weil man sich im frühen Alter des Hundes zu wenig konsequent mit ihm befaßt und gravierende Fehler gemacht hat. Ein Welpe erfordert nun einmal außerordentlich viel Zeit und Geduld. Die Althunde haben sie, sonst würde der Familienverband nicht funktionieren.

Wölfe können ihre mißratenen Kinder nicht in eine Erziehungsanstalt schicken, sie müssen so handeln, daß es später keine Probleme gibt. Da unser Gehirn weitaus größer als das der Wölfe ist, müßte es uns doch noch viel leichter fallen, aus unseren Welpen geradezu ideale Hunde zu machen. Es ist so beschämend, wie wenig Menschen von ihrem Gehirn wirklich Gebrauch machen. Dabei ist Denken ein Tun, das im Gegensatz zu allem anderen, was wir tun wollen, kein Geld kostet – jeder kann es sich leisten. Wer aber aus Bequemlichkeit nicht denken will, der muß auch auf einen Hund verzichten können.

Natürlich kann ich getrost davon ausgehen, daß jemand, der sich die Mühe macht, dieses Buch zu lesen, die Arbeit des Denkens nicht scheut. Dafür gibt es aber das Zeitproblem. Zeit kostet ein Welpe, viel Zeit sogar, wie man aus dem Vorstehenden unschwer erkennen kann. Natürlich muß man sich dann aber auch darüber klar werden, daß man auf einen Hund verzichten muß, wenn man diese notwendige Zeit nicht aufbringt. Wer allein lebt und berufstätig ist, darf sich keinen Hund anschaffen. Das endet in der Katastrophe und ist nichts anderes als Tierquälerei.

Wer bei seinen Eltern lebt, hat es da besser. Aber es ist die Frage zu überlegen, ob er seine Eltern gut genug erzogen hat, damit diese ihm den Hund – wie das ältere Leute so gern tun – nicht verziehen. Und nicht nur Eltern, auch hilfsbereite Nachbarn gehören in diese Kategorie, und sogar die eigene Ehefrau. Es ist nun einmal so, daß Frauen eine nachgiebigere Natur haben, was an sich sehr zu begrüßen ist, wie kämen wir Männer sonst zu einer Frau? Aber im Umgang mit unserem Hund

kann diese Nachgiebigkeit sehr unangenehme Folgen haben.

An sich sind sogar schon Welpen so gescheit, daß sie sich über diese unterschiedlichen Verhaltensweisen von Mann und Frau ein klares Bild machen und dann in Anwesenheit ihres eigentlichen Erziehers zu wahren Musterknaben werden und klar erkennen lassen, daß sie seine Unnachgiebigkeit, seine Konsequenz hoch schätzen. Aber es bleibt nicht aus, daß ihr Wesen sich doch etwas zwiespältig entwickelt, was dazu führen kann, daß sie am Ende zwischen Mann und Frau stehen. So mancher Hund ist dadurch schon zum Scheidungsgrund geworden!

So heißt es also für jeden Hundefreund, der daran denkt, sich so ein Familientier zuzulegen, sorgsam die auf den Hund einflußnehmende Umgebung zu prüfen und notfalls klar darüber zu belehren, daß es nur ein einheitliches Erziehungskonzept geben darf. Andernfalls sollte die Anschaffung eines Hundes besser unterbleiben.

⌘ ⌘ ⌘

Sind aber alle diese Voraussetzungen in Ordnung, dann geht es bestimmt gut, vorausgesetzt, daß wir das Glück haben, nun auch noch einen Welpen zu bekommen, der gesund ist. Das ist angesichts des erbärmlichen Standes der Hundezucht in Europa gar nicht so selbstverständlich, sondern eher schon, wie angedeutet, ein Glücksfall.

Nun ist zwar die Tiermedizin heute auf einem

bewundernswert hohen Stand; wäre sie das nicht, gäbe es wahrscheinlich nur ein Drittel von den zur Zeit lebenden Hunden. So kann ein guter Tierarzt, notfalls eine Klinik, unseren heranwachsenden Welpen von seinen auftretenden körperlichen Gebrechen in den meisten Fällen heilen. Aber er kann eines nicht verhindern: daß jede Krankheit, auch wenn sie nur kurzfristig das Leben des Jungtieres beeinträchtigt, einen irreparablen Schaden für seine wesensmäßige Entwicklung darstellt.

Zwar zeigen gerade solche Tiere, die wir fürsorglich gesundpflegen, oft eine ganz besondere Anhänglichkeit – mitunter so überwältigend, daß sie uns häufig genug zuviel wird, weil wir keinen Schritt mehr ohne den Hund tun dürfen. Der Hund hat dann einen Tick, den manche Menschen durchaus mögen, besonders jene Menschen, die sich in ihrem überstarken Pflegebedürfnis erst dann glücklich fühlen, wenn ihr Hund krank wird, oder die dauernd zum Tierarzt laufen, um nachprüfen zu lassen, ob es denn nicht doch sein könnte, daß er krank ist. Und wenn dann der Tierarzt nichts feststellt, zu einem anderen gehen, weil sein Kollege nichts feststellen konnte!

Aber es kann auch sein, daß durch eine Erkrankung wichtige, für das jeweilige Alter des Welpen zeitgebundene Erziehungsmöglichkeiten nicht genutzt werden können. So etwa, wenn wir nicht die Möglichkeit haben, den kranken Welpen in der Sozialisierungsphase mit anderen Hunden spielen zu lassen. Das kann später nie mehr so richtig nachgeholt werden, weil es nun einmal von der Natur so festgelegt ist, daß der „gute Benimm" unter Hunden eben in jener Phase und nicht danach gelernt werden muß. Die Natur selbst kennt solche Probleme nicht. Dort stirbt ein kranker Welpe, wenn er so krank ist, daß er sich nicht innerhalb von drei Tagen wieder gesundschlafen kann.

Der Mensch hat zwar mit großem Abstand unter allen Lebewesen das größtentwickelte Gehirn, aber es befähigt ihn neben unglaublichen Höchstleistungen auch zu ebenso unglaublichen Denkfehlern. Seinem Gehirn hat er es zu verdanken, daß er sich von der Umwelt nicht nur weitgehend unabhängig machen kann, sondern sie sogar gänzlich umzugestalten vermag. Diese Umgestaltungen haben allerdings immer wieder gezeigt, daß sie häufig zum Nachteil geraten. Das merkt man allerdings meist erst dann, wenn es schon zu spät ist.

Hierfür könnte man viele tausend Beispiele anführen, von der rücksichtslosen Abholzung Griechenlands in der Antike bis zur kaum noch reparablen Vergiftung der Ost- und Nordsee in der Gegenwart. Der Mensch in seinem Größenwahn ist nicht mehr bereit anzuerkennen, daß er nur ein Teil der Natur ist und absolut unfähig, diese nach seinen Vorstellungen zu verändern. Das ist eine Folge der Selbstdomestikation des Menschen, die mit dem „Sündenfall" des erwachten Ich-Bewußtseins ihren selbstzerstörerischen Lauf genommen hat.

Von dem Augenblick an, da der Mensch aus dem Eingebundensein in die Natur herausgetreten ist, in dem er sich als Ich ihr entgegenstellte, hat er mit ihrer Zerstörung und damit auch mit der eigenen Umwandlung begonnen. Er entfernte sich mehr und mehr von den Realitäten dieser Welt und begab sich in willkürlich konstruierte Philosophien, die er als Grundlage für seine Sonderstellung ansah und – dem finsteren Mittelalter immer noch nicht entwachsen – noch ansieht.

Eine dieser Philosophien ist der Humanismus, der uns zu einer geradezu idiotischen Einstellung zum Tier geführt hat. Wir lieben das kranke Tier mehr als das gesunde, so wie wir die Farbkleckse gewisser Pathologen mehr bewundern als die Werke Leonardo da Vincis. Wir können es nicht mehr ertragen, wenn ein Tier gesunde, gerade Gliedmaßen hat, sondern modellieren züchterisch solange an ihm herum, bis es ein Zerrbild geworden ist, das dann nur mehr überleben kann, wenn wir es sorgsam pflegen.

Der Mensch kann es nicht mehr ertragen, daß etwas natürlich ist, ja es gibt sogar schon sehr viele Menschen, denen die Natur nichts mehr sagt, die sie als primitiv verachten, sie als abstoßend und widerlich empfinden. Spiegel unserer Zeit ist am überzeugendsten das Medium Fernsehen, das konkurrierend und um Einschaltquoten strebend alles daran setzt, möglichst viele Zuseher zu erreichen. Es widmet 90 Prozent seiner Sendezeit dem, was Menschen gemacht haben und tun, die restlichen zehn Prozent widmet es der Natur. Dies allerdings hauptsächlich dann, wenn es um Umweltkatastrophen geht. Es führt uns also in der Einschätzung der Interessen des breiten Publikums deutlich vor Augen, daß sich dieses für die Natur kaum interessiert. Würden die Einschaltquoten bei Sendungen über Pflanzen und Tiere größer sein, würden die Fernsehanstalten auch mehr darüber bringen. Dann wäre ja auch das Naturverständnis des Menschen größer,

was wieder bedeuten würde, daß sich alles Unnatürliche geringerer Beliebtheit erfreuen würde.

Leider ist das nun einmal nicht so. Daher haben es auch jene Leute so leicht, unsere Hunderassen bis zum Geht-nicht-mehr zu degenerieren. Den meisten Menschen wird das gar nicht bewußt. Wie denn auch, wenn sie die Schmierereien in den Kunstausstellungen und moderne Inszenierungen in den Theatern für Kultur halten, und wenn das ohrenbetäubende Erzeugen von lauten Tönen als Musik bezeichnet wird. Es sind alle Maßstäbe verlorengegangen, Harmonie ist nicht mehr gefragt.

Gefragt ist allerdings das Geld. Geld kann man umso leichter machen, je weniger Skrupel man hat, seine Mitmenschen für dumm zu verkaufen. Davon leben unter anderem auch jene Leute, die aus dem Hund ein Geschäft machen. Hier gibt es nun einen interessanten Zusammenhang zwischen der Naturentfremdung des Menschen und dem breit gefächerten Hundegeschäft.

Da ist zunächst der Hund selber als Ware. Er ist ein Handelsartikel wie Schnürsenkel oder Autos. Man kann seine Erzeugung rationalisieren, wie das in Großzüchtereien der Fall ist, man schaltet den Zwischenhandel ein, man baut Vertriebsstellen auf oder bringt ihn in den Versandhandel, nach Katalog auswählbar. Die Herstellung von Hunden ist an sich kein besonderes Problem, und die Verluste, wie sie beim Massentransport oder durch gelegentliche Unverkäuflichkeit eintreten, rechnet man im Verkaufspreis auf.

Natürlich braucht man auch Käufer für dieses Produkt. So muß also Werbung her. Anzeigen in den Zeitungen helfen da etwas – aber das ist zu wenig. So erfanden klevere Geschäftsleute schon im vorigen Jahrhundert den Hundemarkt. Man zeigt dort seine Hunde der von Hundeorganisationen anerkannten Rassen. Die Hunde wurden wie Ware in Kisten zur Ausstellung geschickt. Wie man aus alten Ausstellungskatalogen entnehmen kann, sogar Hündinnen mit Welpen, die man an Ort und Stelle verkaufen wollte. Diese Praktiken wurden später von der Hauptorganisation, dem jetzigen Verband für das Deutsche Hundewesen, verboten.

Zuchtschauen wären an sich eine gute Sache, wenn sie von den Menschen im richtigen Sinne des Wortes genutzt würden. Oft werden sie aber zum „Jahrmarkt der Eitelkeiten", anstatt vernünftige Zucht zu fördern. Die Hundekäufer werden mit sogenannten „1 a-Papieren" zum Erwerb eines Welpen gelockt, wobei diese Papiere dem Käufer nicht einmal Auskunft darüber geben können, was an positiven oder negativen Eigenschaften, Gesundheit oder Anlagen zu bestimmten Krankheiten in den Vorfahren steckt.

So wurden, wie so oft, gute Ideen von Menschen verfälscht, für ihre Geschäfte mißbraucht. Wer seine Hündin, sei sie noch so schön und gesund, nicht auf Ausstellungen gebracht hat, bekommt für ihre Welpen keine Papiere. Das ist in England anders. Dort gibt es keinen Ausstellungszwang für Zuchthunde und trotzdem müssen deutsche Züchter englischer Rassen immer wieder Hunde von dort importieren, um hier gute Hunde zu züchten. Darüber sollte man einmal nachdenken!

Tatsache ist, daß kein Mensch einem ihm vorgestellten Hund ansehen kann, ob sein Erbgut in Ordnung ist. Hier liegt die ganze Verantwortung beim ehrlichen Züchter und davon gibt es leider viel zu wenige.

Um den Hund ist eine echte Industrie entstanden, die Tausenden Arbeitsplätze gibt. Meine große Sorge ist, daß der Hund dabei auf der Strecke bleibt.

Ich kenne Menschen, die einen großen Bogen um Ausstellungen machen. Natürlich sind das in erster Linie jene, die Hunde nicht mögen. Aber es sind auch einige, die gerade deswegen, weil sie Hunde mögen, nicht dahingehen. Das sind sehr sympathische Menschen, vor allem diejenigen, die wie ich ursprünglich auch an den ideellen Sinn und Zweck solcher Veranstaltungen glaubten, aber dann früher oder später dahinter gekommen sind, daß es vielen hierbei nur um das Geschäft geht, unter Ausnutzung der Eitelkeit von unbedarften Hundehaltern, unter Ausnutzung der Unwissenheit breiter Bevölkerungsschichten.

Die freie Marktwirtschaft, die Konsumgesellschaft und die Wegwerfmentalität unserer Gesellschaft haben es geschafft, den Handelsartikel Hund zu einem Degenerationsprodukt herabzuzüchten. Dazu kommen noch zwei Faktoren, die hier nicht außer acht gelassen werden dürfen.

Das ist einmal die bislang hier noch nicht erwähnte pharmazeutische Industrie. Sie hat durch die Entwicklung von Schutzimpfungen das genetisch bedingte Immunitätssystem der Hunde weitgehend lahmgelegt. Wenn man nämlich prophylaktisch schutzimpft, kann man nicht mehr erkennen, ob das genetische Potential, um ausreichend Antikörper gegen die diversen Infektionskrankheiten zu entwickeln, noch vorhanden ist oder nicht. Bis vor dem letzten Krieg sind Hundewelpen, die genetisch in dieser Richtung geschwächt waren, eingegangen. Sie konnten also die Immunitätsschwäche nicht weitervererben. Früher einmal war man stolz auf einen Hund, der zum Beispiel die Staupe ohne tierärztlichen Eingriff überstanden hatte. Meist hatte so ein Hund dann sichtbare Zahnschäden, das sogenannte „Staupegebiß". Das galt damals als Qualitätssiegel. Heute wird ein solcher Hund von der Zucht ausgeschlossen.

Früher, als der Hund noch kein gängiger Handelsartikel war, galt noch der Satz, daß ein toter Welpe ein guter Welpe ist. Heute wird man mit so einem Spruch geradezu als Krimineller angesehen.

Womit wir zum zweiten Faktor kommen, der eine gesunde, biologisch fundierte Hundezucht nahezu verhindert. Das ist das auf den schon kritisierten Humanismus beruhende Tierschutzgesetz, das nicht von biologisch geschulten Fachleuten, sondern von Politikern gemacht wurde, die einerseits auf die wirschaftlichen Interessen der Nutztierhalter Rücksicht nehmen, zum anderen auf jene sentimentalen, naturfremden, aber ach so tierlieben Mitbürger. Schließlich brauchen sie ja Wählerstimmen.

Dies ist mit Schuld an der Degeneration unserer Hunde. Nur ein Beispiel: in der Weihnachtsausgabe einer Hundeverbandszeitschrift schilderte eine Hundezüchterin, wie es ihr unter enormen Aufwand gelungen war, das Leben eines von der Hündin verstoßenen Welpen zu retten. Eine wunderbare Geschichte, die so genau unter den Weihnachtsbaum paßt. Man bekam Tränen in den Augen, wenn man las, welche persönlichen Opfer diese gute, warmherzige Frau doch für diesen kleinen, armen Welpen gebracht hat.

Ich hatte auch Tränen in den Augen – aber vor Wut! Was ist das für ein Hundeverein, der einen solchen Schmarren abdruckt!
Wenn eine Hündin einen ihrer Welpen nicht annimmt oder auch mehrere, dann weiß sie sehr genau, warum sie das tut! Das sind genetisch geschwächte Welpen, die unter natürlichen Umständen keine Überlebenschancen hätten; da es aber nicht auszuschließen ist, daß ein solcher Welpe unter besonders günstigen Umständen doch überleben könnte, und dann vielleicht sogar noch zur Fortpflanzung käme und damit das negative Erbgut weitergeben könnte, hilft sich die Natur eben so, daß sie Muttertieren den normalen Brutpflegeinstinkt in einem vernünftigen, das heißt arterhaltenden Maße eingrenzt. Die Hündinnen haben deswegen die Fähigkeit, das genetische Potential zu erkennen.

Wir Superklugen aber halten es für „inhuman", wenn eine Hündin nach natürlichen Richtlinien handelt. Mit dem Erfolg, daß wir Schuld tragen an dem Leiden, das über künftige Generationen hereinbricht, wenn so ein verstoßener Welpe Dank unserer Bemühungen und der Kunst der Tierärzte, unterstützt von der pharmazeutischen Industrie, dann doch in die Zucht kommt, das negative Ergbut also weitertragen kann.

Hier wird Humanität zur Grundlage einer sich potenzierenden Tierquälerei! Im Tierschutzgesetz heißt es, daß man kein Tier ohne vernünftigen Grund töten darf. Das ist gut so. Nur gibt es keine Antwort darauf, was ein „vernünftiger" Grund ist. Die meisten Tierärzte weigern sich, einen Welpen einzuschläfern, wenn er noch atmet und sich irgendwie bewegt, weil sie Angst haben, mit dem Tierschutzgesetz in Konflikt zu kommen. Ein erfahrener Hundezüchter, der einen Blick für Welpen erworben hat, kann einem Welpen in vielen Fällen ansehen, daß er gewisse Schwächen aufweist; das kann aber ein Tierarzt, der nicht dieselbe züchterische Erfahrung hat, nicht erkennen. Also muß dieser Hund am Leben bleiben, kommt dann in die Hände eines Menschen, der dem Züchter verspricht, daß er mit ihm nie züchten wird – und es dann doch tut, weil er wertblind geworden ist. Wer mit einem Hund einige Zeit zusammengelebt hat, wird das nämlich, wenn er seinen Hund gern hat. Man kann ihm deswegen nicht einmal böse werden.

Es kann aber auch sein, daß so ein vom Züchter als mangelhaft bewerteter Welpe Zeit seines Lebens ein Hund wird, der ständig der tierärztlichen Hilfe bedarf. Dann wird das Hundeleben tatsächlich zu einem „Hundeleben", wie man es keinem Hund wünschen möchte. Hätte man so einen Welpen eingeschläfert, hätte man ihm viel erspart. Dem Hundehalter übrigens auch.

Humanität ist eine menschliche Erfindung und hat genau wie alles, was sich der Mensch so zusammenphilosophiert, auch ihre Schattenseiten. Man sollte also lieber nicht philosophieren, sondern mehr die Natur beobachten und ihre Gesetze beachten. Und wenn es um Tiere geht, dann sollten nicht naturfremde Juristen, wahlstimmen-gierige Politiker, sondern biologisch geschulte Menschen die Gesetze machen. Menschen also, die weder Wirtschaftsinteressen vertreten, noch auf das sentimentale Geschwätz gewisser „Tierschützer" achten, die häufig genug von den wirklichen Lebensansprüchen nicht die geringste Ahnung haben. Jene Wichtigtuer, die ihre Hunde mästen und Herbst-Igel sinnloserweise durch den Winter füttern.

Man überlege doch einmal: 20 000 – zwanzigtausend – Jahre ist es zwischen Mensch und Hund gut gelaufen. Erst die letzten 50 Jahre, als der Hund zum Handelsartikel in einer Gesellschaft geworden war, die das Geld höher achtet als alle anderen Werte, setzte seine praktisch heute kaum noch aufzuhaltende Degeneration ein. Nur deswegen, weil dem Menschen die Naturgesetze fremd geworden sind, weil er das Machwerk gewisser Auchmenschen höher einschätzt als das, was die Natur in einem dreieinhalb Milliarden von Jahren langen Entwicklungsweg geschaffen hat.

Das muß man wissen, und das muß man unbedingt auch alles überlegen, wenn man darangeht, nach Prüfung seiner Umwelt sich einen Welpen zuzulegen. Es ist ein Lotteriespiel angesichts des heutigen Standes der Hundezucht. Daher kann nur der Mensch ein guter Hundehalter werden, der sich den Züchter sorgfältig aussucht. Es ist glücklicherweise doch so, daß es immer noch idealistische Züchter gibt, Menschen also, die diese Bezeichnung verdienen. Sie sind dünn gesät und daher braucht man einen guten Blick für Menschen, wenn man einen Welpen erwerben will.

Es gibt übrigens – das will ich hier ausdrücklich betonen! – auch solche guten Züchter innerhalb der Verbände. Die tun sich dort zwar stets ein wenig schwer, wegen der pervertierten Zuchtvorschriften, die es da häufig gibt. Man geht also nicht unbedingt falsch, wenn man an einen Züchter gerät, der über seinen eigenen Verband schimpft. Der ist meist in Ordnung.

In Ordnung ist auch ein Züchter, der den potentiellen Käufer eingehend prüft, um sich zu überzeugen, daß sein Welpe auch wirklich in beste Hände kommt. Der sich also vergewissert, ob die Umwelt, von der ich zuvor gesprochen habe, auch so ist, daß die gesunde Entwicklung seines Welpen, seine artgerechte Erziehung gewährleistet ist. Am sichersten geht man, wenn sich der persönliche Kontakt mit dem Züchter nach einem ausreichenden Gedankenaustausch so entwickelt, daß man den Wunsch hat, mit ihm künftig in einem achtungsvollen bis freundschaftlichen Kontakt zu bleiben.

⌘ ⌘ ⌘

Aber dieses Buch soll ja nicht nur vom Menschen handeln, sondern auch vom Hund. Nachdem ich also alles versucht habe, die Anschaffung eines Welpen so sehr zu vermiesen, als es immer nur geht, und Leser dieser Zeilen sich trotzdem nicht davon abhalten lassen, sich einen Hund anzuschaffen, muß ich im Interesse der Hunde noch auf den Rassebegriff eingehen.

Der Mensch hat sich damals, als die ersten spontanen Erbänderungen bei seinen Wolfskumpanen eintraten – als Inzuchtfolge und Folge verminder-

ter Naturauslese – und er Freude daran bekam, solche Sonderformen züchterisch zu bewahren, schon etwas gedacht. Spätestens nämlich dann, als er bei den färbungsmäßigen und körperbaulichen Abänderungen erkannte, daß der eine zum Hund gewordene Wolf diese, der andere wieder andere Fähigkeiten an den Tag legte.

Als der Mensch vor 12 000 Jahren mit der Schafzucht begann, war es gut, Hunde zu haben, die besonders groß wurden, ein dickeres Fell bekamen und eine kräftigere Statur. Hunde, die also nicht so „windig" aussahen wie die Wölfe. Als er nämlich, wie anfangs geschildert, mit seinen immer größer werdenden Schafherden anderen Beutetieren der Wölfe den Platz wegnahm, fingen die Wölfe an, sich an den Schafen schadlos zu halten. Da waren diese starken Hunde sehr praktisch, um die Schafherden vor ihren hungrigen Ahnen zu schützen.

Mit dem wachsenden Zweckdenken der Menschen, mit dem Entstehen des individuellen Besitzes und der Entwicklung des Jagdwesens begann man mehr und mehr, Erbänderungen des mittlerweile zum Hund gewordenen Wolfes für die unterschiedlichen Zwecke zu kultivieren. Es setzte so eine Art von Rassehundezucht ein. Sicher ein Prozeß, der bis zur regelrechten Züchtung einzelner Schläge Jahrtausende gedauert hat. Als man aber soweit war, ging es immer schneller und schneller mit der Züchtung unterschiedlicher Rassen, was in unserem Jahrhundert einen Höhepunkt erreicht hat.

Man kann sagen, daß in der Gegenwart mindestens alle drei Jahre eine „neue Rasse" auf den

Markt kommt. Dem ist offenbar kein Einhalt mehr zu gebieten. Immer wieder muß ich erfahren, daß man eine bisher bei uns unbekannte Rasse aus irgend einem Teil dieser Welt eingeführt hat, oder ich erfahre von Leuten, die aus zwei oder drei der bestehenden Rassen eine neue Rasse züchten wollen.

Dabei könnte die Menschheit heute grundsätzlich mit drei Hunderassen auskommen. Einer kleinen Rasse, die in einer Zuchtrichtung Menschen als Spielhund vor allem in der Stadt erfreuen kann, aus der man andererseits aus den Würfen solche auswählt, die dem Jäger als Erdhund dienen, wie etwa der Teckel. Dann eine mittelgroße Rasse, die je nach Veranlagung der einzelnen Individuen als Familienhund, als Polizeihund, als Blindenführhund, als Jagdhund dienen kann. Und schließlich eine ziemlich große, natürlich nicht übergroße Rasse, die als Wachhund und für andere Aufgaben, wo Größe verlangt wird, zu verwenden ist.

Ich sprach schon von der weitgestreuten Individualität der Welpen. Die führt nämlich den Rassebegriff weitgehend ad absurdum. Es ist eine liebe Gewohnheit der Züchter bestimmter Rassehunde zu behaupten, daß sich ihre Rasse durch ganz besondere Eigenschaften auszeichne. Das steht sogar in den Standards und ist oft eine Übertreibung. Natürlich weiß ich, daß Terrier wesensmäßig anders sind als Meutehunde wie etwa die Beagles, und daß Schweizer Sennenhunde im allgemeinen ein anderes Naturell haben als Pudel, und daß Windhunde . . .

Aber bereits hier muß ich einhalten. Man sagt, daß die Intelligenz der Windhunde in ihren Beinen oder Pfoten läge, nicht im Kopf. Das gebe ich gerne zu, wenn ich mir so die Windhunde ansehe, die gut trainiert hinter dem künstlichen Hasen auf der ovalen Rennbahn herrasen. Da wirken sie wirklich etwas dämlich. Aber ich weiß auch, woher das kommt. Weil nämlich diese vom Rennfieber befallenen Windhundleute genau wissen, daß ein Windhund nur dann auf der Rennbahn gute Leistungen bringt, wenn man verhindert, daß er seine natürliche Hundeintelligenz entwickelt. Hier muß man allerdings einfügen, daß die Besitzer von Rennhunden deren Bewegungsbedarf mit diesem „Spiel" ausschöpfen, was dem Windhund besser bekommt als die Liegefläche in der Wohnung mit Spaziergang an der Leine.

Ein intelligenter Hund – wie etwa mein unvergessener Persischer Saluki – merkt zu schnell, daß dieses Hinterherjagen nach einem Phantom blödsinnig ist. Mein Jygal hatte nämlich das Glück, in mir einen Menschen zu finden, der Rekorde nicht mag, dafür aber Klugheit schätzt. Er durfte sich bei mir wie ein ganz normaler Hund entwickeln und war dann viele Jahre lang der Prinzgemahl einer bildschönen, auch ein wenig windhundblütigen, mit Wolf und Schäferhund verkreuzten Hündin, mit der er viele wundervolle Welpen zeugte und ganz hundegerecht erzog. Er war ein intelligenter Hund.

Ich habe auch schon einmal gesehen, wie sehr beherzte junge Leute Arabische Windhunde (Sloughis) die Fährte mit tiefer Nase verfolgen ließen, mit windhundartiger Schnelligkeit, aber wie gelernte Schweißhunde. Sogar mein Leibhund, ein Italienisches Windspiel, das mir eine Züchterin von den Balearen schenkte, bekundet ganz erstaunliche Anzeichen von Intelligenz, vor allem dann, wenn es um sein leibliches Wohl geht.

Ich glaube, wir machen einen großen Fehler, wenn wir davon ausgehen, daß jede Rasse andere Eigenschaften hat. Hunde sind sie allemal – alle! Die einen temperamentvoller, die anderen geruhsamer, die dritten etwas rauher, die vierten etwas bellfreudiger, und wieder andere etwas kindischer.

Trotzdem – der Bernhardiner erkennt auf den ersten Blick – sprich Riecher – den Malteser als Artgenossen, und der Chihuahua strampelt sich die Seele aus dem Leib, um eine im zweifachen Sinne hochläufige Irish Wolfhound-Hündin zu decken. Hunde kennen keine rassischen Unterschiede, sie sind keine „Rassisten". Es sei denn, daß einmal ein Teckel als Welpe von einem Dobermann mißhandelt worden ist; er wird dann in Zukunft alle Hunde meiden, die einem Dobermann zumindest ähnlich sehen. Das ist natürlich ganz etwas anderes, ist einer jener Erfahrungswerte, die sich tief in das Gedächtnis eines Welpen einprägen. Das ist so, wie wenn einmal ein Welpe von einem großen schwarzen Hund gebissen wurde – er wird künftig alle schwarzen Hunde nicht mögen.

Sehr viele Menschen fallen auf den schmückenden Beisatz „besonders kinderlieb" herein und meinen dann, daß dies für die beschriebene Rasse kennzeichnend wäre. In Wirklichkeit ist es aber so, daß von Natur aus jeder Hund seinen Pflegetrieb angesprochen fühlt, wenn er ein Kind vor sich sieht – gleichgültig, ob es sich um ein Katzenbaby, einen Welpen oder ein Menschenkind handelt.

Natürlich meine ich mit der Bezeichnung kinderlieb nur Hunde, die in dieser Richtung keine genetischen Webfehler haben oder die keine negativen diesbezüglichen Erfahrungen aufweisen. Es ist durchaus möglich, daß bei dem einen oder anderen Hund – nicht rassebedingt – ein erblicher Instinktverlust auftritt, der das Kindchenschema außer Kraft setzt, oder zumindest so verringert, daß es in gewissen, gravierenden Fällen versagt.

Wir kennen das durch die Presse gegangene Beispiel von jenem Schlittenhund, der einen Säugling, der in einem Körbchen auf dem Rücksitz eines fremden Autos lag, tötete und anfraß. Aber, wie man mir sagte – der Säugling soll in dem Korb gelegen haben, in dem sonst das Futter für den Hund mitgenommen worden war. Wenn das so war, dann war das Kindchenschema bei diesem Hund vermutlich so gering entwickelt, daß es gewissermaßen von der Gewohnheit, aus diesem Korb Futter zu bekommen, unterdrückt werden konnte. In anderen Fällen soll der Hund Kindern bislang nie etwas getan haben. Ob Kindchenschema oder nicht – wenn ein seelisch an ein Ehepaar gebundener Hund von seinem Platz verdrängt wird, sobald ein Familienzuwachs ins Haus kommt, wird er versuchen, den Säugling zu beseitigen. Hier kann das Kindchenschema noch so vollkommen entwickelt sein – die seelische Belastung, die ein solcher Hund erlebt, ist stärker!

Wer meine Anmerkungen über den Thymus und sonstige Immunitätszusammenhänge verstanden hat, wird seinen Hund bei Ankunft seines Säuglings nicht zur Seite schieben – er wird ihm den Säugling als freudiges Ereignis darstellen, er wird zulassen, daß der Hund seinen Geruch ausreichend aufnehmen und auch etwas körperlichen Kontakt mit ihm aufnehmen kann. Der Hund bleibt in der Stellung, in der er war, und er wird eine für ihn wichtige Aufgabe darin sehen, über das Kind zu wachen.

Es kommt vor, daß unvernünftig erzogene Kinder eine schreckliche Angst vor Hunden zeigen; das irritiert einen Hund, es kann hierdurch bei ihm eine gewisse Aversion gegen Kinder entstehen. Es ist ja wahr, daß leider schon sehr viele Kinder von Hunden nicht nur verletzt, sondern sogar getötet worden sind. Es scheint so, als würden das von Jahr zu Jahr mehr. So mag es durchaus verständlich sein, daß Eltern um ihre Kinder besorgt sind, wenn es sich um größere Hunde handelt. Aber es ist ebenso dumm, Kindern eine panische Angst vor großen Hunden einzubläuen – damit wird die Gefahr nur noch größer.

Viel besser ist es doch, Kindern zu erklären, daß man nur dann auf einen Hund zugehen darf, wenn der Besitzer dabei ist und es ausdrücklich erlaubt, nie wenn man ihm allein begegnet! Ruhig stehenbleiben, nicht bewegen, dann wird man uninteressant für ihn und er geht seines Weges.

Fehlerziehung bei Kindern läßt den Hund das Kindchenschema mitunter vergessen. Wie das dann ist, wenn ein Hund als Welpe von Kindern als Spielzeug behandelt worden, wenn er als Welpe von Kindern mißhandelt worden ist, erübrigt sich zu sagen. Selbst ein sehr friedlicher, erwachsener Hund, der bislang immer besten Kontakt mit Kindern gehabt und gehalten hatte, kann schließlich böse werden, wenn er von unbedarften, fehlerzogenen Kindern unabsichtlich oder gar absichtlich gequält wird. Allerdings bezieht er dann

sein aggressives Verhalten nur auf jene bestimmten Kinder, mit denen er üble Erfahrungen gemacht hat. Es kann aber auch sein, daß er sie mit Kindern verwechselt, die jenen ähnlich sind. Ist ein Hund aber als Welpe von Kindern mißhandelt worden, wird er Zeit seines Lebens gegen jedes Kind zumindest abweisend sein!

Das Lorenz'sche „Kindchenschema" ist nicht artspezifisch, das heißt, der Hund spricht einfach auf alle jene Merkmale an, die alle jungen und hilflosen Lebewesen gleichermaßen an sich haben.

Wir kennen das schließlich von uns selbst, wenn wir zum Beispiel so einen „putzigen" Welpen sehen. Besonders dann, wenn wir ihn in der Auslage eines Kaufhauses oder Tierhändlers entdecken. Dann siegt das Gefühl über den Verstand, und wir unterstützen diese Verbrechen am Hund dadurch, daß wir einen Welpen spontan erwerben, ohne zu überlegen, ob wir überhaupt die notwendige Unterbringung für ihn haben. Natürlich wird man uns im Laden versichern, daß die ausgestellten Welpen allesamt vom „Züchter" direkt stammen. Ich kann mir nicht vorstellen, daß ein Mensch, der seine Welpen einem Tierhändler überläßt, diese qualifizierende Bezeichnung verdient. Diese Welpen kommen in Wahrheit von Hundevermehrern, gehen oft genug durch die Hände von Zwischenhändlern und entstammen häufig auch illegalen Importen, die nächtlicherweise über unsere Landesgrenzen hereinkommen. Der Gesundheitszustand dieser Tiere ist teils genetisch, teils durch die vorangegangene Behandlung in einem mehr als fragwürdigen Zustand.

Vor allem leiden Hunde aus dem Tierhandel unter

einer schweren Streßbelastung, die sich überaus negativ auf das Nervensystem und von hier aus sogar auf das Immunsystem auswirkt, was zu dauernden Schäden, häufig genug zum früheren oder späteren Tode führt. Seit neuerer Zeit weiß man, daß in jenem Gehirnteil, der als Limbicus bezeichnet wird, der Sitz des Gefühlslebens ist. Er erzeugt eine in ihrem Umfang noch gar nicht analysierte Menge unterschiedlichster Hormone, die man Neurofermente nennt. Bei seelischer Belastung kommt es zur Überproduktion eines solchen Hormons, die das Immunsystem praktisch lahmlegt.

Das passiert nicht nur bei den erwähnten Welpen aus dem Tierhandel – dessen muß sich jeder gegenwärtig sein, der seinem Hund zuviel zumutet, ihn in Situationen bringt, mit denen er auf Dauer nicht fertig wird. Es ist eine heute erwiesene Tatsache, daß die Abwehrbereitschaft des Körpers gegen Infektionskrankheiten in einem sehr hohen Maße vom seelischen Zustand des Individuums abhängt. Ja, man vermutet hier sogar einen Zusammenhang mit der Krebsentstehung.

So haben unsere Hunde also nicht nur die Last eines reduzierten und zum Teil mit Erbkrankheiten durchsetzten Genbestandes zu tragen. Sie laufen auch Gefahr, in die Hände von Menschen zu kommen, die im Grunde genommen mit ihnen überhaupt nicht umgehen können und auch keinerlei Interesse aufbringen, sich wegen eines Tieres, das sie bei Verlust durch ein beliebiges anderes ersetzen können, auch nur im geringsten den Kopf zu zerbrechen. Oder aber, die Hunde kommen in die Hände von ehrgeizigen Menschen, die nur ein Ziel vor Augen haben: sich selbst zu beweisen, indem sie den Hund mit erlaubten und unerlaubten Mitteln dorthin bringen, wo sie ihn haben wollen.

Man sieht – trübe Zukunftsaussichten sind das für jeden Welpen, der in unsere heutige Gesellschaft hineingeboren wird! Genaugenommen haben nur wenige all jener rückhaltlos vermehrten Hunde Glück, weder mit Erbmängeln, noch mit unbedarften Menschen belastet zu sein. Viele unserer Hunde führen nur ein mehr oder minder erbärmliches Hundeleben, im negativen Sinne dieses Wortes. Es ist mehr ein Vegetieren als ein wirklich artgerechtes, freudvolles Dasein.

⌘ ⌘ ⌘

Die größte Schwierigkeit für den Hundefreund, der sich einen Welpen zugelegt hat und der es auch wirklich richtig machen will, liegt in der hier schon vielfach explizierten Individualität. Es gibt nun einmal keine zwei völlig gleichartigen Menschen, und ebensowenig gibt es zwei völlig gleichartige Hunde. Wäre nicht den Hunden ein hohes Maß an Anpassungsfähigkeit gegeben, die manches ausgleicht – es wäre zu schwierig, allgemeine Richtlinien für den Umgang mit dem Hund, insbesondere dem Welpen, zu geben. Dennoch ist es unmöglich, ein allgemein gültiges Konzept aufzustellen, das für jeden Hund gleichermaßen paßt. Gemeinsam ist allen Hunden eigentlich nur die Tatsache, daß sie Hunde sind und als solche ein hochentwickeltes, meist sehr empfindliches Nervensystem haben, das bei jedem Hund unterschiedlich reagiert. Darauf muß man sich einstellen.

Mag bei dem einen Welpen bereits ein lauter gesprochenes Wort sein Verhalten steuern, bedarf es bei dem anderen eines nachdrücklichen Klapses auf die Rückfront, und der dritte versteht uns erst, wenn wir ihn am Nackenfell fassen, hochheben und durchschütteln. Dabei wird man als aufmerksamer Beobachter aber auch feststellen, daß es außerdem auf die jeweilige Situation ankommt. In der einen mag das Wort genügen, in der anderen hilft bei ein und demselben Welpen nichts anderes als der Griff in den Nacken.

Was immer in dieser Richtung geschehen muß, um unserem unerfahrenen Hausgenossen bereits in den ersten Stunden, Tagen und Wochen klarzumachen, wo die Grenzen des Erlaubten sind, so darf das nie und nimmer der einzige Inhalt unseres Umganges mit ihm sein. Ist es doch so, daß man in der Regel Verbote umso leichter beibringen kann, je mehr man auf sein Kontakt- und Spielbedürfnis eingeht. Empfindet ein Welpe das Zusammenleben mit uns als freudvoll, so wird er sich eifrig bemühen, unsere sonstigen Wünsche zu erfüllen. Je spielfreudiger ein Welpe ist – was wieder von seiner jeweiligen Individualität abhängt – und je aufgeschlossener wir dieser entgegenkommen, umso leichter werden wir es mit ihm haben. Bei einem Welpen, der keinen großen Wert darauf legt, mit uns zu agieren, der sich lieber mit Gegenständen beschäftigt oder nicht einmal das tut, werden wir weit mehr Mühe aufwenden müssen, um unsere Wünsche durchzusetzen.

Auf der anderen Seite ist es so, daß ein Welpe eine besondere Vorliebe für Spiele zeigt, bei denen er seine Zähne einsetzen kann, der andere

für Beschäftigungen, bei denen Laufen im Vordergrund steht. Das ist nicht nur altersbedingt, sondern eben auch individuell verschieden. Manche Unterschiede mögen da auch rassebedingt sein und weitgehend vom vorgegebenen Körperbau abhängen. Aber das allein macht es bestimmt nicht – es gibt auch Windhunde, die kein besonderes Interesse an Laufspielen haben, und Möpse, die liebend gern umherrasen. Es erübrigt sich wohl zu sagen, daß so ein Rasen bei einem Mops etwas anders aussieht als bei einem Windhund – aber meinen tun beide dasselbe!

Es gibt Spiele, die zweifelsohne als eine Art Vorübung für künftiges artgemäßes Verhalten zu deuten sind, wie zum Beispiel das Belauern eines anderen Welpen; dabei wird der Körper auf den Boden gepreßt und der Kopf weit vorgestreckt auf den Anderen gerichtet. Bei aufgestellten Ohren wird die Scheinbeute genau fixiert; ist der andere Welpe nahe genug, wird er angesprungen und, meist mit Griff in den Nacken, umgeworfen. Solches und anderes Spielverhalten ist klar verständlich, seine Bedeutung weist unmißverständlich auf den künftigen Ernstbezug hin. Die Motivation ist offensichtlich im Erbgut vorgegeben. Dafür spricht auch die Tatsache, daß unser Welpe, der keinen geeigneten Spielpartner hat, die vorgenannte Spielform – Belauern und Anspringen – dennoch öfter ausführt, meist auf einen unbewegten Gegenstand gerichtet. Er identifiziert diesen dann als Beuteobjekt.

Es kann aber sogar so sein, daß überhaupt nichts vorhanden ist, das belauert und angesprungen werden kann – der Welpe macht das trotzdem, er springt dann eine imaginäre Beute an, die offensichtlich nur in seiner Fantasie vorhanden ist. Das mit der Fantasie ist natürlich sehr hypothetisch gemeint – wir wissen nicht, ob sich der Welpe dabei etwas vorstellt. Das muß aber gar nicht sein, denn wenn es zu einem Triebstau kommt, weil eben kein geeignetes Objekt vorhanden ist, dann kann dieser Bewegungsablauf einfach nur deswegen auftreten, weil etwas den Welpen dazu treibt, dessen er sich gar nicht bewußt wird. In der Verhaltensforschung nennt man derartiges „Leerlaufreaktion".

Neben diesen triebbedingten Spielformen gibt es aber auch solche, die erlernt werden. Das sind zunächst jene, die nach der siebten Woche vom Rüden – ersatzweise vom Welpenhalter – angeregt werden. Diese Spiele haben für uns eine ganz besondere Bedeutung, denn durch sie wird nicht nur der Körper gefordert, sondern vor allem das Gehirn geschult. In solchen Spielen liegen die wirklichen Grundlagen für die psychische Entfaltung jedes Welpen. Bevor ich aber mehr darauf eingehe, muß ich noch eine dritte Form des Spielens erwähnen, weil sie ein Schlüssel zum besseren Verständnis des Hundes ist.

Welpen oder Junghunde können nämlich selbst Spiele, gewisse Bewegungsformen, erfinden. Das dürfte an sich keine Sonderleistung der Hundeartigen sein. Ich erinnere mich nämlich eines Dachses – also eines Beutegreifers, der zu den Marderartigen gehört – auf der Biologischen Station Wilhelminenberg zu Wien, den mein Freund Eibl-Eibesfeldt von klein an aufgezogen hat. Der Jungdachs entdeckte, daß er zwischen der Zimmerwand und der Rückwand einer Couch – Purzelbäume schlagen konnte. Das gefiel ihm so sehr,

daß er das immer wieder zu seinem eigenen Vergnügen ausführte, so oft es ihm gerade einfiel.

Zwischen zwei senkrechten Flächen Purzelbäume zu schlagen hat nun aber ganz gewiß keinen Ernstbezug für das Leben in freier Wildbahn. Er nutzte diese Entdeckung eigentlich nur zu seinem eigenen Vergnügen, oder, wie das Konrad Lorenz ausdrücken würde, aus „Freude am eigenen Können". Tun wir Menschen nicht auch tausend Dinge mit großem Vergnügen, die praktisch überhaupt keine Bedeutung für unsere Existenz haben – außer der einen, die man gemeinhin als „Spaß an der Freud'" zu bezeichnen pflegt?

Bei uns kam eines Tages die fünfmonatige Jasmin, eine Tochter von Scheich und Baba (siehe „Jahr des Hundes") auf den Einfall, auf dem Bauche liegend einen Abhang hinunterzurobben. Unten angekommen, sprang sie auf und lief den Hügel wieder hinauf, um nochmals hinunterzurobben. Offenbar gefiel ihr diese Bewegungsform. (Das machte sie immer wieder einmal, auch als sie schon älter war.) Eines Tages beobachtete sie eine andere fünfmonatige Junghündin dabei. Sie sah ihr zu, wobei sie an einem geeigneten Punkt, der ihr die notwendige Übersicht bot, einfach da saß und ihre große Schwester mit den Blicken verfolgte. – Einige Tage später sah ich, wie nun beide Hündinnen den Hang hinunterrobbten, wobei diejenige, die weiter vorne war, gelegentlich den Kopf wandte, um zu sehen, ob die andere ihr folgte. Unten angekommen liefen sie wieder hoch – das Spiel begann von neuem.

Jasmin lebt leider nicht mehr. Aber in dem Gehege gibt es bereits drei Hunde, die Vergnügen an diesem „Sport" haben. Drei von sechzehn Hunden!

Was können wir nicht alles aus solchen Beobachtungen erkennen! Als erstes wohl die Tatsache, daß Hunde durchaus in der Lage sind, geeignete Umweltstrukturen auszunutzen, um mit ihnen etwas anzufangen, was nicht instinktmäßig vorgegeben ist. Sie können entdecken, daß man Dinge tun kann, die man zwar nicht in einem materialistischen Sinne braucht, die aber Vergnügen bereiten. Sie erwerben aus eigenem Antrieb Fähigkeiten, die ihnen Spaß machen. Ich erinnere da auch an meinen Wolf-Dingo-Rüden Scheich, der sich das Leitern Erklimmen beibrachte, weil er als Junghund unbedingt bei den Katzen auf dem Heuboden schlafen wollte. Das war eine steile Leiter mit ziemlich großem Sprossenabstand.

Er hat Jahre später eine Nachfolgerin bei uns. Das ist die Mischlingshündin mit dem sie charakterisierenden Namen Miß Piggy (ihre Ähnlichkeit mit jener Muppet-Figur ist rein zufällig!); auch sie beschloß eines Tages, diesen Dachboden, auf dem es allerdings Dank dreier Gasthunde keine Katzen mehr gab, zu ihrer Wohn- und Wurfstätte zu machen und lief von da ab täglich mehrfach die schwierige Leiter rauf und runter. Dabei war sie nicht mehr die Jüngste, als sie ihre Liebe zum Dachboden entdeckte, sie lebte bereits vier Jahre in unserem Haus!

Wir haben auch einen Esel in Wolfswinkel. Er heißt Isak und geht die siebenstufige Treppe zum Hauseingang täglich auf und ab, wie es ihm gerade einfällt. Es gefällt ihm einfach, auf der Terrasse vor der Türe zu stehen – außerdem könnte es ja möglich sein, daß jemand einmal vergessen hat, die Eingangstüre zu schließen. Auf diese Weise kam es schon öfter vor, daß er plötzlich in der Küche oder in der Bibliothek stand. Er ist eben sehr an uns gebunden!

Wir sind zu leicht geneigt, Tieren jede Art von Verstand abzusprechen, und viele Menschen wollen gar nicht wahrhaben, daß Tiere eine fühlende Seele haben, daß sie zu Wünschen fähig sind, die über die Stillung der leiblichen Bedürfnisse hinausgehen. Die meisten Menschen bilden sich doch ein, daß wir als „Krone der Schöpfung" gar so etwas besonderes sind, das uns meilenweit vom Tier entfernt. Es gibt heute sogar noch einige Hinterwäldler, die überzeugt sind, daß die ganze einst von Charles Darwin initiierte Abstammungslehre ein Blendwerk des Teufels sei, um uns Menschen von Gott abtrünnig zu machen.

Liebe Hundezüchter – wenn ihr solchen Menschen begegnet, verkauft ihnen bitte keinen Welpen! Sie sind zu beschränkt, um das uns mit dem Hund verbindende Gleichsein zu erkennen.

Unter diesem Gleichsein verstehe ich jene Anteile des Gehirns, die bei allen höheren Säugetieren einschließlich des Menschen – vor allem des noch sehr jungen, kindlichen Menschen – nahezu identisch sind. Ich will hier keine umfassende Gehirnanatomie darstellen – das behalte ich mir für eine spätere (und durch meine Schuld zu früh angekündigte!) Veröffentlichung vor, unter dem Titel „Hunden unter's Fell geschaut"! Hier nur soviel: vergleicht man die Längsschnitte durch das Gesamtgehirn von einem Wolf und einem Menschen, wird man unschwer erkennen, daß die basalen

Anteile beider Gehirne gleich sind, was nicht nur formal so ist, sondern auch funktionell. Wie schon Konrad Lorenz sagte: der Hund fühlt genau wie wir. Ich behaupte, daß er wie wir auch zu ideellen Gefühlen fähig ist – der Unterschied besteht nur darin, daß der Hund den Oberbau des Gehirnes, das Großhirn mit seiner Rinde, beziehungsweise Oberfläche, wesentlich kleiner entwickelt hat als wir, nicht nur dem Volumen nach, sondern auch relativ zu seiner Körpergröße. Er kann Gefühle uns auch nicht in Worten schildern – aber ausdrücken kann er sie, wenn eben auch ganz anders als wir.

Aber selbst diese letzte Behauptung stimmt nur zum Teil. Es gibt sogar im Ausdrucksverhalten Elemente, die uns gar nicht so fremd sind. Wenn hilfsbedürftige Menschen unsere Hilfe brauchen, tun sie das kund, indem sie uns ihre Hand hinstrecken – als Bettelgebärde. Wenn unser Hund etwas von uns will, hält er uns eine Pfote hin. Welpen tun das bereits, wenn wir sie zur Ordnung rufen – sie betteln um unsere Gunst.

Das alles sind keine Zufälligkeiten – das sind alles stammesgeschichtlich uralte Verhaltensweisen, die in Urzeiten entstanden sind, als es weder Wölfe noch Menschen gab, sondern nur Ursäugetiere. Natürlich – als die Säugetiere sich zu so unterschiedlichen Ordnungen entwickelten wie Insektenfresser, Paarhufer, Einhufer, Beutegreifer oder Herrentiere, da erfuhren solche Verhaltensweisen der Urzeit mannigfache Wandlungen, meist körperbaubedingt. Aber was ist das, wenn ein Pferd scharrt? Es bettelt; den Huf ausstrecken und hinhalten kann es nicht, aus anatomischen Gründen – also scharrt es.

Solche und viele andere Dinge sind es, die wir mit allen Säugetieren dieser Welt gemein haben – abgesehen von der ganzen Anatomie. Auch der des Gehirns, dem Sitz der Seele. Die Wölfe und damit unsere Hunde sind nun einmal in der Stammesgeschichte auf ihren vier Beinen geblieben und hatten keine Möglichkeit, ein so großes Übergehirn zu entwickeln wie wir. Das hat sie uns gegenüber ins Hintertreffen geführt. Wir haben sie überrundet. Wir haben durch den Sündenfall der Selbsterkenntnis im Ich-Bewußtsein uns aber auch mit der Natur entzweit – was uns, wie man heute deutlich sieht – ins Hintertreffen führt. Wir können zwar Wölfe morden, Hunde zu Sklaven machen, auf den Mond fliegen und die Atomkraft nutzen. Nur – alles das ist wie eine gewaltige Kanone, die nach hinten losgeht! Wenn wir die Wölfe ausrotten, fördern wir die Krankheiten ihrer Beutetiere. Wenn wir Hunde versklaven, verletzen oder töten sie Menschen. Die Mondflüge dienten militärischen Interessen, die Atomkraftwerke verringern unsere Zukunftschancen, weil es absurd ist zu glauben, daß man Zufälle „im Griff" haben kann – wie Tschernobyl bewiesen hat. Von der übrigen Umweltzerstörung, mit der wir uns den Teppich unter den Füßen wegziehen oder, wenn man es so ausdrücken will, den Ast absägen, auf dem wir sitzen, will ich hier gar nicht weiterreden.

Dabei wäre dieses große Gehirn durchaus imstande, alles ganz, ganz anders zu machen. Menschen, die das wissen, sagen uns das fast täglich. Viele Menschen beweisen uns das auch. Nur – sie sind in der Minderzahl. Da sie Charakter und Gefühle für das Natürliche haben, können sie keine Konzerne aufbauen und damit das weltweite Machtmittel Geld einsetzen. Das tun aber jene anderen Weltbürger, deren Gehirn offensichtlich schwer genetisch geschädigt ist, da Wirtschaftswachstum ihnen mehr sagt als die Naturgesetze. Verständlich, denn wer durch unsere heutigen Schulen und durch ein Studium der Wirtschaftswissenschaften oder Juristerei geht, lernt bekanntlich überhaupt nichts über die Naturgesetze. Woher soll er es dann haben, wenn das Großhirn alles unterdrückt, was die Seele eines Lebens ausmacht?

Das Diktat des Geldes – die schlimmste, massenmörderischeste Form einer Diktatur, die die Menschheit jemals erlebt hat – erfaßt früher oder später das Denken der Mehrheit. Junge Menschen, die sich loszulösen versuchten, geben klein bei, sobald sie eine Familie ernähren müssen, werden „vernünftig", wie es dann heißt, und unterwerfen sich den Gesetzen, die das Geld, die Geldmacht, diktiert. Nicht nur so im allgemeinen. Ich kenne Fälle, wo Leute zu mir kamen, die um Rat suchten, wie man eine Hundezucht aufbauen könnte, die einzig und allein zum Ziel hat, die Rasse auf einen Höchststand zu bringen, den Handel mit dieser Rasse zu verhindern – kurz, alles anders zu machen, als es bei den hoheitsvoll überdachten Vereinen so üblich ist. Natürlich weiß ich da Rat und habe sehr klare Vorstellungen, wie man das machen müßte. Ich erzähle das auch jedem, der das hören will. Mehr noch – ich würde da gern mithelfen, sofern das irgendwie geht. So gut, so schön.

Was ist ein oder spätestens zwei Jahre später: Die Gruppe ist größer geworden, einige Profilneurotiker haben sich in den Vorstand geschlichen und die Idealisten geben enttäuscht auf. Ein neuer Hundeverein ist mit dem alten Übel nicht fertig geworden, der Hund wird über menschliche Schwächen vergessen. Zum Schaden der Rasse regiert auch hier der Profit.

Aber was soll's. Bis in das vorige Jahrhundert gab es Sklavenhandel. Da wurden Menschen verhökert. Daß sich Regierungen entschlossen, ihn abzuschaffen, hatte rein wirtschaftliche Gründe, etwa damals, als die Nordstaaten den Südstaaten den Reichtum nicht gönnten. Man hat die Schwarzen befreit, um sie in die Slums zu schicken, nicht um ihnen ein gleichwertiges Leben zu bieten; man wollte sich nur die Südstaaten einverleiben. Mit Menschlichkeit hatten diese politischen Interessen überhaupt nichts im Sinn.

So ist also der vom Geld abhängige Mensch. Heute gibt es keinen offiziellen Sklavenhandel mehr. Allerdings – Menschenhandel gibt es noch. Man denke an die enormen Preise, die man für leistungsfähige Fußballer zahlt. Für mich ist das auch nichts anderes, wenn man einen deutschen Tennisspieler auf Teufel-komm-raus für große Fernsehhonorare und Gewinnpreise durch die Welt schleift. Eine andere Art von Sklavenhandel – allerdings viel gewinnträchtiger!

Was Wunder also, wenn man Hunde zu Sklaven menschlicher Begierden macht. Für mich ist Hundehandel genau so verwerflich wie Menschenhandel. Wer Hunde kauft und verkauft, ist in meinen Augen – nicht nach dem Gesetz, das ja nicht von fühlenden, sondern nur von denkenden Menschen gemacht wird – ein Verbrecher.

Um es gleich an dieser Stelle zu sagen – ich werde es am Schluß dieses Buches wiederholen, damit man es ja nicht vergißt – und sozusagen als Ergebnis meines Lebens mit Hunden in den Raum stellen: ich sehe eine Hoffnung für Hunde erst dann, wenn nur mehr der Hunde züchtet, der es sich finanziell leisten kann (wie das früher einmal der Fall war), und weder den Ehrgeiz hat, Pokale zu erringen, noch viel Geld für seine Nachzuchten haben will. Kurz, wenn wir Menschen uns so hoch entwickeln, daß wir unsere Welpen ausschließlich guten Freunden anvertrauen und dadurch verhindern, daß Menschen, die nicht das gewisse Etwas haben, das sie befähigt, im Hund ein achtenswertes Geschöpf zu sehen, einen Hund erhalten.

Eine Zukunftsillusion, unrealistisch, möglicherweise verrückt. Aber wenn ich nicht an diese Vision glauben würde, sie zum Ziel aller meiner Bestrebungen machen könnte, würde ich keinen Sinn darin sehen, an Hunden zu forschen.

Ich bin Realist genug, um zu wissen, daß wir von einem derart idealen Ziel sehr weit entfernt sind, und daß es heute einfach nicht anders geht, als für seine selbstgezüchteten Welpen Geld zu verlangen. Ich bin früher einmal sogar soweit gegangen, daß ich sagte: ein Züchter, der es irgendwie geschafft hat, besonders gesunde, besonders gute Hunde zu züchten, soll durchaus mit viel Geld hierfür belohnt werden – er hat es sich verdient.

In der Gegenwart gibt es keinen anderen Weg, keine anderen Möglichkeiten, denn es gibt viel zu wenig Menschen, die es sich leisten können, Hunde einfach zu verschenken. Die, die es gäbe, sind bereits dem Geld so verfallen, daß sie gar nicht genug davon bekommen können. Ich kannte einen mehrfachen Millionär, an sich ein lieber Mensch, der seinem Verwalter von seinem Gehalt 15 Pfennige abzog, weil er drei Plastikeimer in einem Laden gekauft hatte, wo sie um fünf Pfennige teurer waren als in dem Laden, wo er sie eigentlich hätte kaufen sollen. Außerdem machte er diesem Verwalter einen lautstarken Krach wegen dieser Unverschämtheit. Übrigens – vor seinem Haus sah und beobachtete ich zwei Deutsche Schäferhunde, die zu den schönsten gehörten, die jemals aus dieser Rasse hervorgekommen sind. Da ich früher, als diese Hunde noch Hunde waren, den Deutschen Schäferhund überaus schätzte und ihn für den einzig wirklichen Hund auf dieser Welt gehalten hatte, beobachtete ich diese Hunde mit großem Interesse. Das war vor genau dreißig Jahren. Damals dämmerte in mir erstmals der Gedanke, daß man auch aus Hunden – aus lebenden Hunden – so eine Art von „Zombis" machen kann. Also Tote, die leben, oder, anders gesehen, Lebende, die eigentlich tot sind. Die einzige Aufgabe dieser Hunde schien es zu sein, vor dem Hause zu liegen und möglichst schön zu sein. So etwa, wie vor Palästen steinerne Löwen die Aufgangstreppe säumen.

Welch himmelweiter Abstand zur wahren Natur des Hundes! Sklaven, die in Gleichgültigkeit verharren, ihr Los einfach als unabänderlich ertragen und geduldig darauf warten, daß man ihnen die wohlgefüllte Futterschüssel vorsetzt, um ihre leiblichen Bedürfnisse stillen zu können. Soweit kann man Hunde bringen – aber warum auch nicht, wenn sich die Mehrheit aller Menschen soweit bringen läßt? Trotz des größeren Computers unter der Schädeldecke? Oder sollte ich mich irren? Ich glaube nicht, denn ich sehe aus den Verkaufszahlen nicht nur meiner Hundebücher, wie wenige von den mindestens drei Millionen Hundehaltern in der Bundesrepublik tatsächlich Hundebücher kaufen.

Natürlich bin ich sicher, daß etwa 15 Prozent der Hundehalter einfach deswegen kein Hundebuch kaufen, weil sie es auch so schaffen, mit ihrem Hund zufrieden und für beide Teile sogar glücklich zu leben. Von solchen für Tiere begabten Menschen habe ich schon anfangs gesprochen – sie haben sich offensichtlich die besten Seiten unserer menschlichen Urahnen erhalten. Sie verstehen es noch, im Hund den Partner zu sehen, mit dem man sich ohne Worte verständigen kann. Aber die anderen 85 Prozent, ihnen würden gute Hundebücher viel helfen!

Ja – da sieht man einmal wieder, wo man hinkommt, wenn man ganz harmlos von den Erfindungsgaben der Hunde erzählt und versucht, sinnvolle Schlüsse daraus zu ziehen. Aber es ist nun einmal so. Man kann Hundefragen anfassen, wo man will – am Ende kommt man doch immer wieder auf den Menschen. Ich jedenfalls erlebe das fast jeden Nachmittag, wenn Besucher zu mir kommen, um mit mir über Hunde zu reden. Man kann einfach Mensch und Hund nicht gesondert behandeln. In dem Moment, wo man zehn Aussagen über den Hund gemacht hat, gerät man unversehens auf den Menschen. Auch dann, wenn man sich fest vorgenommen hat, nur und ausschließlich über Hunde zu reden. Das geht aber nicht, weil alle Probleme, die Menschen mit Hunden – oder besser: Hunde mit Menschen – haben, ausschließlich zu Lasten des Menschen gehen!

Es kommt immer auf das selbe heraus: auf die falsche Behandlung des Welpen, auf die Unterschätzung seiner anlagemäßig vorgegebenen seelischen Ansprüche. Manchmal habe ich sogar den Verdacht, daß diese ganz wissentlich vernachlässigt werden, damit der in der reizlosen Umwelt aufwachsende Welpe in der Gehirnentwicklung soweit zurückbleibt, daß er dann als erwachsener Hund besser mißbraucht werden kann. Einerseits als willfähriger Sklave auf dem Übungsplatz, oder gar als aggressiv gewordener, wild um sich beißender Idiot, wie er für Hundekämpfe mißbraucht wird.

„Niedere Reizschwelle", „Kampffreudigkeit", „Draufgängertum" und vor allem „Schärfe" oder „Beißfreudigkeit" sind die Vokabeln, mit denen man die ganze Erbärmlichkeit der menschlichen Unnatur zum Ausdruck bringt, die hinter solchen „Unhunden", wie sie Klaus Oberle nennt, steht. Wer solche Vokabeln auf den Hund anwendet, gehört zum Psychiater oder vor die Schranken des Gerichts! Letzteres deswegen, weil damit auch sehr häufig kriminelles Verhalten gekoppelt ist.

Ein Hundefreund jedenfalls wird den Umgang mit solchen Menschen meiden! Selbst dann, wenn sie verharmlosend von der „notwendigen Ausbildung" des Hundes sprechen. Ein Hund gehört nicht ausgebildet, was ja nur eine Umschreibung des Dressurbegriffes ist, sondern erzogen. Das ist ganz etwas anderes, und es ist vor allem artgerecht. Wer sich nicht gegen das Tierschutzgesetz stellen will, muß dessen Forderung nach artgerechtem Umgang mit dem Tier nachkommen. Dressur ist aber nicht artgerecht, zumindest nicht jene Form der Dressur, wie sie bei vielen Gebrauchshundevereinen und manchen Jagdhundausbildungen üblich ist.

Greifen wir nochmals auf die Beispiele zurück, in denen sich Hunde freiwillig und ohne Einwirkung eines Menschen selber etwas beigebracht haben. Das Erklimmen der Leiter haben sich die genannten Hunde beigebracht, weil sie an einen ihnen genehmen Ort gelangen wollten. Hier wird also ein begehrtes Ziel angestrebt, das zu erreichen schlicht und einfach ausgedrückt „lustbetont" ist. Es ist das eine Art von Selbstbelohnung, wenn man es geschafft hat, dort anzukommen. Wenn man hier von „Selbstdressur" spricht, dann hat das Wort Dressur einen ganz anderen Inhalt als jenes, das als Ausbildung umschrieben wird.

Das den Berg-nach-unten-Robben, das sich die Hunde beigebracht haben, ist wieder etwas anderes. Es verfolgt keinen Zweck, es geht hier nicht darum, ein Ziel zu erreichen, sondern hier geht es, wie schon gesagt, um die Freude am eigenen Können, die als eine Art Selbstbelohnung fungiert.
Gemeinsam ist beiden Handlungen letztlich doch das durch das erlernte Können erreichte Wohlgefühl – also die Belohnung. Eine Belohnung jedoch, die sich nicht in das Begriffpaar „Peitsche und Zuckerbrot" einfügen läßt. Es ist keine sichtbare Gabe, die am Ende des Erlernten steht, wie etwa ein Fleischstückchen, sondern ein als besonders angenehm empfundenes Gefühl. Daran also sollten wir denken, wenn es um die Erziehung eines noch unerfahrenen Welpen geht.

Da nun einmal das Spiel Ausdruck von Lebens-

freude ist und positiv empfunden wird, kann und darf die Erziehung nur über das Spiel erfolgen. Unlustmomente sind dennoch unvermeidbar, wenn wir einen Welpen zum Hausgenossen machen wollen. Er muß lernen, daß er nicht alles darf, daß es Tabus gibt, die unabdingbar respektiert werden müssen. Da der Welpe ein ausgeprägtes Bedürfnis hat, unter dem Schutz der Großen zu stehen, fällt es ihm nicht schwer, sich solche Tabus einzuprägen, sobald er erkannt hat, daß sie nicht umgangen werden können. Entscheidend für ihn ist nicht die Furcht vor Strafe – entscheidend für ihn ist das gute Auskommen mit dem Erzieher, dessen Zuneigung er auf keinen Fall verlieren möchte. Das ist seine wirkliche Motivation, sich an die von uns gesetzten Tabus zu halten. Was allerdings voraussetzt, daß er Strafen nicht als solche empfindet.

⌘ ⌘ ⌘

Hier sollten wir über den Unfug des Strafens nachdenken. Mit diesem Wort sind zuviele Gebräuche aus unterschiedlichen Rechtssprechungen verbunden, außerdem andere, vielfach noch gravierendere aus alten Erziehungssystemen und schulischen Maßnahmen. Begriffe wie Gefängnisstrafe, Prügelstrafe, Straflager, Strafarbeit und tausend andere, als Maßnahmen umschriebene Strafen wie Nachsitzen, einen Satz hundertmal abschreiben und was es da noch gibt. Hierher gehört das allen diesen Maßnahmen voranstehende Wort „Straftat".

Wollen wir wenigstens bei unseren Welpen alle

diese Worte völlig aus unserem Gehirn bannen und sprechen wir erst gar nicht von einer Straftat, wenn er etwas tut, das er künftig nicht mehr tun soll. Reden wir lieber davon, daß es an uns liegt, ihm beizubringen, daß gewisse von ihm ausgeführte Handlungen für ihn mit negativen Reizen verbunden sind, daß solches Tun demnach zu Unlustgefühlen führt. Dann wird der Inhalt des Wortes „Strafreiz" – der nun einmal in der Wissenschaft gebräuchlich geworden ist – etwas tiergerechter, der psychischen Struktur des Welpen angepaßter. Sehen wir also wieder einem erziehenden Rüden zu, der genau weiß, wie man das macht.

Die Welpen kennen seinen Fang und wissen, daß diese zähnebewehrten Kiefer sanft oder weniger sanft zufassen können, sie wissen aber auch, daß es zwischen diesen Zahnreihen eine Zunge gibt, die so herrlich angenehm streicheln kann. Die Mutterhündin hatte auch so einen Fang, und aus dem kam, als man ganz klein war, der vorgewürgte Nahrungsbrei und später die Futterbrocken. Oft hat auch der Rüde vorgewürgt oder Futterstücke angebracht. So richtet sich die ganze Aufmerksamkeit der Welpen auf ihn.

Sie verstehen es auch, was das bedeutet, wenn aus dem Fang ein dumpfes Knurren kommt und was ein Althund sagen will, wenn sich seine Bakkenhaut bläht, seine Lippen angehoben werden und die Zähne blitzen oder der Nasenrücken sich in Falten legt. Natürlich nehmen sie darüber hinaus auch noch die Augen und Ohren wahr, die ebenfalls sehr viel unterschiedliche Stimmungen auszudrücken vermögen. Für diese ganze Mimik haben sie also ein klares Verständnis.

Wir können davon ausgehen, daß es bei jedem Welpen Unlustgefühle erzeugt, wenn der Althund durch Mimik und Lautgebung eine böse Stimmung zum Ausdruck bringt. Von einem verärgerten Althund kann man weder Schutz, Nahrung, noch fröhliche Spiele erwarten. So versuchen die Welpen also, ihr Verhalten solange zu verändern, bis der Rüde wieder einen sanften, freundlichen Gesichtsausdruck zeigt. Jetzt ist auch zu erwarten, daß er mit einem spielt oder wenigstens ein wenig Verständnis dafür zeigt, wenn man ihn einmal am Schwanz ziehen oder es sich auf seinem Rücken bequem machen will. Man kann dann auch erwarten, daß er den Fang öffnet und man so halb mit dem Kopf in sein Maul eindringen darf; gerade das beweist, daß er zufrieden ist und einen mag. Es ist das der stärkste Ausdruck väterlichen Wohlgeneigtseins. Unbedarfte Leute, die nur flüchtig hinschauen, halten das für eine Strafmaßnahme! So habe ich das jedenfalls auch schon lesen müssen.

Wie gut also, daß Welpen nicht lesen können, sie wissen, was sie von den einzelnen Verhaltensformen des Rüden zu halten haben und wachsen so ganz ohne Frustrationen auf. Für sie gibt es nur eine Parole: Vater ist der beste! Ohne diese als Voraussetzung aufzufassende Überzeugung würde es nur zu leicht zu Mißverständnissen kommen. Ist es doch so, daß ein Althund im Umgang mit Welpen vielfach Kontakte mit ihnen aufnimmt, die zwar vom äußeren Ablauf her völlig gleichartig aussehen, aber dennoch unterschiedliche Bedeutung haben können.

Wenn ein Rüde einen seiner Welpen anspringt und ihn am Genick faßt, wirkt das auf den Beschauer bedrohlich, also als Akt von Aggression. Das kann es durchaus sein, weil der Welpe den ihm verbotenen Knochen angefaßt hat. Genausogut kann das aber Spiel sein, auf das dann der Welpe übermütig eingeht. Er erkennt nämlich viel mehr, als der Beobachter auf den ersten Blick hin wahrnimmt.

Er entnimmt der allgemeinen Situation, der Stimmung und vor allem auch der unterschiedlich ausgeführten Bewegungsform, um was es wirklich geht. Beim spielerischen Angriff ist die Körperhaltung eine andere, die Mimik unterschiedlich. Meist sind das nur sehr geringe Unterschiede – aber der Welpe hat ein Auge dafür. Nur ein Mensch, der im engsten Kontakt mit dem Hund längere Zeit zusammengelebt hat, ihn auch aufwachsen gesehen hat, kann ebenfalls einen derartigen Blick für die Grundstimmung seines Vierbeiners entwickeln. Der Hund freilich benötigt nicht soviel Zeit, um die jeweilige Stimmung seines Betreuers zu erkennen.

Das ist für uns insofern wichtig, weil wir nichts anderes haben als unsere Hände, über die wir mit dem Welpen kontaktieren, so wie der Althund eben seinen Fang. Viele Leute meinen aber, daß man einen Hund nicht mit der Hand strafen darf, da er sonst „handscheu" wird. Wo eine solche Handscheue auftritt, heißt das aber nichts anderes als daß der Hund sinnlos gezüchtigt worden ist. Er wurde im übelsten Sinne des Wortes bestraft – und daher lernte er die Hand fürchten. Furcht vor Strafe ist aber, wie ich schon sagte, alles andere als ein Erziehungsmittel. Würde ein Althund einen Welpen ebenso falsch behandeln, würden alle Welpen der Welt „fangscheu" werden! Aber ge-

nau das sind sie nicht – im Gegenteil, der Fang der Großen ist für sie der wichtigste Bezugspunkt. So sollte auch unsere Hand der wichtigste Bezugspunkt für den Welpen werden, für den erwachsenen Hund bleiben. Unser eigener Fang – so sehr der Welpe ganz automatisch unseren Mund dem Maul des Hundes gleichsetzt – ist nicht so geeignet. Es gibt zwar Leute, die ihren Hund mahnend beißen oder handaufgezogenen Wölfen das Futter auf allen Vieren kriechend mit dem Mund anschleppen – aber das halte ich für übertrieben, auch wenn es zugegebenermaßen sehr fernsehwirksam ist, Wölfe auf diese Weise mit Nahrung zu versorgen.

Bleiben wir denn doch lieber bei unseren Händen – selbst der kleinste Welpe hat schnell begriffen, daß er unseren Mund nicht erreichen kann und wird dann mit unserer Hand vorlieb nehmen. Zwar wird ein Hund nicht so leicht aufhören, unseren Mund als das begehrteste Ziel für seine Zunge anzusehen, und es ist gar nicht leicht, einem treu ergebenen Hund es abzugewöhnen, zur Begrüßung an einem hochzuspringen, um dieses Ziel zu erreichen. Selbst wenn er als Welpe erfahren hat, daß diese Art von Zuneigungsbezeugung unseren Unwillen auslöst, so wird er noch als alter Hund ganz triebhaft danach tendieren – weil er nun einmal ein Hund und kein Mensch ist, und weil dies nun einmal zu den besten Hundesitten gehört.

Da wir schon dabei sind – es gibt nun einmal Menschen, die es nicht ablehnen, der Natur des Hundes diesbezüglich Grenzen zu setzen. Sie lassen sich den Mund ablecken. Wie man schon überdeutlich bemerkt haben wird, bin ich alles andere als ein Hygienefanatiker – aber hier gibt es auch für mich eine Grenze. Jeder vernünftige Arzt oder Tierarzt wird davon abraten – auch wenn beide die hier tatsächlich gegebenen Gefahren einer wie immer gearteten Infektion meist stark übertreiben. Ich jedenfalls möchte nicht jener Millionste sein, welcher nach den Gesetzen der Wahrscheinlichkeit einen Hundebandwurm übertragen bekommt. Diese Dinger sind nämlich nicht mehr zu beseitigen und führen zum vorzeitigen Tode.

Bleiben wir also bei der Hand, die wir ja eigentlich etwas verlängern können, etwa mit der beliebten Zeitungsrolle. Der Vorteil liegt darin, daß man einen flinken Welpen leichter erwischt, wenn er gerade weiter weg von uns ist. Nur, wann haben wir die Zeitung gerade dann zur Hand?

Dasselbe können wir aber auch als Sichtzeichen mit der Hand bewirken. Die Hand mit gespreizten Fingern – also Fingern, die bereit sind, den Missetäter am Genick zu fassen – und natürlich hauptsächlich die grollende Stimme werden sofort verstanden. Der Althund zieht in der gleichen Situation die Mundwinkel zurück, legt die Ohren an, starrt streng – und wenn es ganz schlimm ist, entblößt er auch seine Zähne; dazu kommt dann das Knurren. Die „Mimik der Hand" und unsere Stimme ersetzen das alles völlig.

Ein Welpe will nicht unseren Unwillen hervorrufen; er will ihn nur sehen, notfalls auch spüren. Wenn wir also wirklich zupacken und ihn schütteln, faßt er das nicht als Strafe im menschlichen Sinne auf, sondern als Ausdruckshandlung höchster Konsequenzstufe. Das imponiert ihm, daran

erkennt er, daß wir ganz genau wissen, was wir wollen. Schließlich kann man sich selbst nur jemandem anvertrauen, seiner Leitung und Anleitung vertrauen, der genau weiß, was er will.

Nochmals sei betont, daß dieses Signal des Unwillens schlagartig in dem Augenblick eingesetzt wird, in dem der Welpe falsch handelt. An sich sollten wir ihn ja schon vorher, bevor er noch etwas falsches tun kann, androhen. Normalerweise läßt er dann ohnehin von seinem Vorhaben ab und kommt auf uns zu. Aber er kann ebensogut wissentlich und willentlich unsere Drohung übersehen – dann wird der harte Griff natürlich notwendig. Wenn er darauf mit beschwichtigenden Gesten zu uns kommt, will er damit zum Ausdruck bringen, daß er das nur deswegen tat, weil er es ganz genau wissen wollte, was wir zuvor, als wir drohten, gemeint hatten.

So muß man diese Dinge übersetzen – aber alles das funktioniert halt nur, wenn wir uns wirklich voll und ganz auf das Tun und Lassen des Welpen konzentrieren. Man muß das von jedem Welpenkäufer verlangen, denn sonst bestehen nur geringe Chancen, daß aus dem Welpen einmal ein vernünftiger Hund wird. Der Zeitaufwand, den man hierfür zumindest in den ersten vier Wochen nach den beim Züchter verbrachten acht Wochen benötigt, ist sehr groß. Natürlich schläft der Welpe in dieser Zeit noch sehr viel, aber natürlich nicht durchgehend. So sehr man den erwachsen gewordenen Hund ohne Mühe unserem eigenen Lebensrhythmus anpassen kann, so sehr müssen wir uns beim Welpen an dessen Schlafperioden orientieren. Zumindest in den ersten vier Wochen – später wird das dann von Tag zu Tag besser, und wir können langsam beginnen, ihn mehr nach unseren Zeitwünschen auszurichten. Natürlich nur schrittweise.

An sich wären die Schlafgewohnheiten der Hunde den unseren sehr ähnlich, nämlich dann, wenn wir selbst natürlich leben würden. Im Zeitalter der Industrialisierung hat man uns diese Natürlichkeit ausgetrieben, und den gesunden Mittagsschlaf verteufelt; gerade auf ihn legen die Hunde aber großen Wert. Sie sind von Natur aus Nachtschläfer und zeigen ihre höchste Aktivität in den Morgenstunden und am späten Nachmittag. Je heißer das Wetter ist, um so mehr wird geschlafen und umso geringer ist ihr Hunger. Im Gegensatz dazu scheint zu stehen, daß die Wölfe angeblich den Mond anheulen und nachts jagen. Letzteres tun sie aber nur in von Menschen besiedelten Gebieten. Ersteres beruht einfach darauf, daß man in klaren, mondhellen Nächten ihr Geheul viel besser hören kann. Sie heulen nicht den Mond an, sie heulen, um ihren Nachbarn anzuzeigen, welches Jagdrevier sie besetzt haben.

Wo ein Welpe, der vom Spielen nun müde geworden ist, schlafen will, sollte man ihm überlassen. Natürlich wird er einen für ihn vorbereiteten Schlafplatz bevorzugen – aber er muß dabei auch die Erfahrung haben, daß dieser für uns tabu ist. Man darf weder einen Welpen noch einen erwachsenen Hund in seinem Lager belästigen, und sollte es auch unterlassen, wenn er sich einen anderen Ort zum Schlaf auserkoren hat. Keinesfalls sollte man es einem Hund verübeln, wenn er uns anknurrt oder gar nach unserer Hand schnappt, sobald er seinen festen Schlafplatz aufgesucht hat und wir ihn da noch anzufassen versuchen oder

ihn hier streicheln wollen. Viele Hunde lassen das gern zu – aber nicht jeder. Das ist keine Bösartigkeit, sondern mehr ein Zeichen von Charakterstärke und Selbstsicherheit. Das wurde mir schon vor 20 Jahren klar bewußt, als ich einen herrenlosen Dorfbastard ins Haus ließ und ihn überreden wollte, sich auf die Schlafmatratze meiner Hündin zu legen. Obgleich die Hündin nicht anwesend war, war er nicht zu überreden, sich auf der Matratze niederzulassen, sondern legte sich dicht neben sie auf den blanken Fußboden. Er respektierte den Platz der Hündin; sie war zwar jünger als er – aber sie war hier zuhause und das war nun einmal ihr Platz – das mußte ich doch verstehen! Heute kann ich die Blicke, die er mir damals zuwarf, und auch wieder das Ausweichen seiner Augen, sein direkt gequält erscheinendes Verhalten erst richtig und im vollen Umfang deuten. Er war, nachdem er seit einigen Tagen bei winterlicher Kälte immer wieder stundenlang vor dem Hause im Schnee gesessen hatte, überglücklich, als ich ihn, gerührt von seiner Ausdauer, ins Haus gelassen hatte. Er war offensichtlich bereit, dafür alles zu geben und sich ganz nach mir zu richten. Ich aber verlangte etwas ganz Unmögliches, allen guten Hundesitten Widersprechendes von ihm! Wie sollte er mir das denn beibringen? Er wand sich vor Verlegenheit bei soviel Unverständnis meinerseits – woraus man ersehen mag, wie leicht man doch mit gefühlsmäßigem, anthropomorphem Denken zu dem Delikt seelischer Grausamkeit, wenn nicht Tierquälerei verführt wird. Ich hatte es ja bloß gut gemeint!

Es ist aber auch nicht so, daß ein Beispiel auf alle Situationen paßt und gleich verallgemeinert werden darf. Ich denke da an Beispiele mit ganz anderer Bedeutung. Da steht ab und zu einer der Siesta haltenden Hunde gemächlich auf und geht einige Meter weit auf einen anderen Hund zu, der da so schön gemütlich im Grase liegt. Der hebt den Kopf, schaut weg, erhebt sich und legt sich einen Meter weiter wieder hin, während der Herangekommene nun seinen bisherigen Platz einnimmt. Das ist eine klare Rangdemonstration!

Wenn ich zur Türe hereinkomme, um mich in jener Sitzbankecke niederzulassen, von der aus ich mich in die Welt der Cowboys und Gangster versetzen zu lassen pflege, springt der bis dahin diesen von allen Haushunden bevorzugten Platz einnehmende Hund sofort auf, wie sich das gehört. Eine Ausnahme macht nur mein Italienisches Windspiel Umberto; der selbstbewußte Rüde möchte von mir weggehoben werden – das ist erstens einmal bequemer, zum Zweiten dürfte er der Ansicht sein, daß er als ältester Rüde im Haus durch diese Sonderbehandlung sein Ansehen vor den anderen heben könne. Als er noch jünger war, da ist auch er immer aufgesprungen, und da lag dann auch öfter auch ein anderer Hund auf meinem Platz. Aber seitdem er das sich Weghebenlassen eingeführt hat, scheint dies nicht ohne Wirkung auf die anderen Hunde geblieben zu sein; in neuerer Zeit scheint keiner von ihnen mehr meinen Platz zu benutzen – er ist ganz und gar meinem mich sozusagen stellvertretenden Vizepräsidenten Umberto vorbehalten.

Es ist wirklich schön, nicht nur einen Hund zu haben. Man sollte nicht zu egoistisch sein, etwa aus der Furcht heraus, daß einem der Hund dann nicht mehr völlig alleine gehört, sondern auch dem anderen Hund. Erstens ist es ohnehin schon fast pervers, wenn man einen Hund als Besitz betrachtet, wenn man versteht, was ich meine. Zweitens aber kommt eine gute Partnerschaft mit mindestens zwei Hunden idealen Verhältnissen ganz nahe. Ein Hund soll ja auch noch Hund sein dürfen – es ist unmöglich, aus ihm einen Menschen zu machen, so menschlich viele Eigenschaften der Hunde auf uns wirken, wenn wir sie ganz zu verstehen versuchen.

Kein Hund hat jemals versucht, uns zum Hund zu machen, obgleich es ihn schmerzen muß, daß wir uns oft so unhundlich verhalten, vor allem dann, wenn wir es besonders gut mit ihm meinen – wie das vorhin gebrachte Beispiel mit dem Liegeplatz deutlich genug beweist. Der Hund ist sich schon im Klaren darüber, daß wir keine richtigen Artgenossen sind, auch wenn sich der Züchter in der Prägungsphase noch soviel Mühe gemacht hat. Er kommt dahinter, daß wir Menschen nun einmal etwas anderes sind als er selber. Es kann sein „Selbstwertgefühl" durchaus steigern, Partner eines Menschen zu sein – falls dieser sich wirklich wie ein Mensch verhält.

Es gibt leider nur allzuoft Fälle, wo ein Mensch und ein Hund wie folgt zusammenleben: Der Mensch meidet andere Menschen, der Hund darf keinen anderen Hund auch nur ansehen. Konrad Lorenz nannte derartiges „seelische Sodomanie". Solche Mensch-Hund-„Ehen" sind ein trauriges Kapitel und gehören in den Bereich der Psychiatrie. Natürlich wird dann auch der Hund seelisch krank.

Bleiben wir lieber bei der gesunden, weltoffenen partnerschaftlichen Beziehung Mensch-Hund. Da ist ein Spielgefährte auf vier Beinen für unseren Hund eine Bereicherung seines eigenen Lebens – und auch unseres Lebens! Zunächst sind es für uns dann zwei Hunde, die sich darüber freuen, wenn wir wieder einmal Zeit für sie haben – zum anderen aber müssen wir dann nicht mehr ganz soviel Zeit aufbringen, weil sich zwei Hunde sehr gut selber miteinander vergnügen können. Sie sind nicht so abhängig – und auch wir haben mehr Freiraum.

Natürlich ist es fast doppelt soviel Arbeit, gleich zwei kleine Welpen erziehen zu wollen; jedenfalls ist das jedem Anfänger dringend abzuraten. Ideal ist es, wenn man bereits einen gesitteten Hund im Hause hat, dem man den Welpen anvertraut. Ebenso praktisch ist es, wenn man einen verständigen Nachbarn hat, der einen solchen Hund hält und bereit ist, den Welpen zu seinem Hund in den Garten – nicht unbedingt ins Haus – zu lassen. Er sollte sich aber nicht bemühen, den Welpen zu erziehen, denn das muß stets unsere Aufgabe bleiben. Was wir hingegen wollen ist, daß der andere Hund unseren Welpen auf hundlichere Art erzieht, ihm also beibringt, was der gute Benimm unter Hunden ist. Es ist nicht entscheidend, ob es sich um einen Rüden oder eine Hündin handelt – entscheidend ist, daß der Hund zu allermindest ein, noch besser eineinhalb Jahre alt ist. Wenn auch im Rahmen der Aufgabenteilung in der Natur der Rüde die Erziehungsaufgabe innehat – die Hündin schafft das dennoch genau wie ein Rüde. Natürlich darf sie weder tragend sein noch eigene Welpen um sich haben. Die meisten Hündinnen sind in dieser Zeit fremden Welpen gegenüber sehr kritisch und es kommt dann oft genug vor, daß sie diese sogar töten.

Auf jeden Fall müssen wir dafür Sorge tragen, daß ein Welpe so oft es nur geht Kontakt zu erwachsenen Hunden aufnehmen kann, um von ihnen zu lernen. Das muß unbedingt in der eigentlichen Sozialisierungsphase zwischen der achten und zwölften Woche erfolgen. Hat er nach der zwölften Woche erstmals eine Begegnung mit einem erwachsenen Hund, kann es sehr leicht zu schweren Auseinandersetzungen kommen, die in der Regel dazu führen, daß der Hund späterhin Angst vor anderen Hunden hat, oder nur vor einer bestimmten Rasse oder Größe anderer Hunde. Es kann auch sein, daß er dann solchen Hunden gegenüber aggressiv wird, sobald er achtzehn Monate alt und damit selbstsicher geworden ist.

Immer wieder wird die Frage gestellt, ob man einen Welpen einer großen Rasse mit einem Hund einer kleinen Rasse zusammenbringen dürfe, aus dem Mißverständnis heraus, daß später der nun viel größer Gewordene seinen kleineren und daher schwächeren Partner töten könnte. Hunde sehen das ganz anders. Für sie ist nicht die Größe, sondern das Alter maßgebend. Ich berichte immer wieder gern von meiner verstorbenen Uschi, einer Windspielhündin, die eine Kreuzung zwischen Irish Wolf und einer Wölfin aufgezogen hatte. Als Einjährige noch mußte sich diese rauhaarige Riesenwölfin, von uns gern „das Monster" bezeichnet, vor der zierlichen Kleinhündin auf den Rücken werfen; Uschi stand dann mit den Vorderpfoten auf ihrem Brustkorb und drohte von oben herab, womit sie erreichte, daß die ihr so weit über den Kopf gewachsene Wolfshündin schön brav auf dem Rücken liegen blieb, solange es Uschi für notwendig erachtete. Dabei war ihr Kopf fast so groß wie das Windspiel – einmal tief durchatmen, und Uschi wäre weg gewesen!

Wichtig ist für uns in diesem Zusammenhang auch diese Demutsgebärde, bei der unser Welpe, aber auch später der erwachsene Hund uns seine Bauchseite zeigt, also auf dem Rücken liegt. Wir können ihn in bedeutenderen Fällen des vorangegangenen Ungehorsams durchaus veranlassen, diese Haltung noch eine Weile einzunehmen. Niemals aber dürfen wir dieses Zeichen der Unterwerfung nutzen, um den Hund zu bestrafen. Jeder normale erwachsene Hund wird auf diese Stellung hin nämlich sofort mit Aggressionsabbau reagieren. Er kann sich über den am Boden liegenden stellen und ihn auf der Stelle wild anknurren, wenn der Unterlegene versucht, wieder aufzustehen oder sonst eine lebhafte Bewegung macht. Er kann dieses Spiel bis zu einer Viertelstunde ausdehnen, in Ausnahmefällen. Aber er wird, falls der in dieser Stellung liegende Hund sich ruhig verhält, niemals irgendwelche aggressiven Handlungen ausführen.

Genau das erwartet unser Welpe und Hund auch von uns Menschen. Wenn ein bei einem Ungehorsam ertappter Welpe schneller war als wir und es schafft, sich auf den Rücken zu werfen, ehe wir ihn zu fassen bekommen, müssen wir das als Schuldbekenntnis werten und von einem Strafvorhaben sofort ablassen. Wir können ihn, wie gesagt, durchaus eine Weile so liegen lassen, dann aber zu erkennen geben, daß wir seine Entschuldigung akzeptiert haben. Aber nicht, indem wir jetzt sofort mit ihm spielen, sondern indem wir uns abwenden und so tun, als wären wir nun nicht mehr an ihm interessiert.

Kinder und Welpen ertragen angebrachte Schelte, sogar handgreifliche Ermahnungen durchaus. Was sie aber nicht ertragen ist Gleichgültigkeit, Abweisung, Desinteresse. Das löst bei ihnen in kürzester Zeit das Bestreben aus, unsere Gunst und Zuwendung wiederzuerlangen, was dann jeder auf seine, wenn auch recht ähnliche Weise versucht. Es ist ja wohl klar, daß man das nicht ignorieren darf.

Welpen gebrauchen beim Spielen entsprechend ihrer Natur ihre Zähne, die in frühem Alter scharfe Spitzen haben. Man kann zeitweise die Intensität des Zubeißens auch dann akzeptieren, wenn dabei unsere Haut durchlöchert werden würde. Dagegen schützt ein fester Lederhandschuh. Haben wir den aber nicht an, muß der Welpe das zur Kenntnis nehmen und darf dann seine Zähne nur ganz sachte um unsere Hand halten. Er muß unbedingt lernen, daß er auch im lebhaftesten Spiel seine Kiefer gegenüber unserer ungeschützten Hand beherrschen muß. Es erstaunt mich immer wieder, wie leicht das Welpen lernen, auch wenn sie natürlich öfter einmal im Eifer des Spieles diese Rücksichtnahme vergessen. Hier muß man halt der Erinnerung nachhelfen; wenn man nämlich merkt, daß der Welpe beim Versuch, unsere schnell umherbewegte Hand zu fassen immer heftiger wird, muß man ihn rechtzeitig darauf aufmerksam machen. Wie man das tut, ist gleichgültig. Worte wie „Aus!" oder „Nein!" sind üblich, oder die bereits erwähnte Drohhaltung der Hand kann auch angewandt werden. Unter Umständen wirkt ein abrupter Spielabbruch noch besser. Ich habe die Gewohnheit, den übermütig zubeißenden Hund einfach anzuschnauzen, indem ich ihn frage, ob er denn verrückt geworden wäre, oder sonst etwas Blödsinniges sage. Egal, was es ist – es verfehlt nicht seine Wirkung, der Hund leckt entschuldigend die Hand.

Man kann sich wirklich sehr leicht mit Hunden verständigen, auch ohne die eingebürgerten „Kommandos", von denen es heißt, daß sie in ihrer Kürze und durch ihre sehr unterschiedlichen Vokale für den Hund besser einprägsam wären. Als ob Hunde so dumm wären, daß sie nicht an unserer Haltung erkennen könnten, was wir von ihnen wollen, wozu natürlich auch der Tonfall unseres wie immer formulierten Wunsches hinzukommt.

Wenn ich meinem Hund etwa sage: „Mein lieber Freund, es wäre mir außerordentlich sympathisch, wenn du jetzt an meiner linken Seite gehen würdest", dann tut er das so, als hätte ich mit Kasernenhofstimme gerufen „Bei Fuuuuß!" Hunde sind wirklich nicht so blöd, wie manche „Dompteure" auf dem Übungsplatz meinen, auch wenn ich überzeugt bin, daß mein Hund kein Wort von dem zuvor angeführten Satz begrifflich verstanden hat. Er hat nur verstanden, was ich will, weil er mich kennt und meine für mich selbst unmerklichen Gesten und den Tonfall meiner Stimme begreift. Dabei unterscheidet er auch recht gut, wie es bezüglich der Durchführung meines Wunsches aussieht – ob er es nämlich sofort oder gleich machen soll, oder ob er sich noch länger Zeit lassen kann, weil es sich vielleicht ergeben könnte, daß ich es vergesse. Auch das kann ein mit mir erfahrener Hund unterscheiden, ungeachtet der Worte, die ich anwende.

Alle Hunde, mit denen ich bislang zusammenlebte, wußten, daß ich nicht den geringsten Wert auf spontane Befehlsdurchführung lege und sie ließen es auch häufig darauf ankommen, daß ich meinen Wunsch nochmals äußerte. Was ich von Kadavergehorsam halte und von Menschen, die ihn verlangen, habe ich bereits in einer für meine Verhältnisse sehr vornehmen und gezügelten Art vorgebracht. Meine Hunde kennen meine Ansicht diesbezüglich auch, sind aber durchaus imstande, blitzschnell zu folgen, nämlich immer dann, wenn ich die Nachrichten gehört habe, so von den neuesten Umweltschäden, dem laschen Verhalten der Politiker und ähnliche mich auf die Palme bringenden Informationen . . .

Nun habe ich aber von Hunden gesprochen, mit denen man schon längere Zeit zusammengelebt hat. Aber man kommt mit Hunden nun einmal nur dann so weit, zu einem so feingestimmten Verstehen, wenn man den Welpen überzeugen konnte, daß er richtig liegt, wenn er sich uns anschließt. Es gibt halt keine schönere Aufgabe, als aus einem Welpen einen Hund werden zu lassen – nicht zu „machen"! Erziehung soll für uns grundsätzlich heißen, dem jungen Tier die Möglichkeit zu bieten, sich zu entfalten; wir wollen seine vorhandenen Anlagen fördern und ohne Repressionen, ohne despotische Maßnahmen ihnen gerecht werden. Nur dann kann der in uns jene Autorität sehen, an die er glauben kann, an der er nie zweifelt, sondern die ihn veranlaßt, voll und ganz auf uns einzugehen.

Es ist mir bewußt, daß ich mich zumindest sinngemäß sehr oft wiederhole. Aber es ist nun einmal leider so bei der Trägheit unserer reizüberfluteten

Gehirne, daß nur die stete Wiederholung Zugang in die hierfür bereitstehenden Grauen Zellen findet. Die Werbung hat das längst erkannt und behämmert uns ja auch stets mit den selben Slogans. Unsere Motivationen allerdings sind bei diesem Verfahren unterschiedlich.

Mir geht es nämlich vor allem darum, daß der Mensch sich prüfe, ob er denn überhaupt die persönlichen Qualitäten besitzt, um einen Hund zu verdienen. Womit ich ja eigentlich eine Abwerbung betreibe. Mir wäre es nämlich sehr recht, wenn weit mehr Menschen davon ablassen würden, sich einen Hund anzuschaffen.

Die heute vorherrschende Degenerationszucht der Hunde würde sehr bald einer Zucht weichen, die nur mehr in Händen von Menschen liegt, denen daran liegt, ausschließlich das beste vom besten Erbgut herauszuholen und züchterisch zu erhalten. Hier wie anderswo gilt, daß weniger – mehr ist! Sicher hängt der geringe Stellenwert, den unsere Hunde in der heutigen Gesellschaft einnehmen, auch vom Überangebot an Hunden ab. Man würde sie sonst nicht unbedarft irgendwo erwerben, und man würde sie nicht aus dem Wagen werfen, wenn man ihrer überdrüssig ist. Was Seltenheitswert besitzt, wird ja heute höher geschätzt – was allerdings wieder die Einführung bisher noch nicht bekannter Rassen begünstigt, weil man da ein schnelles Geschäft machen kann.

So wird es dann auch für die wenigen Züchter, die es wirklich ehrlich meinen, sehr schwer, ihre Welpen an den Mann – den richtigen Mann – zu bringen. Mangels ausreichender Aufklärung fallen gerade die für sie interessanten und wertvollen Käufer aus. Es ist eine Ironie des Schicksals, daß gerade Menschen, die besonders gut sind, am leichtesten auf gewissenlose Händler hereinfallen – einfach aus dem Grund, weil sie sich nicht vorstellen können, daß ein anderer Mensch so schlecht sein kann!

Eine Dame und deren gerade erwachsen gewordene Tochter – und das ist eine wahre Begebenheit – beschließen, sich nun endlich einen Hund zuzulegen; sie hatten aus sehr vernünftigen Überlegungen bislang auf die Hundehaltung verzichtet. Nun aber waren alle äußeren Bedingungen gegeben, und so hielt man Ausschau nach einem geeigneten Hund. Ein junger, freundlicher und hilfsbereiter Mann erklärte sich bereit, einen Hund zu beschaffen. Man vertraute ihm, und so kam er auch schon bald mit einer Kiste an und öffnete sie in der Wohnung der beiden Damen. Flugs huschte da ein kleines Hündchen heraus und verschwand unter der Couch. Dort blieb es auch. Die übliche Beteuerung, daß sich das schnell geben würde, es wäre halt nur die fremde Umgebung, wurde naturgemäß geglaubt. Es dauerte lange, sehr lange, bis das „Hündchen" endlich doch einmal zum Vorschein kam. Der nette junge Mann war da längst über alle Berge! Worauf die beiden Damen mit einem sechzehnwöchigen – Wolf ihre Wohnung teilten! So geschehen mitten in Berlin, genau zu der Zeit, als ich etwa in der Mitte des Manuskriptes zu diesem Buch war!

Was es doch alles gibt. Urlauber brachten einen nordafrikanischen Rotfuchs mit, ein Berliner Tierhändler verkaufte ihn mir als Blaßfuchs, eine ebenfalls dort beheimatete, in ihrer Lebensweise kaum bekannte Fuchsform. Urlauber kauften sich in Nordafrika einen Goldschakal, den sie mir freundlicherweise schenkten. Es war wieder ein solcher Rotfuchs. Auch ich habe da so meine Erfahrungen! Ob arabische Straßenhändler oder freundliche Menschen in Berlin und anderswo – man nennt das heutzutage Geschäftstüchtigkeit.

⌘ ⌘ ⌘

Also auf zum Züchter! Nur – zu welchem? Wie ein guter aussieht, habe ich schon zu beschreiben versucht. Leider sprechen sie sich nicht so herum wie die, die berühmt sind. Auch hierzu eine lehrreiche Geschichte: da war wieder ein Herr, der in Pension gegangen war und sich nun auch endlich einen Hund leisten konnte. Er hatte in einem meiner Bücher gelesen, daß es sehr förderlich wäre, den Züchter schon einige Wochen vor der Welpenabgabe aufzusuchen, am besten dort gleich Urlaub zu machen, daß man Zeit hat, die Welpen genauer zu studieren. So könne man sich ein besseres Bild davon machen, welcher Welpe für unsere Ansprüche besonders geeignet sei – abgesehen davon, daß der frühe Kontakt zum erwählten Welpen natürlich für das zukünftige Verhältnis zwischen Hund und Mensch überaus förderlich ist. Dieser Mann wollte also diesen meinen Rat befolgen und fuhr mit seinem Wohnmobil zu dem berühmten Züchter. Dort brachte er sein Anliegen vor, worauf er brüsk mit der Bemerkung abgewiesen wurde: „Ich lasse mir doch nicht in die Karten gucken!".

Kurz und gut – was ich sagen will, ist dieses: wer es wirklich ernst meint, wer überzeugt ist, daß er

alle menschlichen Qualitäten besitzt, die für eine hundegerechte Freundschaft mit einem geistig so hochstehenden und gefühlsstarken Lebewesen erforderlich sind, wird sich auch hier beweisen müssen; insofern, als er eben nicht den Weg des geringsten Widerstandes geht und sozusagen die Katze im Sack erwirbt, bloß weil man nur hinzulangen braucht, wie auf dem Großmarkt.

Vor noch etwas will ich warnen. Jeder bessere Hundeverein hat einen Funktionär, der als Welpenvermittler fungiert. Diesen braucht man nur anzurufen, und er wird einem sagen, welcher dem Verein angeschlossene Züchter gerade Welpen passenden Alters „liegen" hat oder wann einer solche haben wird. Ich selbst habe schon oft den Rat gegeben, sich an einen solchen Welpenvermittler zu wenden. Heute tue ich das nicht mehr, weil die von mir Beratenen unterschiedliche Erfahrungen gemacht haben. Gute sicher, solche auch; aber genauso höchst negative. In solchen Vereinen haben nämlich meist jene Mitglieder das Sagen, die nicht nur die größte Erfahrung besitzen, sondern häufig genug auch die größte Zuchtanlage. Ob unter diesen gerade die idealen Züchter anzutreffen sind, bleibe dahingestellt. Sicher ist ja wohl, daß der Welpenvermittler – häufig genug die Ehefrau eines solchen direkt an der Grenze zum Hundevermehrer stehenden Züchters – einen für diesen opportunen Rat geben wird, das ist menschlich gut verständlich. Ob man es billigen muß, hängt natürlich von allerlei für den Außenstehenden unabwägbaren Umständen ab. Es bleibt eben auch dann dabei – man muß sich die Persönlichkeit des Züchters unabhängig von all dem Guten, das seine Vereinsangehörigen von ihm verlauten lassen, genau und aus der Nähe ansehen ...

Wer sich von mir absolut nicht einen Hund ausreden lassen will, muß ein gutes Herz haben. Menschen mit einem solchen neigen auch dazu, auf den Erwerb eines Rassehundes zu verzichten, weil sie an die armen Hunde in den Tierheimen denken. Das habe ich auch schon gemacht. Als nach dem Kriege die Hunde rar waren, suchte ich das Tierheim auf und fand dort auch einen Schäferhund, der mir auf den ersten Blick gefiel. Ich hatte von einem schlichten Hündinnenbesitzer schon einen, der ein ganz hervorragender Hund wurde, den ich nie vergessen werde. Aber ich wollte noch einen Hund zu seiner Gesellschaft dazu. Es war ein stiller, sehr ruhiger Hund, der von meinem auch freundlich aufgenommen wurde – nur mit dem gemeinsamen Spielen – das wurde nichts. Der neue Hund war nicht dafür zu haben. Aber immerhin – er war wenigstens folgsam, und vor allem sehr friedfertig. So gut, so schön.

Nach drei Tagen war der Hund weg – er hatte sich die Türe aufgemacht. Per Fahrrad suchte ich ihn, damals in einer ländlichen Gegend wohnend, und freundliche Nachbarn hatten ihn gesehen. Ich fand ihn, und brav und gesittet lief er neben dem Fahrrad mit mir wieder nach Hause. Am nächsten Tag wiederholte sich das Spiel, bis ich die Türen meines Häuschens versperrte. Der Winter kam, und als einmal der Hund nach einem gemeinsamen Spaziergang in die Stube kam, überfiel ihn ein epileptischer Anfall. Bewußtlos lag er am Boden, die Beine zuckten krampfartig, winselnde Laute kamen aus seinem schaumbedeckten Fang. Wir legten ihn in den kühlen Flur, wo er sich bald wieder erholte. Auch das passierte nun immer öfter, und eines Tages war er mir trotz aller Vorsichtsmaßnahmen doch entwischt. Die Nachsu-

che blieb vergeblich – vermutlich war er einem Hundefänger in die Hände gefallen.

Als ich diesen Hund seinerzeit aus dem Tierheim geholt hatte, war er erst ganz kurze Zeit dort und natürlich konnte keiner der Betreuer ahnen, was mit dem Hund wirklich los war. Wie gesagt – er war ein freundlicher und friedfertiger, ruhiger Hund; für eine Weitervermittlung bestens geeignet.

Umgekehrt habe ich mir einmal aus einem Tierheim einen kleinen Hund geholt. Ich lebte damals in der Stadt, in einer kleinen Wohnung. Es war ein beinahe reinblütiger Foxterrier. Er gehört zu jenen Hunden, mit denen ich am meisten Spaß hatte!

Ich hatte einfach Glück bei diesem zweiten Tierheimhund. Damals hatte ich auch kaum Ahnung von Hunden – ich ahnte damals noch nicht einmal, daß ich als etablierter Pferdeforscher vom hohen Roß so gänzlich auf den Hund kommen werde!

Wer selbst noch nie einen Hund gehabt hat, sollte sich wirklich sehr eingehend mit dem Leiter des Tierheims, aber auch dem Tierpfleger oder der Tierpflegerin beraten. Wohl die meisten Hunde, die in einem solchen Zufluchtsort anzutreffen sind, kommen nicht gerade aus den besten Verhältnissen. Oft genug sind es an sich bedauernswerte Geschöpfe – aber eben Hunde, die falsch behandelt wurden und daher zu schwierigen Hunden geworden sind. Als Erstlingshund sind sie dann wohl nicht zu empfehlen.

Umgekehrt kann man gerade unerfahrenen Menschen Hunde empfehlen, die von einer Familie aus äußeren Umständen heraus – wegen einer Übersiedlung, eines Krankheitsfalles – abgegeben werden müssen. Solche Hunde, die Menschen nur von ihrer besten Seite her kennengelernt haben, sind auch gern bereit, sich den neuen Umständen anzupassen, und wer da noch keine Hundeerfahrung hat, kann praktisch sogar von ihnen lernen. Da kann der Weg ins Tierheim überaus lohnend sein.

Man hüte sich aber vor Zeitungsanzeigen, in denen es heißt, daß ein Familienhund „umständehalber" oder mit anderen Begründungen abzugeben sei, wobei man dann erst nach Anruf erfährt, daß er auch etwas kosten soll. Hundehändler locken auf diese Weise gern zum Kauf, wobei dann ein älterer, vertrauenswürdig aussehender Herr oder eine solche Dame den Hund sogar bringt. Die Menschen, die ihren Hund schweren Herzens wirklich abgeben müssen, handeln anders. Sie wollen genau wissen, wo ihr Hund hinkommt, ehe sie ihn – und dann wohl auch kostenlos – abgeben. Ihnen geht es nur um meinen guten Platz, um gute Menschen und nicht ums Geld.

Übrigens gibt es auch genau das Umgekehrte. Da antworten Menschen auf derartige Anzeigen, die sich als echte Hundeliebhaber ausgeben, und wieder kreuzt so ein lieber Opa oder eine Oma auf, die das liebe Hündchen herzt und kost und deren zur Schau getragene Tierliebe das Herz des zur Abgabe seines Hundes veranlaßten Besitzers rührt. – Dabei steht hinter solchen bezahlten Personen dann irgendein skrupelloser Händler, der den so kostenlos erworbenen Hund an das nächste Versuchslabor verscheuert. Man studiere doch einmal solche Zeitungsanzeigen unter der

Rubrik „Tiermarkt" sehr sorgfältig und vergleiche vor allem die Telefonnummern. Da annoncieren anscheinend ganz verschiedene Leute: die einen kaufen Hunde aller Rassen, die anderen bieten aus „eigener Zucht" zwei oder drei Rassen an, und wieder andere verkaufen Hunde aller Rassen, „direkt vom Züchter" – und alle haben sie ein- und dieselbe Telefonnummer! Der Sklavenhandel blüht!

Das alles und noch mehr tun Menschen, und sie finden für alles auch wieder Menschen. Menschen, die Hunde vermehren, um sie an solche Händler zu verkaufen, Menschen, die sich bezahlen lassen, um heuchlerische Rollen zu spielen, Menschen, die auf den Straßen Hunde einfangen oder sie aus Höfen und Gärten stehlen – und Menschen, die so grenzenlos dumm sind, daß sie auf alle Tricks, auf gefälschte Papiere, auf freundliche Worte hereinfallen. Die wirklich Leidtragenden dabei sind aber stets die Hunde.

Aber hier gibt es noch ein Kapitel, das zeigt, wie sehr es auch Hundeerwerbern in Wahrheit gar nicht so sehr um den Hund an sich geht. Als gelegentlich von Gerichten angeforderter Gutachter werde ich da mit den erstaunlichsten Dingen konfrontiert. Da hatte zum Beispiel jemand eine Hündin einer bestimmten Rasse erworben und verklagte nun den Verkäufer, weil der Hund angeblich nicht „rasserein" sei. Er fühlte sich betrogen. Dieser Hund wurde also im Gerichtssaal vorgeführt und ich sollte begutachten, ob es sich um einen Mischling handeln könne. Nun bin ich zwar gerade kein Spezialist für Hunderassen, und man hätte eigentlich einen für die Rasse bekannten Züchter oder Richter bestellen sollen – aber manche Gerichte scheinen mir offenbar alles zuzutrauen. Nun handelte es sich um Glück um eine Rasse, die ich persönlich sehr gut kannte, mit der ich sogar schon Zuchtversuche gemacht hatte, in dem ich sie mit anderen Rassen vermischte und es mir wohl zutrauen durfte, zu entscheiden, ob hier eine Beimischung vorliegen könnte. Vorsichtshalber studierte ich zuvor noch sorgfältig den Rassestandard und brachte diesen auch zur Verhandlung samt Stockmaß mit. Besagte Hündin erwies sich vom Äußeren her als absolut rasserein, konnte als ganz typischer Vertreter dieser Rasse identifiziert werden, wenn man davon absieht, daß die Ohren vielleicht um einen halben Zentimeter länger und die Rute am Ende etwas mehr „Fahne" zeigen hätte dürfen. Aber das schließt ja nicht die Rassereinheit aus, im Gegenteil, das sind Folgen einer zu engen Verwandtschaftszucht.

Abgesehen davon: diese Hündin war eine Seele von einem Hund! Im Gerichtssal, von mir als völlig Fremden angefaßt, gemessen, ins Maul geschaut – sie ertrug alles mit stoischer Ruhe, ohne jede Spur von Unterwürfigkeit dabei. Ein gutmütiger, freundlicher, gelassener und dabei durchaus selbstsicherer Hund, an dem man seine helle Freude haben konnte.

Wer sich aber nicht freute, war die Erwerberin, die hier als Klägerin aufgetreten war. Daß sie nun auf mich nicht gut zu sprechen sein wird, stört mich nicht. Aber mich stört, daß es Menschen gibt, die einen Hund als wertlos erachten, weil er ihnen nicht „rasserein" genug erscheint! Wahrscheinlich hat jene Dame diesen Hund weiterverkauft, er war ihr eben nicht gut genug . . .

Das erinnert mich an meine Beobachtungen auf Hundeausstellungen. Was kann man da an den Leuten alles studieren. Ich sah Menschen, die ihren Hund brutal zum Ausgang zerrten und ihn wütend ins Auto schmissen, weil er keinen Preis errungen hat. Ich hörte, wie Leute den Richter einen „Idioten" oder noch schlimmer bezeichneten, weil er nicht erkannt hatte, daß ihr Hund ein wahrer Spitzenvertreter seiner Rasse wäre. Da gab es Leute, die in Tränen ausbrachen, weil ihr Hund nicht zu den Siegern gehörte, oder gar tätliche Angriffe auf den Richter versuchten oder ihm mit solchen drohten, und schließlich jene, die mit hochroten Köpfen empört zur Ausstellungsleitung liefen, um sich zu beschweren. Der Ausgewogenheit halber darf ich aber auch jene liebenswerten Menschen nicht zu erwähnen vergessen, die ihren Hund lächelnd trösteten, daß er nur den letzten Platz im Vorführring errungen hatte – Menschen also, die wußten, daß ihr Hund in ihrem Herzen einen höheren Stellenwert einnimmt, als er je in einem solchen Ausstellungszirkus erreichen könnte.

Warum waren sie eigentlich auf die Ausstellung gegangen, wird man fragen. Auf diese Frage bekam ich Antworten, wie „aus Neugierde" oder „um auch einmal dabei gewesen zu sein". Sicher gibt es noch andere, durchaus verständliche Motivationen. Auch die Funktionäre der einzelnen Vereine sind ja bestrebt, daß möglichst viele ihrer Mitglieder zur Ausstellung kommen.

⌘ ⌘ ⌘

Natürlich sagt jeder Anfänger in der Hundehaltung, daß er nichts anderes will, als mit einem

Hund zu leben, und das ist bestimmt auch die Wahrheit. Aber was helfen die besten Vorsätze, wenn Versuchungen sie unterminieren. So mancher, der wirklich nichts anderes wollte, wurde eines Tages doch zum Züchter, und darunter wieder einige, die dann gar nicht mehr genug davon kriegen können. Das erinnert mich auch an einen Schäferhundeigner, der eines Tages einer Ortsgruppe des Vereins beitrat mit der festen Absicht, nur ein wenig darüber zu lernen, wie man einem Hund den nötigen Gehorsam beibringt. Einmal an Prüfungen und Wettbewerben teilzunehmen, lehnte er völlig ab, fast entrüstet, daß man ihm derartiges überhaupt zumuten wolle. Ein Jahr später gehörte er zum „harten Kern" der Ortsgruppe, der an allen Prüfungen und Wettbewerben eifrigst teilnahm!

Es kommt eben oft anders, als man denkt. Wenn man nun als Anfänger einen Welpen von einem Züchter erwirbt, der einem etablierten Zuchtverein angehört, kann man sich nicht leicht der Aufforderung entziehen, diesem Verein beizutreten. Es ist ja ein idealer Verein, der alles nur für die Hunde tut, nur für die Hunde und sonst nichts anderes. Sicher – es ist ganz lehrreich, mit den hundeerfahrenen Vereinsmitgliedern Gedankenaustausch zu pflegen, man erfährt viel über die Rasse und den Umgang mit dem Hund, und manche Vereine veranstalten auch Abende, wo ein Tierarzt oder sonst ein Referent, manchmal sogar ich selber, etwas Wissenswertes berichtet.

Nun kann es ein glücklicher Umstand bewirkt haben, daß der aus diesem Verein stammende Hund sich zu einem wunderschönen Exemplar seiner Rasse auswächst. Jetzt kommt die große

Versuchung in Form ernster Ermahnungen des Zuchtwartes. Von ihm erfährt der Hundehalter, daß das ein so schöner Hund sei, daß man unbedingt auf eine Ausstellung mit ihm müßte. Wer hört nicht gern, daß sein Hund besonders schön sei? Also läßt man sich überreden. Von da ab, wenn man dann noch Erfolg auf der Ausstellung hat und ehrenbeladen nachhause kommt, führt der Weg unweigerlich zur Zucht, und ehe man es sich versieht, ist man Züchter.

Natürlich hat der Zuchtwart recht: ein besonders rassetypischer, wohlgeratener Hund sollte der Zucht nicht vorenthalten bleiben. Es liegt wirklich eine Art Verpflichtung darin, den Genbestand eines so guten Hundes der Zucht seiner Rasse nicht vorzuenthalten. Wer einen Rüden hat, ist ja noch gut dran, der braucht ihn nur den diversen Hündinnen zur Verfügung zu stellen. Wer aber eine Hündin sein Eigen nennt, auf den kommt dann schon noch so einiges zu.

Aber wenn man schon ein guter Hundefreund ist, dann nimmt man diese Mühen gern in Kauf, denn es ist nun einmal wirklich so: es gibt nichts beglückenderes als mitzuerleben, wie eine Hündin ihre Jungen zur Welt bringt und es ist ein ganz großes Erlebnis, das Heranwachsen der Welpen unter ihrer Fürsorge zu verfolgen. Eigentlich sollte das jeder Hundefreund, aber auch seine Kinder, erleben. Man lernt viel dabei . . .

Das sieht so aus, als würde ich mir jetzt selber auf ganzer Linie widersprechen. Aber dennoch – ich weiß, was ich sage, und ich weiß auch, was ich will. Ich glaube nämlich daran, daß ein Hundefreund, der mir bis zu diesen Zeilen gefolgt ist und begriffen hat, worum es mir geht, auch die notwendige Verantwortung besitzt, die Entscheidung zu treffen, ob er seine Hündin decken lassen soll oder nicht, und weiterhin auch, welchen Rüden er hierfür auswählt.

Die Meinung des Zuchtwartes, der Ausstellungserfolg – das allein darf es nämlich nicht sein! Die sogenannte „Schönheit" ist in Wahrheit keine Voraussetzung und keine Gewähr für eine biologisch einwandfreie Weitergabe des Erbgutes einer Hündin oder eines Rüden. Da muß schon mehr, viel mehr dazukommen! Alles das, wovon ich schon gesprochen habe, und dazu braucht man eine sachkundige Tierklinik und auch einen solchen Genetiker. Das ist alles zusammen nicht billig – aber muß für den, der es ernst meint, eine Selbstverständlichkeit sein. Wer solche Maßnahmen jedoch scheut, hat nicht das geringste Recht, sich „Züchter" zu nennen, auch wenn er schon „dreimal das Alphabet durchgegangen" ist. Für den kynologisch unbedarften Hundefreund sei erläutert, daß es sich dabei um die Umschreibung der bisher erzielten Wurfzahlen handelt. In Züchterkreisen ist es Vorschrift, den ersten Wurf im neu anerkannten Zuchtzwinger (mit eingetragenem Namensschutz) als „A-Wurf" zu bezeichnen, was bedeutet, daß die Namen aller dann ins Zuchtbuch eingetragenen Nachkommen mit dem Buchstaben A beginnen, die des zweiten Wurfes mit B und so fort bis Z, was also 26 Würfe bedeutet. Wenn nun so ein Hundevermehrer sich mit dem obigen Ausspruch brüstet, heißt das, daß er schon 78 Würfe erzielt hat. Rechnen wir nur mit sechs Welpen pro Wurf, sind das dann immerhin ganze 468 Hunde!

An sich wäre eigentlich kaum etwas daran auszu-setzen, wenn man zusätzlich erfährt, daß er nämlich schon so an die vierzig, fünfzig Jahre züchtet. Vorsichtshalber Hut ab, wer weiß, der könnte vielleicht doch ein guter Züchter mit viel Erfahrung sein, von dem man was lernen kann. Immerhin müßte er jetzt – mit soviel Erfahrung versehen – geradezu lauter Spitzenhunde haben. Ob es solche dann tatsächlich sind, kann man allerdings nicht aus den Papieren und Ausstellungspokalen ersehen; selbst wenn ein Hund das Welt-Championat hat, ist das keine Garantie dafür, daß er keine Erbmängel weitergibt!

Das kann uns nur ein Genetiker sagen. Aber da stoßen wir schon wieder an eine Ecke. In manchen Zuchtvereinen sieht man das nämlich gar nicht so gerne, wenn ein Neuling einen Vererbungsfachmann einschaltet. Mir liegen die gesamten Unterlagen eines Rechtsstreites vor, wo ein Mitglied aus dem Verein ausgeschlossen werden sollte, weil es einen Genetiker herangezogen hatte. Dieser konnte nämlich nachweisen, daß die von ihm aufgefundenen Erbfehler aus der Zucht des Vereinsvorsitzenden stammten und von hier aus weitergegeben wurden . . .

Ja – Hundezüchter sind sehr empfindliche Zeitgenossen, die gleich sehr böse werden können, wenn man was Schlechtes von ihren Hunden sagt. An sich hätten es die Zuchtvereine ohnehin am liebsten, daß man sie nur lobt und ihre rein ideellen Bestrebungen mit voller Überzeugung glaubt. Wenn dann so ein Anfänger meint, er müsse es besser machen, hat er sofort ausgespielt. Denn besser machen als das der seit rund 100 Jahren bestehende Verein praktiziert – das kann keiner, das darf vor allem keiner können! Wo käme denn der Verein da hin?

So ist es denn auch zu verstehen, daß so mancher – glücklicherweise nicht jeder – Verein meine eigene Arbeit sehr mißbilligend beobachtet. Nun haben sie es bei mir ja noch leicht. Sie sagen, daß ich ja doch nur irgendwelche Wildhunde hätte, und daher meine Beobachtungen ohnehin belanglos wären. Diese Wildhunde hätten ja nichts mit den edlen Rassehunden zu tun. Also läßt man mich leben.

Anders aber wird das, wenn nun einer hergeht, und auf Grund meiner Erfahrungen unter großen persönlichen Opfern eine Zuchtmaßnahme bei einem Rassehund vornimmt, wie sie bislang noch nie durchgeführt wurde. Gerd Linnhoff, den seine eigene Zucht von Labradorhunden nicht so ganz befriedigte, baute drei ähnliche großflächige Freigehege, wie ich sie habe und setzte in jedes ein Hundepaar unterschiedlichen Charakters, unterschiedlicher genetischer Struktur. Er will es genau wissen: kann man über die natürliche Auslese zu einem Zuchtstamm kommen, der weitgehend frei von erblichen Mängeln ist? Kann man auf diese Weise harte, widerstandsfähige Hunde erhalten, bei denen alles stimmt? – Natürlich müssen dann die Welpen bei ihren Eltern bleiben, damit auch hier, wie bei den Wolfswinkler Hundefamilien, die Althündinnen unter ihren Töchtern diejenigen als Nachfolgerin auswählen, die in ihren Augen die größte Fitneß besitzen, und diese werden sich dann wieder einen Rüden erwählen, der genetisch am besten zu ihnen paßt.

Zu diesem umfassenden Zuchtexperiment gehören natürlich noch anfänglich regulierende Maßnahmen, vor allem muß darauf geachtet werden, daß der Rassetyp nicht verloren geht, und auf so

manches andere mehr; etwa auch darauf, daß keine „Wildscheuheit" einreißt, worunter man ein angeborenes Scheuverhalten zu verstehen hat, was solche Hunde für den menschlichen Kontakt ungeeignet macht.

Alles in allem also ein züchterisches Vorhaben, bei dem es erst dann um die Abgabe von Welpen gehen wird, wenn der erwartete Erfolg sich eingestellt hat. Das wird mindestens drei Hundegenerationen dauern. Aber heute schon fürchten die etablierten Hundezüchter jenes Experiment, denn sonst würden sie nicht dagegen sturmlaufen. Sie wissen wohl, daß es sich erweisen könnte, welch „schlechte Ware" sie selber produzieren. Wären sie wirklich solche Idealisten, wie sie vorgeben, dann müßten sie nämlich das Experiment begrüßen – es könnte nämlich in meinen Augen bahnbrechend für die ganze Hundezucht werden! – Übrigens: aus dem Verband kann man Gerd Linnhoff nicht ausschließen, da er sich längst einen eigenen Zuchtverein gegründet hat, der seine Arbeit unterstützt.

Man kann von einem derartigen Experiment natürlich wichtige Aufschlüsse erwarten, die Licht in so manche heute die Gemüter bewegende Fragen bringen können. Wir denken da auch ganz besonders an die Hüftdysplasie, ein Thema, das heute alle Hundeleute vor große Probleme stellt. Sie ist in den Fünfzigerjahren aufgetaucht, oder besser erkannt worden. Gegeben hat es sie bestimmt schon viel früher. Nur meinte man damals, es müsse sich um Arthritis handeln, oder, wie man auch sagte, einfach um Rheuma, wenn ein älter gewordener Hund nicht mehr richtig laufen konnte, deutliche Schwierigkeiten mit den Hinterbei-

24

nen hatte. Fehldiagnosen in dieser Richtung kommen heute auch noch vor. So erhielt ich einmal einen eingeschläferten zehnjährigen Schäferhund, der angeblich HD – die Abkürzung für Hüftdysplasie – gehabt habe. Mitgeliefert wurde auch eine Videoaufnahme, die den bedauernswerten Hund kurz vor dem Einschläfern zeigte. Die guten Leute mußten eiserne Nerven gehabt haben, um mit dieser Maßnahme derart lange zu warten – der Hund, so zeigten die Aufnahmen – war kaum noch in der Lage, seine Hinterbeine zu gebrauchen, und wenn es ihm nach vielen Mühen gelang, aufzustehen, dann schwankte er mit dem Hinterleib so umher, als wenn er völlig betrunken wäre. Ein fürchterlicher Anblick!

Natürlich habe ich mir seine Hüftgelenke ganz besonders sorgfältig angesehen und entsprechende Fotos hiervor gemacht. Zu meinem Erstaunen fand ich völlig normale Gelenkspfannen, völlig normale Oberschenkelköpfe. Davon kann sich heute jedermann anhand der Bilder und des aufbewahrten Skelettes überzeugen. HD war das also nicht. – Nun bin ich kein Pathologe, nicht einmal Tiermediziner, sondern nur schlichter Anatom und war daher darauf angewiesen, ein entsprechendes Fachbuch zurate zu ziehen. Da fand ich auch andere Ursachen für jenes Lahmen der Hinterhand, die sich allerdings nicht im Hüftgelenk selbst auffinden und meistenteils auch mit dem Skalpell allein nicht sicher bestimmen lassen.

Jene Erscheinung, die man als Hüftgelenks-Dysplasie heute so sehr fürchtet und die man ursprünglich nur bei größeren Rassen zu finden glaubte, ist mittlerweile sehr weit verbreitet und findet sich nun auch bei kleineren Rassen. Wer sich ausreichend genau über sie informieren will, schlage in der „Kleinen Kynologie" von Wilhelm Wegner nach, Professor an der Tierärztlichen Hochschule zu Hannover, und man lasse sich nicht von dem bescheidenen Titel beeinflussen! Aber dort findet man auch schon Hinweise darauf, daß nicht nur erbliche Faktoren, sondern auch umweltbedingte Einflüsse eine Rolle spielen können. Genau das ist wohl auch der Grund, warum alle Auslesemaßnahmen der letzten 25 Jahre bis heute noch keinen wirklich überzeugenden Erfolg gebracht haben, auch wenn das von manchen Vereinen durch Zahlenspiele suggeriert wird. Hier ist wohl mehr der Wunsch Vater des Gedankens!

Auf unserer Haustierbiologischen Station haben wir bis heute damit noch nichts zu tun gehabt. Wir röntgen zwar die Hunde nicht, aber da bei uns die Hunde bis zu ihrem Alterstod leben, müßte ja dann im letzten Lebensjahr wenigstens einer der Hunde zumindest ein wenig lahm sein. Das ist aber nicht der Fall, und auch die Hüftgelenke der vorzeitig ums Leben gekommenen Hunde erwiesen sich aus anatomischer Sicht als völlig normal. Dabei haben wir nicht nur mittelgroße Hunde, sondern auch die Nachkommen einer Irish Wolf mal Wölfin-Vermischung, in der zunächst ein Schäferhund und zuletzt ein Persischer Saluki dazugemischt wurden, die alle größer als Schäferhunde sind. Auch hier haben wir noch nie eine Veränderung am Hüftgelenk oder Lahmen der Hinterhand festgestellt.

Wie ich in der Einleitung erzählte, wird rund um den Tisch in der Bibliothek zu Wolfswinkel über allerlei gesprochen, sehr viel auch über jene angebliche Erbkrankheit. Wenn man da die Ohren offenhält, bekommt man so einiges mit, das einen dann hinterher doch zum Nachdenken anregt. So habe ich zum Beispiel einmal erfahren, daß jemand ganz heimlich, ohne Kenntnis des zuständigen Zuchtvereins, einen Rüden mit leichter und eine Hündin mit mittlerer HD verpaarte und siehe da, alle Nachkommen waren HD-frei!

Dies und andere Beobachtungen führten mich zu Schlußfolgerungen, die ein Genetiker sicherlich nicht glauben wird; das soll aber kein Grund sein, meine Gedanken für mich zu behalten, zumal ich sie ohnehin schon vielen Leuten erzählt habe. Ich meine nämlich, daß die HD für sich gesehen gar keine Erbkrankheit im üblichen Sinne ist, sondern von zwei voneinander unabhängigen Faktoren ausgelöst wird.

Einer der beiden ist die Aufzucht der Welpen, da nämlich, wo am meisten Fehler gemacht werden. Wenn Welpen zunächst auf einem glatten, hindernisfreien Bodengrund heranwachsen, erst auf dem hygienisch einwandfreien Boden des Zuchtgeheges oder Welpenzimmers beim Züchter, dann in der Wohnung oder – wie bei den wackeren Gebrauchshundeleuten – dem ebenen Boden des Zwingers, muß das geradezu zwangshaft zu Gelenksschwächen führen, die sich später bei besonderer Beanspruchung zur HD auswachsen.

Ich selbst war einmal gezwungen, fünf Dingowelpen in einem Wohnzimmer bis zu Beginn des fünften Lebensmonates aufzuziehen. Ich durfte sie nicht einmal spazierenführen, sonst hätte ich es mit der nichts davon ahnenden Hausverwaltung zu tun gekriegt. Als ich diese Jungdingos dann endlich in ein Gehege bringen konnte, hoppelten sie alle wie die Kaninchen! Hier war dann auch deutlich zu sehen, daß ihre Hinterhand nur schwächlich entwickelt war. Zum Glück hat sich das dann auf dem weichen Wiesenboden und der nunmehr gegebenen Bewegungsfreiheit zufriedenstellend ausgewachsen. Dabei stellte sich mir die Frage, ob das wohl bei schwerer gebauten Rassehunden auch so gewesen wäre, oder ob bei denen hier nicht dauernde Schäden, also auch HD geblieben wären.

Darum nämlich geht es mir: was meine unter wildbahnähnlichen Verhältnissen aufwachsenden Hunde leisten, die keine wirklichen „Wildhunde" sind, wie immer behauptet wird, kann man von vielen Rassehunden nun einmal nicht ebenso erwarten. Hundertfünfzig Jahre Rassehundezucht sind nicht spurlos an ihnen vorbeigegangen, worüber ich bekanntlich dauernd klage, sondern haben etwas sehr Einschneidendes bewirkt. Gerade in den letzten Jahrzehnten kann man bei ihnen eine zunehmende Verminderung der biologischen Grundfunktionen oder Fitneß, wie man auch sagt, verzeichnen. Das betrifft nicht nur die stark herabgesetzte Widerstandskraft gegen Krankheiten aller Art, sondern auch alles das, was man in der Anatomie meist als „Gewebe" bezeichnet.

Fangen wir bei der Haut an: da ist sie vielfach dünner geworden als bei ihren Wolfsahnen, außerdem reizempfindlicher – ihre ganze Substanz, ob es sich um das Ober- oder das Unterhautgewebe handelt, ist weicher, schlaffer, und das ist in ganz besonderem Maße auch der Bindehautgewebsanteil. Man denke nur an die viel zu lose Haut vieler Rassen, an die Faltenbildungen, und vor allem an die oft maßlose Gesäugevergrößerung. Während sich bei einer Wölfin das Gesäuge nach dem Absetzen der Welpen sehr rasch so zurückbildet, daß man ihr nicht mehr ansehen kann, daß sie vor kurzem noch gesäugt hat, bleibt bei den meisten Hündinnen oft schon nach dem ersten Wurf das Gesäuge gleichsam überdehnt. Das Gewebe ist eben zu weich.

Ähnliches gilt auch für die Muskulatur. Die Straffheit der Muskelfasern findet man vielfach nicht mehr, was sich zwar durch ein vernünftiges Training verbessern, aber natürlich genetisch nicht beheben läßt. Das kann bis zur „fettigen Degeneration" des Muskelgewebes gehen, die man als Gipfel der „Verhausschweinung", wie das Konrad Lorenz einmal bezeichnet hat, betrachten kann. Es ist dann aber wohl auch so, daß die Sehnen solcher aufgeweichten Muskeln nicht mehr die Elastizität und Härte besitzen, wie die von Wölfen aus freier Wildbahn, und natürlich sind endlich auch die Bänder, die die einzelnen Gelenke zusammenhalten, eben nicht mehr das, was sie einmal waren.

Kurzum – was ich meine, ist eine durchgehende Schwächung der gesamten Konstitution. Die Gewebsstrukturen taugen nichts mehr – und das ist erblich! – Wenn also ein Hund zur Hüftgelenks-Dysplasie neigt, dann ist dieser Umstand dafür verantwortlich zu machen! Darauf sollte sich das Augenmerk der Züchter richten. Was wir brauchen, sind Hunde, die wieder „Substanz" haben, wie man das auch ausdrücken könnte. Wer mich noch nicht so richtig verstanden haben sollte, dem empfehle ich als Hilfskonstruktion sich vorzustellen, solche substanzlosen Hunde bestünden unter ihrem Fell nur aus unterschiedlich gefärbtem Pudding. Das mag zwar übertrieben sein, aber vielleicht hilft es.

Nun hat man aber auch schon bei Dingos Anzeichen von HD gefunden, und zwar in der Schweiz. Mich wundert das nicht. Die Dingos stammten allesamt von einer Handvoll Individuen ab, die vor längerer Zeit nach Europa gekommen waren. Alle Hallstrom-Dingos (die Sonderform aus Neu-Guinea) zum Beispiel gehen auf ein einziges Paar des Zoos von Syndey zurück. Von dort gelangte ein Geschwisterpaar in den Zoo von San Diego, und von dort wieder ein Geschwisterpaar in den Haustiergarten der Universität Kiel. Von da aus gelangten die vermehrungsfreudigen Tierchen in andere Zoos, in den Tierhandel, und wären sie nicht mit ihren aus Australien stammenden größeren Vettern vermischt worden, wären sie ein Musterbeispiel dafür, wie bald auf diese Weise bei fehlender Naturselektion Degeneration auftritt.

Ich stellte dies seinerzeit sogar mit solchen Mischdingos fest, bei denen ich fünf Generationen lang nur Geschwisterverpaarung bei naturfremder Auslese (nur nach Färbungsmerkmalen!) betrieb. Hier traten dann die ersten Anzeichen auf, die zwar noch nicht als Degeneration zu bezeichnen sind, wie etwas kürzere Ruten und langsameres Aufrichten der Ohren zum typischen Stehohr – aber, hätte ich hier nicht den aus tierschützerischen Gründen gebotenen Halt gemacht, wären mit Sicherheit weitere, dann aber die Gesundheit der Tiere beeinträchtigende Konstitutionsminderungen eingetreten. Natürlich könnte man aus Australien neue Dingos kommen lassen – was ich einmal ernsthaft erwog. Ich nahm aber davon Abstand, denn ich hätte doch nur Tiere aus den australischen Zoos erhalten können – und auch in denen wird seit Generationen nur Inzucht betrieben. Aus dem Dingo einen Rassehund zu machen, hat man zwar versucht, er wurde auch von höchster Instanz als solcher anerkannt; man hat es aber inzwischen wieder aufgegeben, eben aus jenen Gründen.

Die bei Dingos festgestellte HD hat also keinen Aussagewert, wenn man noch dazu rechnet, daß sie ja nicht aus freier Wildbahn, sondern aus häufig unbefriedigenden Haltungen stammen. Ich behaupte, daß ich – wenn ich ein Mensch wäre, dem Beweisführungen wichtiger sind als die Tiere selber – in der Lage wäre, einen Wolfswelpen so aufzuziehen, daß er spätestens im Alter von einem Jahr eine eindeutig erkennbare HD aufweist.

Damit bin ich bei der zweiten Verursachung angelangt. Ich habe das schon bei jenem unglücklichen Dingowurf geschildert, den ich solange in einem Wohnzimmer vor den Blicken der Öffentlichkeit verbergen mußte. Ich meine eben die jeweiligen Haltungsbedingungen, die eine nicht zu unterschätzende Rolle spielen. Vom glatten, pflegeleichten Bodengrund habe ich schon ausreichend gesprochen. Sehen wir also weiter: da ist zunächst eine völlig unsinnige Überfütterung der Welpen zu nennen. Man vergißt dabei nur allzuleicht, daß man Hunde zu Vielfraßen erziehen kann. Dabei macht es doch nicht die Quantität, sondern die Qualität des Futters; nur letztere entscheidet, ob ein Welpe zu einem gesunden Hund heranwächst. Dickwanstige Welpen entzücken zwar das Herz des Tierfreundes, lassen aber am Verstand des Züchters oder Halters zweifeln. Welpen haben nämlich wirklich noch puddingartige

Gewebe, die sich niemals richtig auswachsen können, wenn die Last des überfütterten Bauches auf die Gelenke drückt.

Da sehr viele Hunderassen viel zu groß gezüchtet werden, was ein überschnelles Wachstum bedingt, bestehen hier ganz besonders große Gefahren der Fehlernährung; das weiß man, und daher versucht man mit allen möglichen Mitteln – wozu auch die so beliebten „Aufbau-Spritzen" gehören – und mit ausgeklügelten Ernährungsplänen diesen Züchtungsfehler irgendwie wettzumachen. Hierbei wird natürlich, wie könnte es anders sein, vielfach wieder des Guten zuviel getan und den noch knorpeligen Gelenken zuviel zugemutet. Dabei können auch Gangartfehler entstehen, die zu der öfter auch vorkommenden einseitigen HD führen, ebenso aber und noch häufiger zur beidseitigen.

⌘ ⌘ ⌘

Obwohl sich hier noch einiges hinzufügen ließe, soll es genug sein – ich will ja niemanden daran hindern, auch mal selber weiterzudenken. Notwendig scheint mir jedoch an dieser Stelle noch, auf das Bewegungsbedürfnis des Hundes einzugehen. Wir haben schon bei einzelnen Schilderungen des Spielverhaltens gesehen, wie notwendig es ist, daß sich Welpen austoben können, und wie notwendig es ist, daß sie dann danach auch ruhen dürfen. Wieviel Spielbewegungen und wieviel Ruhepausen notwendig für jeden einzelnen Welpen sind, weiß nur einer – nämlich er selber. Es ist also falsch, daß wir ihn noch zusätzlich zum Spielen bewegen, wenn er ruhen will. Im Zusammenhang mit der Stubenreinheit steht dann gleich zu Beginn auch das „Gassi-gehen". Das muß sein. Ebenso soll es sein, daß er sich so bald als möglich an Leine und Halsband, anfänglich besser: Brustgeschirr, gewöhnt. Aber das Ausführen des Welpen muß so bemessen sein, daß er nicht mehr als dreißig Schritte (oder so ungefähr, bitte nicht abzählen) laufen muß. Sollte es erforderlich sein, ihn weiter weg zu führen, dann muß man ihn einen Teil der Strecke tragen!

Um es klar auszudrücken: bis zum Ende des fünften Lebensmonates darf der Welpe, der Junghund, nicht spazierengeführt werden! Natürlich darf er mit fünf Monaten schon geübt haben, kleinere Strecken neben uns „bei Fuß" zu laufen – aber weitere Spaziergänge, insbesondere auf hartem Untergrund, sind nicht hundegemäß. Wolfswelpen laufen nie weiter vom Versteck weg als 20 oder dann auch 30 Meter – das ist alles.

Erst zu Beginn des sechsten Monats, in der eigentlichen Rudelordnungsphase, werden sie von den Alten in die meist weiter entfernten Jagdgründe mitgenommen. Nicht, um sich dort dann auch noch an der Jagd zu beteiligen, sondern nur, um dem Jagen der Alttiere zuzusehen. Sie können sich also in der Zeit ausruhen, ehe es wieder zum Lager zurückgeht. Das ist zu beachten und stimmt mit dem überein, was uns das Knochengerüst eines Sechsmonatigen zeigt: die beiden Endteile der langen Röhrenknochen, die Epiphysen, sind mit dem mittleren Teil, der ein markhaltiges Rohr bildenden Diaphyse, nur knorpelig verbunden und noch im Wachsen; das gilt in ähnlicher Form auch für die Hüftgelenke, die noch nicht stabil genug für zu große Belastungen sind.

Zwingerhaltung, Überfütterung, kilometerlange Spaziergänge sind die Hauptursachen für HD und ähnliche, auch andere Gelenke, selbst die Wirbelsäule betreffende Schäden. Wenn dazu noch die zuvor genannte zu weiche Konstitution kommt, dann darf man sich also nicht wundern, wenn es so schlimm um unsere Rassen bezüglich der HD steht, und daß alle die schönen Röntgenbilder und die darauf aufgebauten Zuchtmaßnahmen bis heute nicht den gewünschten Erfolg haben! Ich jedenfalls wundere mich nur, wenn gewisse Scheinerfolge solcher Maßnahmen mit stolzgeschwellter Brust an die große Glocke gehängt werden . . .

Es ist ein weitverbreiteter Irrtum, wenn man glaubt, man könne einen Welpen „auftrainieren", indem man so eine Art von Leistungssteigerungs-Therapie anwendet, wofür es auch verschiedene Rezepturen gibt. Seine körperliche Kondition (also die nichterbliche Leistungsfähigkeit) kann der Welpe nur über das Spiel, das hundegemäße Spiel, erwerben. Dazu hat ihm die Natur den Bewegungsdrang und die Spielfreudigkeit mitgegeben. Im artgemäßen Spiel nimmt das Laufen die geringste Rolle ein – es wird nur minimale Strecken weit geübt. Eine viel größere Rolle spielt das Umherbalgen, bei dem praktisch jeder einzelne Muskel des Körpers trainiert wird. Das hat übrigens auch eine wichtige Funktion beim harmonischen Heranwachsen des Gesamtkörpers.

Wir wissen, daß die so elegante Form unserer armen Galopprennpferde hauptsächlich daher kommt, weil sie schon als Zweijährige ins Training genommen werden. Es sind in Wahrheit akzellerierte Gestalten, die sich auf der Rennbahn bewähren. Wer einen Vollblüter hinter dem Haus aufzieht und nichts anderes mit ihm tut, als mit ihm ein wenig zu spielen, wird ein Pferd erzielen, von dem kein Mensch glauben würde, daß es sich bei diesem vergleichsweise „pummeligen" Pferd um einen edlen Vollblüter handelt!

Auch unsere rennfreudigen Windhundfreunde wissen, daß ein nicht früh genug trainierter Windhund – so wie etwa mein starkknochiger, kraftvoll entwickelter Jygal – eben nicht das so elegante Ebenmaß bekommt, das einen typischen Rennhund auszeichnet. Dafür sind sowohl jene Galopper als auch unsere so schnellen Windhunde sehr bald am Ende ihrer Kräfte. Bei den Rennpferden tut man sich leicht – es gibt ja Pferdemetzger. Hundemetzger gibt es allerdings seit 1933 in Deutschland nicht mehr . . .

Man kann allerdings mit seinem Welpen so ab dem vierten, fünften Lebensmonat etwas tun, das ihn zusätzlich zum normalen Spielverhalten ohne Gefährdung seiner Gelenke auftrainieren kann. Das ist mit ihm ein Gewässer aufsuchen, in dem man schwimmen kann. Vereinzelt soll es hierzulande noch solche geben. Hier wird ja ein Teil der Körperlast vom Wasser getragen, und ein Hund schwimmt bekanntlich so, als wenn er laufen würde – nur mit dem Unterschied, daß seine Pfoten nirgendwo aufzufußen brauchen. Ein solches Training, maßvoll betrieben, ist bestimmt nur förderlich. Es hat noch einen Vorteil: man erzielt, wenn man es richtig anpackt, eine Wasserfreudigkeit beim Hund. Viele Menschen beklagen sich bekanntlich auch oft darüber, daß ihr Hund wasserscheu sei. Ein viermonatiger Junghund, der genügend Kontakt zu seinem Betreuer hat, wird die-

sem ohne weiteres ins Wasser folgen, wenn dieser vorangeht, vor allem dann, wenn das Ufer anfänglich seicht ist. Folge- und Nachahmungstrieb sind für eine solche Maßnahme verläßliche Helfer.

Hierzu muß ich gestehen, daß ich das mit meinen Hunden in den letzten zwanzig Jahren noch nie ausprobiert habe, weil es in dieser Zeit nie ein Gewässer gab, das ich leicht erreichen hätte können. Was aber den Nachfolgetrieb betrifft, habe ich wohl Erfahrung. Ich hatte in Norwegen als Reisebegleiter unter anderem auch ein junges Krokodil, für das ich Nahrung benötigte. Also zog ich mir Fischerstiefel an und stieg in den auch im August noch ziemlich kalten Glommer-Fluß, um dort Elritzen zu fangen. Meine damals erst knapp viermonatige Elchhündin Binna konnte es nicht lassen, mir aus der damals sehr heißen Sommerluft in das Wasser zu folgen – sie wollte einfach nicht allein am Ufer bleiben. Dadurch behinderte sie nicht nur meinen Fischfang – sie zog sich wegen des enormen Temperaturunterschiedes auch noch eine zum Glück nur leichte Magen-Darm-Entzündung zu. Also hier sei auch daran gedacht, daß man etwas Vorsicht walten lassen muß.

Aber dennoch durfte ich an diesem Schwimmtraining in diesem Buch nicht vorbeigehen, sonst hätte ich Freund Gerd Linnhoff schwer verärgert. Er hatte mich mindestens zehnmal angerufen, um mich daran zu erinnern, daß ich das nicht vergessen solle – er habe damit doch so gute Erfahrungen gemacht. Nun, was wäre wohl auch ein Labrador-Retriever, der nicht gut schwimmen kann. Vielleicht auch eine Anregung für die Neufundländer-Freunde, obligate Schwimmprüfungen für ihre Hunde einzuführen, so wie für die Hunde jenes Teils der Jägerschaft, der der Wasserjagd huldigt.

Das bringt mich wieder zurück zur Biologischen Station Labrador- Hof, die unter dem Patronat der „Gesellschaft für Haustierforschung e.V." steht. Dort wird nämlich auch das Thema Hüftgelenks-Dysplasie eine interessante Rolle spielen. Im Rahmen unserer Gesellschaft, frei von allen Zwängen etablierter Hundeverbände, kommen dort auch Hunde mit nachgewiesener HD zur Paarung und Welpenaufzucht – allerdings in einem Freigehege. Man wird ja sehen!

Auf Grund jener schon erwähnten Erfahrung mit HD-belasteten Hunden wagte ich es, Gerd Linnhoff Mut zu einem solchen Versuch zu machen. Es ist – wie bei allen noch so gut geplanten Versuchen – niemals ganz auszuschließen, daß der erwartete Erfolg aus bislang noch nicht vorhersehbaren Gründen ausbleibt. Das ist ja das Wesen eines Versuches. Dabei fürchte ich weit weniger ein grundsätzliches Fehlschlagen als die Gefahren, die aus jenen Kreisen stammen, die zu nennen ich mir hier erspare. Ich habe da so meine persönlichen Erfahrungen, etwa, wenn ich daran denke, wie eines schönen Abends das für den Gehegebau vorbereitete Material brannte . . .

Man weiß ja auch von Zeitgenossen, die soweit gehen, daß sie Hunde vergiften oder Umzäunungen zerstören, damit die Hunde ausbrechen – es gibt soviele Möglichkeiten – ich habe sie alle erlebt. Wollen wir hoffen, daß der Labrador-Hof verschont bleibt – es sind ja nicht alle Menschen so und auch nicht überall so, und es gibt sogar schon viele, die dieses Vorhaben gutheißen.

Es ist nämlich außerordentlich erfreulich zu erleben, daß vor allem die nachwachsenden Hundefreunde mehr und mehr dahinterkommen, wie es um die etablierte Hundezucht steht und von sich aus nach neuen Wegen suchen. Ich kann dieses wachsende Unbehagen seit nun bald mehr als zwanzig Jahren beobachten, ein Unbehagen, das sich auf beiden Seiten ausbreitet: im sogenannten „Establishment" und bei denen, die erkannt haben, daß jedes Wirken des Menschen gegen die Natur, alles allein auf Wirtschaftlichkeit abgestimmte Tun der Menschheit bislang nichts Gutes gebracht hat, sondern nur Verderben. Das zeigt uns nicht nur die Nordsee, das zeigen uns genau in der überzeugendsten Weise viele aus Unwissenheit und vor allem aber aus Habgier zu degenerierten Krüppeln herabgezüchtete, einst so wunderbare Rassehunde.

Hunde gehören zur engsten Umwelt des Menschen. Sie sind ein wesentlicher Bestandteil der Menschheitsgeschichte. Die Hunde – gefolgt von den Pferden, Schafen, Rindern, Kamelen, Schweinen, Hühnern und anderen Haustieren bis hin zur Honigbiene und der Seidenraupe – haben ganz vordergründig als die ersten Haustiere der Menschheit den Grundstein für seine zivilisatorische Entwicklung vielleicht nicht gerade gelegt, ihn aber doch zumindest tragfähig gemacht.

Auch wenn es überhaupt nicht so gewesen sein mag, wie ich das zu Anfang des Buches darzustellen versucht habe, wenn es nicht wahr sein sollte, daß der Mensch das Jagen von den Wölfen gelernt hat, die Beobachtung ihres Rudellebens keinen Einfluß auf seine eigene Lebensweise gehabt haben sollte – so bleibt doch genug übrig, das die

Behauptung stützen kann, daß wir ohne seine Hilfe kaum weitergekommen wären als alle jene Völker, die in ihrer Vorgeschichte niemals Hunde gehabt haben. Alle jene Hunde, die wir heute bei Naturvölkern antreffen, sind frühestens vor einigen Jahrhunderten in deren Hände gekommen – von anderen Völkern, die zivilisatorisch viel weiter fortgeschritten waren. Überall dort aber, wo wir die Zeugnisse einstiger Hochkulturen finden, sehen wir auch, daß dort der Hund stets eine vielbeachtete Rolle gespielt hat. Ob das altchinesische oder altägyptische Zeugnisse sind, oder ob es sich um die ersten Stadtkulturen wie Harappa in Indien oder um Niniveh im Zweistromland handelt – überall stand der Hund in großem Ansehen, wie die Arbeiten der Künstler jener Tage beweisen. Dokumentationen, die heute teilweise fast 8 000 Jahre alt sind.

Die Gegenwart dankt es unseren Hunden schlecht, was sie für die Menschheit getan haben. Sie degradiert sie zu Sklaven und zur Handelsware, und ein nicht zu kleiner Teil der Bevölkerung lehnt sie sogar gänzlich ab! Fragen wir danach, warum das so ist, muß man einen ganzen Katalog von Ursachen hierfür aufstellen, Ursachen, die nicht beim Hund liegen, sondern einzig und allein bei uns Menschen. Ich habe mich in diesem Buch oft genug wiederholt – es enthält bereits einen solchen Katalog von Ursachen, wenn ich auch eingestehe, daß ihm noch einiges mehr hinzuzufügen wäre.

Jeder mag das, was ich hier übersehen oder absichtlich weglassen, für sich selber ergründen und ergänzen, vielleicht auch durch Selbstbeobachtung. Im Vordergrund steht nämlich für mich

doch der Umgang mit dem Hund. Wenn ich auch noch soviel Böses über züchterische Fehlleistungen gesagt habe, so muß ich doch betonen, daß in unseren Hunden noch sehr viel Gutes vorhanden ist, das auch die schlimmsten Hundevermehrer noch nicht kleingekriegt haben; so besteht Hoffnung für unsere Hunde! Wäre das nicht so, wäre ich nicht so hundertprozentig davon überzeugt, würde ich mich längst ganz anderen zoologischen Interessen zugewandt haben. Dann könnte ich ein ruhigeres Leben führen und würde es nicht auf mich nehmen, mir täglich neue Feinde einzuhandeln.

Aber ich weiß, daß ich noch mehr Freunde habe, die ihre Hunde verstehen, die noch ein wenig von jenem Geist in sich spüren, der es vor 20 000 Jahren möglich gemacht hat, mit Wölfen Freundschaft zu schließen. Ihnen allen sei dieses Buch ans Herz gelegt als Aufforderung, nicht Fünfe grade sein zu lassen, sondern für die Gesunderhaltung unserer Hunde einzutreten. Zeigen Sie ihren Mitmenschen, wie schön das Verhältnis Mensch-Hund sein kann, wenn man versucht, seinen Hund richtig zu verstehen, wenn man gelernt hat, dem unerfahrenen Welpen die Freude am Umgang mit Menschen nicht zu verderben, sondern wenn man ihm verständnisvoll hilft, sich den menschlichen Belangen anzupassen!

Hören wir also auf mit jeder Form von Dressur – sie ist nichts im Vergleich zu dem, was eine hundegerechte Erziehung dem Hund geben kann! Nur so können Mensch und Hund eine Einheit werden.

Bildunterschriften

1.

Die wenigsten Menschen wollen glauben, daß Wölfe sehr scheu sind und vor unbekannten Erscheinungen und Geräuschen flüchten.

2.

Unser afghanischer Wolf Schah sucht Schutz bei meiner Frau . . .

3.

und folgt ihr willig zu seinem Freigehege, gefolgt von seiner Gefährtin, der Dingohündin Botna.

4.

Man braucht ihm nur die Elektrodrähte auseinanderzuhalten und er springt in das ihm vertraute und als sicher bekannte Gehege.

5.

Hunde sind von Natur aus kinderfreundlich, gleich, welcher oder überhaupt einer Rasse – wie dieser mächtige Mischling – angehörend.

6.

Ein junger Dingo der Rasse aus Neu-Guinea im Spiel mit einem Kind.

7.

Eine voll erwachsene Dingohündin – da sie richtig als vollwertiges Familienmitglied mit viel persönlichem Freiraum behandelt wurde, zeigt sie sich zwischendurch sehr gern als zärtlichkeitsbedürftig.

8.

Dr. Dirk Neumann mit Helfer gewöhnen erstmals die Wolfswelpen an die Dressurmanege, wo sie täglich mehrfach unbehindert spielen können; aus diesen Spielen werden dann die einzelnen Übungen entwickelt.

9.

Hier lernen die Wolfswelpen, aus dem Laufgang in die Manege zu gehen.

10.

Vor allem sollen sie sich auch daran gewöhnen, daß am Außenzaun der Manege der Besucherweg vorbeiführt, von dem aus später oftmals mehr als hundert Personen ihren Kunststücken zusehen werden.

11.

Ein Jahr später hat jeder der Wölfe sein besonderes Kunststück gelernt, hier zum Beispiel springt einer nach dem an einem Stock hochgehaltenen Fleischstückchen.

12.

Der schwarze „Oberwolf" Timmy beobachtete nicht nur das jeweilige Kunststück seiner Gruppenmitglieder, wie im vorigen Bild, sondern verlangt auch eine Belohnung, sobald der andere sein Fleischstückchen erhält.

13.

Eine besondere Attraktion ist immer der Sprung durch den Reifen nach einem am Stock hochgehaltenen Fleischstück, das im Flug von der Stockspitze zielsicher erhascht wird.

14.

Rüde Doby, der als Saugwelpe in einem Wüstengebiet von Saudi-Arabien gefunden und handaufgezogen wurde; es handelt sich bei ihm um einen dingoähnlichen Pariahund.

15.

Die Pariahündin Simba, ehemals Straßenhündin in Addis-Abeba, nun bei ihrer ersten Begegnung mit dem Rüden Doby, den sie mißtrauisch und aufmerksam beobachtet.

16.
Bei der Annäherung des Rüden weicht sie zunächst noch scheu aus.

17.
Der Biotonus-Test auf einem in quadratische Felder eingeteiltem Brett; der Welpe wird in die Mitte gelegt und vier Minuten lang beobachtet, wobei man seine Bewegungen auf einer entsprechend verkleinerten Skizze des Brettes markiert. So kann man exakt vergleichen, welche Welpen in den Tagen nach der Geburt aktiver oder weniger aktiv sind.

18.
Testbrett mit Kreisen, die dem Kreiskriechen noch nicht sehender Saugwelpen entsprechen. Genau wie bei der vorigen Anordnung läßt sich hier die Aktivität jedes Welpen ermitteln, wobei man davon ausgehen kann, daß besonders aktive Welpen auch kräftige, lebhafte Hunde werden.

19.
Jeder Welpe nimmt als Demutsstellung die Rückenlage ein, wenn sich ihm ein erwachsener Hund nähert. Diese angeborene Verhaltensweise hat nicht nur eine aggressionshemmende Funktion, sie löst auch in der Regel ein Welpenpflegeverhalten aus.

20.
Welpen brauchen für ihre körperliche Entwicklung Möglichkeiten, alle ihre körperlichen Fähigkeiten auszuprobieren und zu üben. Es macht ihnen Freude, kleine Hindernisse zu überwinden.

21.
Schon als Welpe entdeckte diese Hündin, daß man mit nach hinten gestreckten Beinen robben kann, was sie bald auch auf einem steilen Hang als eine Art Bewegungsspiel oftmals wiederholte. Als sie erwachsen war und selber Junge hatte, machten es ihr zwei Hunde nach, und spätere Welpengenerationen fanden ebenfalls Vergnügen daran – das Robben wurde tradiert und ist auch noch nach sieben Jahren in diesem Gehege zu beobachten.

22.
Beim Spielbeißen lernt man die Geschicklichkeit der Geschwister – aber auch die Wirkung zu starken Zupackens kennen; der Umgang mit seinesgleichen muß eben gelernt werden.

23.
Gemeinsames Handeln – wie hier das Zerreißen eines großen Fleischstückes – bringt schnelleren Erfolg als wenn man allein handelt; aus diesen und anderen Erfahrungen erwachsen die Grundlagen zum künftigen Sozialverhalten der Hunde.

24.
Es geht auch ohne Gewaltanwendung, nur mit geduldigem Belehren und Helfen, wie das hier von einem Mitglied einer Katastropheneinsatzstaffel aus Müllheim vorgeführt wird.

25.
Wer würde es glauben, daß es auch so geht! Auch Schäferhunde sind von Natur aus nicht schlecht – wie das Beispiel aus Müllheim klar beweist . . .

Alle Aufnahmen von Eberhard Trumler

HUNDE ERZIEHEN . . . LEICHT GEMACHT

Roger Mugford – HUNDEERZIEHUNG 2000 – Irrtumsfreies Lernen
208 Seiten, 76 Farbfotos, DM 49,80
Seit 1979 leitet der international renommierte Verhaltensforscher Dr. Roger Mugford das „Animal Behaviour Center". Sein neues Erziehungssystem für Hunde, mit den Erziehungshilfen **Halti, Kong-toys, dog-stop, aboistop und boomer ball,** leitete eine Wende in der Hundeerziehung ein. Mit einem Minimum an Zwang wird der Hund unter gezieltem Ausnutzen seines eigenen Verhaltensinventars problemlos in die menschliche Familie und moderne Umwelt integriert. Die Forschungsergebnisse von Dr. Roger Mugford revolutionieren die Hundeerziehung – daher der Buchtitel! Anwendbar für die Familienhund-Erziehung wie auch für den Leistungssport. Ein **Muß** für jeden Hundehalter.

Richard A. Wolters – NEUE WEGE DER JAGDHUNDEAUSBILDUNG – Früherziehung auf wissenschaftlicher Grundlage – nicht nur für Jagdhunde!
212 Seiten, 270 Abbildungen, DM 46,00
Eine präzise Ausbildungslehre – Schritt für Schritt – vom 7 Wochen alten Welpen bis zum Jährling am Beispiel des Labradors. Mehr als eine halbe Million verkaufter Ausbildungsbücher dokumentieren das Ansehen des Autors. Auf den Grundlagen modernster Verhaltensforschung wird die gerade im Jugendalter extreme Lernfähigkeit des Hundes gezielt auf seine Aufgaben ausgerichtet. Trotz klarer Zielsetzung auf die Jagdhundeausbildung ist dieses Buch eine **unerschöpfliche Fundgrube für jeden Hundebesitzer.** Allen Hunden – gleich welcher Rasse – wäre gedient, würden sie nach der **Wolters-Methode,** weitgehend ohne Zwang, erzogen. Sehr empfehlenswert!

Heinz Gail – 1 × 1 DER HUNDEERZIEHUNG – Ratgeber für erfolgreiche Erziehung
Kynos Kleine Hundebibliothek, 104 Seiten, 74 Fotos, DM 24,80
Nur durch sinnvolle Nutzung der gerade im Welpenalter besonders ausgeprägten Lernfähigkeit des jungen Hundes erwächst Harmonie und Verständnis von Mensch und Hund. Auch „verdorbene Hunde" kann man sinnvoll korrigieren. Wie man das macht, zeigt diese Hundeschule. Eines der besten Bücher, die über die Erziehung unserer Hunde geschrieben wurden. Profundes eigenes Wissen des Autors, unter Ausnutzung der **Wolters-Erziehungsmethode.**

Konrad Most – DIE ABRICHTUNG DES HUNDES – Klassische Erziehungsmethode
16., von **Fritz Rasch** völlig neu bearbeitete Auflage, 232 Seiten, 85 Abbildungen, DM 39,80
Das auflagenstärkste deutschsprachige Erziehungswerk für Gebrauchshunde vom „Schöpfer des Diensthundewesens". Nach der Abrichtungsmethode Mosts lernt jeder Hund schneller, da sie das hundliche Verhaltensinventar voll nutzt. Trotz des mit dieser Methode verbundenen Zwangs bleibt die Arbeitsfreudigkeit weitgehend erhalten, werden zuverlässige Leistungen erzielt. Die Most'sche Abrichtungslehre ist Grundlage der heutigen Ausbildung von Gebrauchshunden.

Angela Wegmann / Winfried Heines – SUCH UND HILF! – Hunde retten Menschenleben
416 Seiten, über 100 Fotos, reich illustriert, DM 49,80
Das Handbuch für die Ausbildung und den Einsatz des Rettungshundes. Ein fachkundiges, die gesamte Arbeit von Gebrauchshunden wie Rettungshunden spiegelndes Werk. Es enthält eine detaillierte Anleitung für Ausbildung und Einsatz von Rettungshunden. Hundesport und Rettungshundeausbildung basieren auf den gleichen Voraussetzungen. Dieses Handbuch bietet für jeden, der sich mit der Erziehung von Hunden befaßt, eine Fülle von Anregungen und neuen Erkenntnissen. Völlig neue Perspektiven eines sinnvollen Leistungssports werden aufgezeigt!

Ruth Hobday – AGILITY . . . MACHT SPASS!
Das Standardwerk aus dem Mutterland dieses immer mehr Hundefreunde begeisternden Geschicklichkeitssports, geschrieben von der wohl erfahrensten AGILITY-Trainerin Englands. Es gibt nichts besseres. Jetzt auch in deutscher Sprache.
Band I Ein Führer Schritt für Schritt – für Anfänger wie Fortgeschrittene!
Alles Wissenswerte über die Grundlagen der AGILITY. Ein unverzichtbarer Ratgeber für jeden AGILITY-Sportler. *Der Schlüssel zum Erfolg.* 144 Seiten, 190 Fotos und Zeichnungen, DM 32,00
Band II Kontrolle und Vorführtechnik für Wettbewerber auf allen Leistungsstufen
Schwierige Aufgaben, konkrete Anleitungen zu intensivem Training und erfolgreichem Wettkampf. Eine Fundgrube für Übungsanleitungen, die den Hund sicherer machen. 216 Seiten, 200 Fotos und Zeichnungen, DM 39,80

KYNOS VERLAG Dr. Dieter Fleig GmbH
D-54570 Mürlenbach/Eifel · Am Remelsbach 30 · Telefon 06594/653 · Telefax 06594/452